「東京湾フェリーと鋸山(120頁)」より、
鋸山の切り通し

「弘法山(248頁)」より、秦野の町越しに臨む富士山

〈上〉「塩山と干し柿(290頁)」より、干し柿づくりの様子
〈下〉「豪徳寺と松陰神社(476頁)」より、豪徳寺の招き猫たち

「埼玉県の東秩父村(612頁)」より、
秩父高原牧場のヤギたち

「顔振峠と風影(58頁)」より、
峠の茶屋のイノシシそば

「赤岩渡船と大泉町(166頁)」より、
ポルトガル語表記の店先

「法雲寺の不思議な宝物(512頁)」より、
秩父鉄道の蒸気機関車

「諏訪大社と諏訪湖(84頁)」より、
万治の石仏

「日向山(264頁)」より、
日だまりの茶屋

「真鶴の魚つき林(258頁)」より、真鶴半島先端の三ツ石

〈上〉「東京スカイツリーと浅草(436頁)」より、巨大都市・東京を俯瞰
〈下〉「水上バスと隅田川(190頁)」より、近未来的なフォルムを持つ水上バス

完本
東京発　半日徒歩旅行

決定的保存版!
朝寝した休日でもたっぷり楽しめる東京近郊「超」小さな旅

佐藤徹也

ヤマケイ新書

まえがき

2018年に刊行された『東京発 半日徒歩旅行』、2020年に刊行された『東京発 半日徒歩旅行 調子に乗ってもう一周!』はおかげさまでご好評をいただき、その後の『京阪神発 半日徒歩旅行』や『名古屋発 半日徒歩旅行』といったいわゆる半日徒歩旅行シリーズの嚆矢となった。

このたび、その『東京発~』の二冊を完本としてまとめようじゃないかというお話をいただき、本書『完本 東京発半日徒歩旅行』として再び世に送り出すことができた。

一冊目で紹介したのが51コース、二冊目で紹介したのが48コースなので、どうせならもうひとつ追加して、全100コースとするのが区切りもよかろうと新規取材。562頁に紹介した『黒目川全遡行』は本書のために新たに書きおろした、いわゆる音楽アルバムにおけるボーナストラックのようなものである。

『東京発 半日徒歩旅行』が世に出てから早6年。生まれたばかりの子どもが

小学校に入るほどの時間だが、そんななかでも徒歩旅行的に最も大きな事件だったのはやはりコロナ禍だろう。とくに二冊目の『調子に乗って〜』の際は、発売日の翌日に非常事態宣言が発令されるというタイミングの悪さ。やがて書店も営業を中止せざるをえなくなり、徒歩旅行に出かける以前に本書が読者の目に届く機会すらなくなってしまい、著者としては誠に不憫な子であったとしかいいようがない。

　そんなこともあって、今回完本というかたちとはいえ再び書店の棚に並べてもらえるのは、いわばセカンドデビューといったところで望外の喜びである。

　本文に関しては基本的に刊行時のまま再収録しているが、その後耳に入ってきた紹介コースの変化などに関しては、【それから】という形で項末の欄外に付記した。この作業からわかった状況の変化も、6年という年月を実感させるものとなった。

　『東京発　半日徒歩旅行』の総集編ともいえる本書、お楽しみいただければ幸いです。

目次

第2章　乗り物も楽しむ徒歩旅行

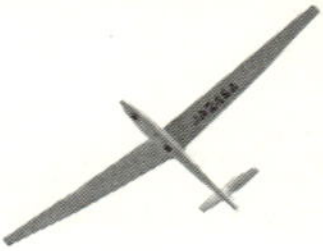

第3章　自然と里山を満喫する徒歩旅行

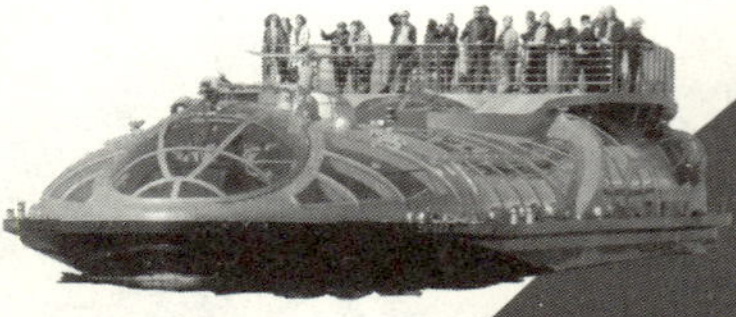

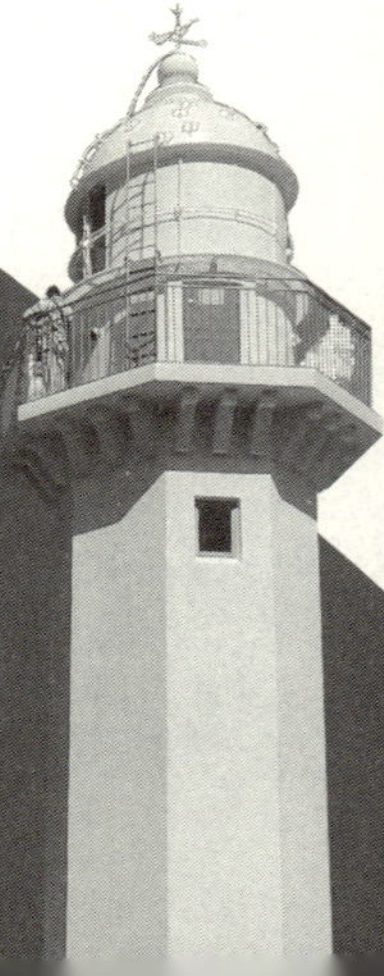

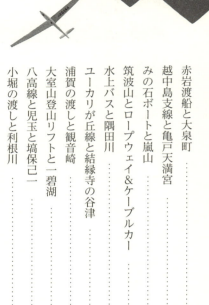

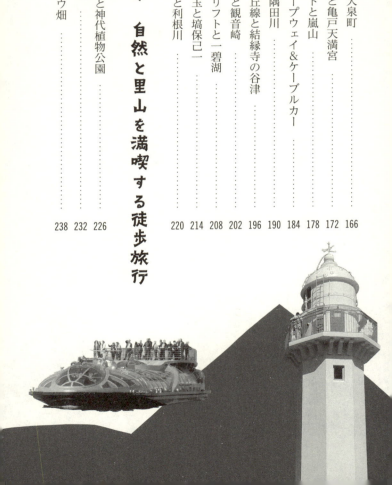

第4章　地形を体感する徒歩旅行

第5章　旧道・旧線を辿る徒歩旅行

第7章　不思議を探る徒歩旅行

第8章　水辺に沿って徒歩旅行

第9章　島へ渡る徒歩旅行

第10章　唯一の「村」を徒歩旅行

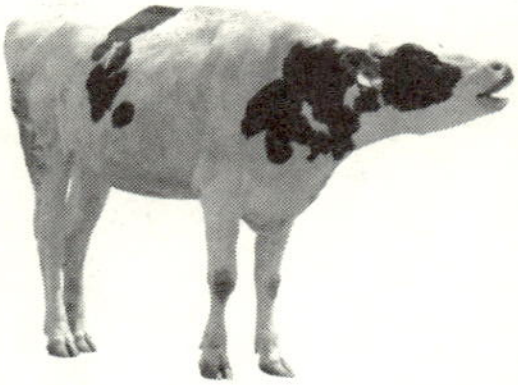

アートディレクション・デザイン・イラスト　吉池康二（アトズ）
写真・編集　佐藤徹也
稲葉 豊（山と溪谷社）

第1章 時代を感じる徒歩旅行

遺跡、寺社、歴史的古民家……。町や野山を歩いてみれば、そこには時代の痕跡が転がっている。そんな歴史の断片を拾い集めながら、徒歩旅行に出かけてみよう。

発見された当時は、「100年に一度の大発見」といわれた金錯銘鉄剣。そこに秘められた謎はいまだに全解明はされていない。行田のさきたま史跡の博物館では間近で見学できる

江戸東京たてもの園

えどとうきょうたてものえん

東京都

江戸時代から明治、大正、昭和と、東京の建物を時間旅行

江戸東京たてもの園は、訪ねるたびに新しい建物が移築されていたりして、何度行っても飽きることがない僕の定番スポット。まずはここから歩き始めよう。ＪＲ武蔵小金井駅から小金井街道をまっすぐ北へ向かうと、やがて玉川上水を小金井橋で渡って五日市街道と交差する。そこを右へしばらく歩けば江戸東京たてもの園の入口が見えてくる。手前には広い芝生が広がり、その先に大きな建物がひとつあるだけなので、一瞬「これだけ？」と勘違いしてしまうが、もちろんそんなことはない。正面に見える寺院のような建物はあくまでも入口。そこを抜けた先に幾十もの歴史建造物が移築保存されているのだ。

東京が江戸と呼ばれていたころから、この都市は火事や地震、戦災、都市開発などで、年月を重ねた価値ある建造物を失ってきた。ここは、幸いにもそんな惨禍から生き延びた

これが「田園調布の家」。大正末期に田園調布で建てられたもの。今となってはぜいたくな平屋で、なおかつ全室洋間。現代でも生活しやすそうな居住空間で、一番のお気に入りだ

建物を移築保存することを目的に作られた公園だ。街中でまれに見かける、明治、大正、昭和期の建造物をまとめて見られるのだからたまらない。

入場券と引き替えにもらったパンフレットを片手にさっそく園内へ。入ってすぐ目の前に延びる山の手通りには、各時代の住宅が並んでいる。西麻布から移築された三井家の当主・三井八郎右衛門の邸宅や、ときの宰相・高橋是清の家など、その重厚なつくりには圧倒されるし、明治時代にドイツ人建築家によって建てられた3階建ての洋館などは、あの時代にすでにこんな建物がと驚かされる。

この公園の魅力のひとつには、こうして

千住から移築されてきた銭湯「子宝湯」。東京に暮らしていると気づかないが、こういった宮造り様式の銭湯というのは、実は東京独特のものなのだそうだ。これは1929（昭和4）年に建てられたもの

移築された建物の多くに、実際にお邪魔できるというのがある。入ってみて、当時ここに住んでいた人の気持ちになってみるのも一興だ。ただ、個人的にはついつい「こんな広い家、掃除どうすんの？」と貧乏根性が先に立ってしまい、あまり落ち着かないのも正直なところ。その点、「田園調布の家」と呼ばれる、大正に建てられた和洋折衷様式の住宅などは、こぢんまりしているわりには暮らしやすそうで、「住むならここだな」と勝手に物件成約を決める。

そこから西の奥へ進むと、今度は江戸時代に建てられた茅葺きの農家や同心が暮らした建物が現れる。ここではスタッ

こちらは台東区下谷から移築されてきた居酒屋「鍵屋」。建物自体は1856（安政3）年に建てられたものらしい。常連客が暖簾をくぐって訪れそうな雰囲気を今も残す。営業してほしい！

フのかたが実際に、囲炉裏で炭を熾していて、煙の匂いが現実味を際立たせる。もっとも、この作業は単にパフォーマンスというばかりでなく、屋根に葺いた茅を燻すことによって、虫を防ぐための作業でもあるのだそうだ。「でも虫は防げるだけど、カラスにはさっぱりでね」と、囲炉裏に座っていたおじさんは弱り顔で話す。いにしえの技も万能というわけではないらしい。

　そこから一転。今度は東側へ進むと、昔の文具屋や醤油屋、旅館などの商家が建ち並ぶ一角に辿り着く。ただ復元されているだけでなく、当時並べられていたであろう商品のレプリカが陳列されてい

るのも楽しい。そして一番奥に鎮座するのが、足立区千住から移築されてきた銭湯『子宝湯』。もちろんここも内部に自由に足を踏み入れることができる。つまり全男子憧れ（僕だけか？）の女湯にも、堂々と入ることができるのだ。そんな浅はかなスケベ心は置いておいても、女湯の脱衣場には赤ちゃんの体重を量るためのゆりかご式体重計があるなど、男湯では知り得なかった事実とも出会える。

子宝湯の隣りには台東区下谷から移築されてきた居酒屋『鍵屋』が並んでいる。この建物は１８５６（安政３）年に建てられたもので、１９７０（昭和45）年のころの様子を再現しているのだとか。店内には当時の品書きなども忠実に再現され、今にも「はい、熱燗一丁！」なんていうきっぷのよい声が聞こえてきそうだ。もし現実にこんな銭湯と居酒屋が並んでいたら、絶対毎晩ハシゴしてしまうことだろう。

これ以外にも万世橋に建てられていた交番や、当時の看板建築をそのままに残す生花店など興味は絶えないが、あまり赴くままに観てまわるとけっこう歩くことになり疲れてしまうのも事実。そんなときは、当時の建物をそのまま使ったカフェやうどん屋も営業しているので、そんなところでひと休みするのもお勧めだ。

江戸東京たてもの園を後にしたら、そのまま来た道を戻ってもよいが、単なる往復だと

花小金井の駅前方面にまっすぐ延びている水道道路。その名の通り、下には水道用の輸送管が埋設されている。歩行者・自転車専用道路なのでのんびりと歩くことができる

いまひとつ旅気分に欠けてしまう。ここは隣接の小金井公園を抜け、西武新宿線の花小金井駅まで歩いてみることにしよう。距離的にもさほどでないし、駅前には東西にまっすぐ延びる歩行者用の水道道路も延びていて、ここを歩くのも気持ちよい。

DATA

⦿モデルプラン：JR中央線武蔵小金井駅→江戸東京たてもの園→小金井公園→水道道路→西武新宿線花小金井駅
⦿歩行距離：約5km
⦿歩行時間：約2時間
⦿アクセス：起点の武蔵小金井駅へは、中央線快速で新宿駅より約25分。終点の花小金井駅からは、急行で高田馬場、西武新宿駅へ約25分
⦿立ち寄りスポット情報：江戸東京たてもの園＝小金井市桜町3-7-1。✆042-388-3300。9:30～17:30（10～3月は～16:30）。月曜（祝休日の場合翌日）、年末年始休館
（2018年4月探訪）

さきたま古墳群と忍城

古代史の謎に迫り、『のぼうの城』の舞台となった城址へ

さきたまこふんぐんと おしじょう

埼玉県

埼玉県行田市。これまでの人生で行ったことがあるのは一度だけ。当時、僕は埼玉県に住んでいて、小学校の社会科見学でさきたま古墳群と利根大堰に連れていかれたのだった。そのときはさきたま古墳よりも、生まれて初めて見る大河・利根川の規模のほうが印象に残っていた気がする。

その行田がここ数年、ずいぶんと知名度を上げている。まずは小説にして映画化もされた『のぼうの城』。これによって石田三成の大軍を打ち破った行田の忍城が大きくクローズアップされた。さらにはこちらも小説からテレビドラマ化もされて人気を博した『陸王』。経営に苦しむ行田の足袋会社が、裸足感覚で走れるマラソンシューズの開発に打って出るという話だ。さきたま古墳群から『のぼうの城』を経て『陸王』へ。断片的とはいえ、お

秩父鉄道の熊谷駅で購入したきっぷは、なんと硬券だった。もちろん、有人改札でパチンと鋏（はさみ）を入れてもらう。最近は、近距離の乗車できっぷを買うこと自体が珍しくなってしまった

よそ1300年にわたる歴史がこの街で紡がれていることになる。これは行ってみるしかない。

　起点となるのは秩父鉄道の行田市駅。JR高崎線の熊谷駅から3つ目だ。熊谷で乗り換えるときに券売機が混雑していたので有人窓口できっぷを購入すると、出てきたのは最近ではすっかり珍しくなってしまった硬いきっぷ、硬券だ。もちろん改札も昔ながらの有人改札で、いきなり旅気分が盛り上がる（単純）。

　行田市駅を出たら南へ。国道125号線を西に向かってしばらく歩くと、やがて左手に白い天守閣が見えてくる。おお、これがあの忍城かと感動するが、もちろ

忍城をモチーフにした行田市郷土博物館の御三階櫓。お堀を橋で渡って入るのもテンションが上がる。内部には、忍城をはじめとして行田の歴史に関するものが展示物されている

んこれは後世に復元されたもので、内部は行田市郷土博物館になっている。ここには城主・成田氏がこの地を治めていた戦国時代の資料はもちろん、近代に入って日本一の足袋生産地となった時代（最盛期には全国8割のシェアを誇っていたのだそうだ！）、さらには遡って古代のこの地の暮らしを示すさまざまな発掘品が展示されている。御三階櫓《おさんがいやぐら》と呼ばれるお城の最上階の窓からは赤城山がはっきり見え、埼玉とはいえもはや群馬県とは眼と鼻の先ということがわかる。

　忍城から忍城通りを南東方面に歩いていくと水城公園に出る。大きな沼を擁するこの公園は、もともとは忍城の外堀だ

ったものを利用して作られたそうで、さらには忍城に隣接している市役所付近も、埋め立てられる前は忍沼と呼ばれる沼だったとのこと。当時の忍城は別名「浮き城」とも呼ばれていたそうだが、まさに水に囲まれて見えたことだろう。現在の水城公園は地元太公望の憩いの場所になっているようで、僕が見ている目の前でも、おじさんが尺はあろうかという大きなマブナを釣り上げていた。

水城公園から南東にまっすぐ延びる県道を行けば、やがてさきたま古墳群に行きあたる。周囲の風景は単調でちょっと退屈してしまうところだが、歩道はしっかり整備されているのでのんびりと歩こ

さきたま古墳群のひとつ、将軍山古墳は全長90mにも及ぶ大きな前方後円墳。内部に入れるようになっており、発掘当時の石室の様子が再現されている。副葬品として多数の武具や馬具も確認できる

う。前方にこんもりと広がった緑が見えてくれれば、そこが古墳公園の入口だ。

このルートでいくと、併設されている『さきたま史跡の博物館』の裏手から入っていくことになるので、まずはここで予習をしておこう。さきたま古墳群といえばまっ先に出てくるのが、稲荷山古墳から発掘された副葬品の鉄剣。国宝にも指定されている金錯銘鉄剣《きんさくめいてっけん》で、それはこの博物館に展示されている。

鉄剣に書かれた銘文によると、この古墳が造営されたのは5世紀後半。そこにはヲワケという人物の出自が綴られていて、それによるとヲワケの一族は代々雄略天皇の親衛隊長のような役職を担って

丸墓山古墳の頂上から北西の方向を望むと、博物館の御三階櫓がしっかりと確認できた。忍城に攻め入ろうとした石田三成も、ここから同じ光景を見たのだろうか

さきたま古墳群で最大規模を持つ稲荷山古墳。5世紀後半につくられたとされ、この古墳群のなかでも最も古い。国宝に指定された金錯銘鉄剣はここから発掘された

いたらしい。このことから当時のヤマト王権の勢力が、関東地方にまで延びてきていたことを証明するという説もある。この剣が発掘された1968年（昭和43年）当時には100年に一度の大発見と大騒ぎなったそうだ。ちなみに実際にこの古墳に埋葬されていたのがヲワケ本人なのかはまだ確定されてはおらず、そのあたりもこの時代の神秘性を感じさせる。

古代史に対するテンションを高めたところでいよいよ古墳へ。稲荷山古墳はいわゆる前方後円墳と呼ばれる鍵穴状の形をしており、現在はその上部を歩けるようになっている。長さ約120m幅約70m、高さ11mにわたる巨大な古墳を、当

時どうやって造ったのだろうか。博物館の計算によると1000人の人間がこの造営に携わっても5年以上はかかるとされ、しかしそのわりには、当時それだけの人が暮らしていた遺跡が見つかっていないというのも謎のひとつだ。

この古墳群のなかでもうひとつ訪ねてみたかったのが、丸墓山古墳と呼ばれる円墳だ。こちらは古墳そのものの由来もさることながら、『のぼうの城』の舞台でもあり、石田三成が忍城を攻める際にここに陣を張ったという事実が興味深い。古墳の頂上に登って忍城方面を見やれば、たしかに今もそこに先ほどの天守閣を視認することができた。

しかしこれらの古墳が造営された時代も、副葬品として武器が発掘されることから、決して平和ではなかったことがうかがえるが、それから1000年以上の後に、あろうことかその墳墓の上で戦をされるとは先人も夢にも思わなかったのではなかろうか。

さてさて、古墳公園でちょっと時間を使いすぎてしまったが、今日はもうひとつ目的があった。ドラマ『陸王』に登場したロケ地探訪である。もちろんこのドラマは行田市内の各地でロケが行われていて、これまでに歩いた、忍城、水城公園、さきたま古墳公園なども随所に登場するのだが、やはり主人公たちが勤める会社「こはぜ屋」の外観としてたびたび登場した「イサミコーポレーションスクール工場」は見ておきたかった。こちらは現役で稼動中なので見学はもちろん外観のみだが、それでも木造、木枠窓の、昔の木造校舎のような工場が趣満点だ。

ドラマのスタッフたちはこの建物を見つけ、そしてロケに使えたときはうれしかっただろうな。そんなことを考えながら、静かな街並みを抜けて駅へ向かった。

ドラマ『陸王』のロケにも用いられた「イサミコーポレーションスクール工場」。あの作品に思い入れのある人は少なからずいるようで、この日も聖地巡礼と思しき人がちらほら

DATA

⦿モデルプラン：秩父鉄道行田市駅→行田市郷土博物館→水城公園→さきたま史跡の博物館→さきたま古墳公園→イサミコーポレーションスクール工場→行田市駅
⦿歩行距離：約9km
⦿歩行時間：約3時間
⦿アクセス：行田市駅へは、JR上野駅から高崎線で熊谷駅まで約1時間10分。そこから秩父鉄道で約8分
⦿立ち寄りスポット情報：行田市郷土博物館＝行田市本丸17-23。☎048-554-5911。9:00～16:30。月曜、祝日の翌日、第4金曜、年末年始休館。さきたま史跡の博物館＝行田市埼玉4834。☎048-559-1111。9:00～16:30（7、8月は～17:00）。月曜（祝日の場合翌日）、年末年始休館
（2018年6月探訪）

小江戸・川越

こえど・かわごえ

市民たちが守った蔵造りの景観を訪ね、三代将軍家光ゆかりの寺院へ

埼玉県

近場の観光地というのは、行きそうで意外と行かないものだ。東京で長年暮らしていても、用事でもないかぎり浅草や横浜といった場所とはなかなか縁がない。

埼玉県の川越もそんな場所のひとつで、以前から「小江戸」と呼ばれていることは知っていたが、わざわざ行くような場所なのかなと半信半疑でもあった。ところが先日、愛知県に住むお義母さんから「川越に旅行に行ったのよ」という話があり、いつのまにか川越はそんな全国区になっていたのかと驚き、さっそく出かけてみることにした。

起点となるのは西武新宿線の本川越駅。といってもこれはたまたま僕にとってアクセスがよかっただけで、川越にはほかにもＪＲや東武東上線も通っているのでお好みで。

本川越駅の北から東西に延びる東照宮中院通りを東に向かい、次の交差点を左に入る。

川越といえば蔵造りの街といわれるくらい、街中には数多くの蔵造り建築が残る。しかもただ保存してあるだけでなく、実際に営業を続けている商家が多いのもうれしい

周囲には早くも川越の代名詞ともいえる蔵造りの店が点在、土産物屋などもあって観光地感を醸し出している。

実際、こういった街並みは地方都市を歩いてもたまに見かけることがあるのだが、たいていは軒を閉ざしていて生活感が感じられなかったり、あるいはいかにも観光地でございといったハリボテ感を感じてしまうことが多い。

しかし、ここの街並みは「実際に人が生活している」印象がとても強い。居並ぶ店も観光客向けのものだけでなく、米屋や酒屋、本屋といった地元向けのものを売る店も、昔ながらの蔵造りで営業を続けている。

駅直近からはじまる「大正浪漫夢通り」。かつてはアーケードがかけられた商店街だったが、平成に入って御影石の石畳や電線の埋設などをはかり、大正から昭和初期の商家を引き立たせている

それまでの道が突き当たりになったら、クランク状に道を曲がってその名も「蔵づくりの街並み」と呼ばれる通りに入ると、その傾向はさらに顕著になる。重厚感のある蔵造りの街並みに加えて、大正から昭和初期と思しき洋館建築もポツポツと混じり、平日にもかかわらず多くの観光客がねり歩いている。なかでも大沢家住宅と呼ばれる建物はこの街並みのなかでも最も古く、建てられたのは1792年（寛政4年）だそうだ。

ちなみにこの通りを歩いていてなんだか妙に空が広いなと思ったのだが、その理由はすぐにわかった。電柱がまったく見あたらないのだ。電線をすべて地下に埋設しているのだろう。また、その通り沿いに今まさに新築中の家が一軒あったのだが、その家も周囲と同様、昔ながらの木造建築で建てられつつあったことから、景観維持に並々ならぬ意欲をそそいでいることがうかがえる。

そもそも、川越の街並みが維持されることになったきっかけは、昭和50年代に高層マンションが乱立し始めたことに対する住民たちの危機感だったという。その運動がやがて行政をも動かし、街並みを保存。その成果は、国による「重要伝統的建造物保存地区」や「都市景観大賞」受賞に結実した。

通りから右手にやや入ったところには、

川越のシンボルともいえる「時の鐘」。三層構造で高さは約16m。最初につくられたのは江戸時代だが、その後何度か火災により焼失。現在のものは4代目で、明治期に再建されたもの

川越の街並みのシンボルともいえる「時の鐘」が建っている。三層式で高さは約16m。これは今から400年ほど前に、川越藩の領主によって建造されたもので、今でも1日に4回、市民に時を告げているのだそうだ。

蔵造りの街並みは、「札の辻」と呼ばれる交差点で終わる。そこからは道を右折して、川越のもうひとつの歴史遺産である本丸御殿を目指す。すると、途中車道沿いになんとも風情のある銭湯を発見。幸いなことに時間は3時を過ぎており、すでに営業を始めている。休憩がわりにここでひと風呂浴びていくことにする。

窓を広くとった浴室は外光がたっぷり入って気持ちがよく、歩いてきた疲れも霧散する。帰り際に、番台に座っていた親父さんに話を聞いてみると、この銭湯ができたのは今から75年前。なんと太平洋戦争中だ。川越にはこんな銭湯が何軒あるのか尋ねてみると、「多いときはね、20軒近くあったんだけど、今じゃうちが最後の1軒になっちゃったよ」……。当たり前といえば当たり前だが、残されるものがあるいっぽうで、消えていくものもあるのだな。

お風呂で気分一新したところで本丸御殿へ。これはかつて川越に建っていた川越城の遺構の一部で、本丸の大広間が現存しているのは、ここ以外には高知城のみという貴重なも

本丸御殿の縁側では和服姿の女性がくつろいでいた。やはりこういった伝統的な建物には着物がよく似合う。ちなみにこの縁側の内側は、当時家老たちの詰所だったそうだ

の。内部の見学も可能で、長い板張りの廊下を歩いていると、あたかもその時代へタイムスリップしたかのようだ。

本丸御殿からは三代将軍徳川家光、そして春日局ともゆかりの深い寺院・喜多院でお参りをすませて駅へ戻ろう。本川越駅までは歩いて10分ほどの距離だ。

DATA

⊙モデルプラン：西武新宿線本川越駅→大正浪漫夢通り→蔵造りの街並み→時の鐘→本丸御殿→喜多院→本川越駅
⊙歩行距離：約4.5km
⊙歩行時間：約2時間
⊙アクセス：本川越駅へは高田馬場または西武新宿駅から急行で約1時間。東武東上線川越市駅、JR川越線川越駅も利用可
⊙立ち寄りスポット情報：川越城本丸御殿＝川越市郭町2-13-1。📞049-222-5399（川越市立博物館）。9:00～17:00。月曜（休日の場合翌日）、第4金曜、年末年始休館
（2018年5月探訪）

【それから】このとき入浴した川越最後の銭湯『旭湯』は、2020（令和2）年に廃業されたそう。残念

鎌倉大仏と銭洗弁財天《かまくらだいぶつとぜにあらいべんざいてん》

神奈川県

大仏と銭洗弁財天をつなぐ、鎌倉の小さな尾根道を歩く

都心から日帰り可能な観光地として、国内はもちろん、最近は海外からの旅行者にも人気が高い古都・鎌倉。たしかに見どころも多く、飽きさせない街ではあるいっぽう、その至便さが仇となって、休日はもちろん平日でも人気スポットは大勢の人であふれかえることが多い。こうなると、楽しみよりも先に雑踏に疲れてしまうのもたしか。そこでここでは、鎌倉のメインスポットを訪ねながらも、自然豊かな裏山をのんびりと散策するコースを歩いてみよう。

スタートは江ノ島電鉄の長谷駅。そして長谷駅といえば鎌倉大仏だ。まずは大仏さまが鎮座する高徳院を目指そう。駅からは長谷通りを北上すること10分ほど。この通りには飲食店も軒を連ねるので、あらかじめ、ここで食事をとっておくのもいい。高徳院から先し

洋の東西を問わず、海外からの多くの観光客で賑わう高徳院の鎌倉大仏。もともとは大仏殿に安置されていたものが、室町時代、地震と津波によって、大仏殿は倒壊してしまったという説がある

ばらくは、飲食店はおろか店自体と出会えなくなる。

　鎌倉大仏は、台座を含めた高さが約13m、重量は121トン。そのお姿は鎌倉時代の代表的な仏教彫刻様式とされ、国宝にも指定されている。鎌倉観光の象徴的な存在だ。現在は年月の経過を感じさせる鈍色《にびいろ》の大仏さまだが、建造当時は全体に金箔が貼られていたそうで、その痕跡はいまも右頬のあたりに残っているとのことなのだが、注意力が足りないせいだろうか、今回は残念ながら確認できなかった。

　大仏さまをお参りしたら、駅から歩いてきた通りをそのまま先へ進んでいく。

葛原岡・大仏ハイキングコースは、取り付き以外はこんな平坦な小径が続く。尾根道なので、樹木の合間からは海や鎌倉の街も遠望できる。地元の人はもちろん、観光客にも愛される散歩道だ

やがて大仏隧道というトンネルが現れるが、その手前からトンネル上部へと向かう登山道があるのでここを登っていこう。「葛原岡・大仏ハイキングコース」と呼ばれるこのコースは、歩きはじめこそグイグイと標高を上げていき、こんな坂道、歩き続けられるだろうかとちょっとたじろぐが、一度尾根筋まで上がってしまえばそこからはのんびりと歩ける平坦な道が続く。尾根とはいっても、その標高自体も70mほどだ。

尾根は多くの樹木に囲まれており、夏はこの樹木たちが格好の日陰をつくってくれるいっぽう、葉が落ちた冬場は、場所によっては材木座海岸も遠望できる。

まるで異界へとつながっているような趣を持つ銭洗弁財天の入口。弁財天の周囲は険峻な崖に囲まれており、このトンネルの向こう側に境内や社殿が広がっている

枝のすき間からは鎌倉の閑静な住宅街が顔をのぞかせている。

このハイキングコースは地元住民の絶好の散歩コースにもなっているようで、着の身着のままの鎌倉っ子たちものんびりと散策を楽しんでいる。途中、「毒蛇に犬がかまれました」という注意書きを見かけて、ちょっとびっくりしたが、そこには「CAUTION VIPER」と英語でも併記されているあたりが、国際観光都市・鎌倉らしい。幸運にも？　実際に見かけることはなかったが。

やがて周囲にぽつんぽつんと住宅が現れ、それまで土の道だった登山道が舗装路に変わると、今回訪ねるもうひとつの

観光スポットである銭洗弁財天まではすぐの距離だ。

ここで、弁財天へ右折する道をそのままやり過ごして少し歩くと化粧坂《けわいざか》が現れる。化粧坂は、鎌倉時代からあった鎌倉へ入るための数少ない古道のひとつ。新田義貞はここから攻め入ることができずに稲村ヶ崎から鎌倉に入ったといわれるが、現在も残るその厳しい地形を見るや、それもさもありなんと思ってしまう。

さて銭洗弁財天である。ここの正式名称は銭洗弁財天宇賀福神社。源頼朝が見た夢にしたがってここで湧き水を発見。そこに宇賀神を祀ったのが始まりなのだそうだ。周囲を崖に囲まれており、崖に穿たれた隧道を通って境内に入っていくのだが、これがいかにも異界への通路のようで期待感も高まる。

銭洗弁財天の名の通り、ここより湧き出る水でお金を洗えばお金が増えるという、ちょっと俗世的な言い伝えがあり、参拝者の多くが神社で借りたザルに財布のお金を入れて洗っている。なかにはお札をジャブジャブと洗っている人もいて、破けてしまわないのか見ているほうがハラハラしてしまう。その光景は外国人にとってもかなりエキゾチックなのだろう。彼らも見よう見まねでお金を洗って楽しんでいる。

ここの境内には冷たい飲み物や軽食を出す茶屋も併設されているので、ここまでの山道

銭洗弁財天の奥宮には洞窟があり、そこから湧き出る清水でお金を洗うと増えるといわれている。この日も老若男女問わず、大勢がお金を洗っていた。お金、大事だよね

歩きの疲れをゆっくりと休めるのもいいだろう。

銭洗弁財天からは、住宅街のなかを抜ける舗装路を下っていけばやがて鎌倉市役所通りに出る。これを左に向かえば、観光客で賑わうゴールの鎌倉駅まではあとちょっとの距離だ。

D A T A

⦿モデルプラン：江ノ島電鉄長谷駅→高徳院（鎌倉大仏）→葛原岡・大仏ハイキングコース→銭洗弁財天→JR横須賀線線鎌倉駅
⦿歩行距離：約4.5km
⦿歩行時間：約2時間
⦿アクセス：長谷駅へは、まずはJR東京駅から東海道本線で大船駅へ約40分。そこから横須賀線で鎌倉駅へ約7分。さらに江ノ島電鉄で約5分。小田急線で藤沢に出て、そこから江ノ島電鉄に乗り継ぐ手もある
⦿立ち寄りスポット情報：高徳院＝鎌倉市長谷4-2-28。☎0467-22-0703。8:00～17:30（10～3月は～17:00）
（2018年7月探訪）

高麗の里

こまのさと

大陸文化の名残を辿り、巾着田でのんびりとなごむ

埼玉県

埼玉県日高市の西部に、「高麗」という聞くからにエキゾチックな地名がある。最近は高麗にある巾着田《きんちゃくだ》も、観光スポットとしても知られるようになってきた。そんな高麗の里を歩きながら、地名の由来などを辿ってみよう。

西武秩父線の高麗駅を降り、改札に出るといきなり現れるのが「天下大将軍」「地下女将軍」と書かれた、トーテムポールのような一対の巨大な構造物。これは将軍標と呼ばれるもので、朝鮮半島に見られる魔除けのための境界標なのだそうだ。高麗という地名、そして将軍標と、少しずつ由来を表すピースが繋がっていく。

線路際の小さな踏み切りを渡ってしばらく車道を歩くと、右手の細い道に巾着田への指導標があったのでそちらへ。道はやがて水天の碑と呼ばれる立派な石碑につきあたり、そ

高麗駅の改札を出ると迎えてくれるのがこの将軍標。魔除けの意味合いがあり、朝鮮半島では村落の入口に建てられることが多いという。将軍標は高麗神社にも立てられていた

の先に高麗川が姿を現す。水天の碑というのは、度重なる洪水を鎮めるため、天保時代に建立されたもの。石碑越しの高麗川は、そんな暴れぶりなど想像できない穏やかな流れだ。眼下に魚道が設けられていて、水面上に出ている部分だけを飛び石伝いに歩けばそのまま対岸まで渡れそうだったが、万一しくじって下半身水浸しにしてしまったら、いきなりテンションはだだ下がりだ。ここはちゃんと先にある鹿台橋《ろくだいはし》まで迂回して川を渡る。

川を渡ったところが巾着田。高麗川はここで大きく蛇行しており、その蛇行部分の内側を田畑として利用している。名前の由来はまさにその姿が巾着袋に見え

標高305mの日和田山から巾着田を望むと、ギリシャ文字の「Ω」状に高麗川が大きく湾曲している様子がよくわかる。内側は肥沃な土壌が蓄積されているのだろう。昔から農作が盛んだ

ることから。現場にいるとなかなかその様子は確認しづらいが、ほど近くにある標高300mほどの日和田山山頂から望めば、その姿は一目瞭然だ。

今日、巾着田は曼珠沙華の一大群生地として知られており、秋には多くの人が訪れる。この曼珠沙華は植えたものではなく、河川の氾濫などで土砂と一緒に流されてきた球根がこの湾曲部に流れ着き、それが自然繁殖したものらしい。洪水がその地を豊かにする。歴史の授業で習った「エジプトはナイル川のたまもの」ということばを思い出す。秋以外にも、巾着田には桜や菜の花、コスモスなどが咲き誇るそうだ。

巾着田は、その内側沿いにいくつもの遊歩道が整備されている。ぐるりと回って再び巾着袋の締める部分まで辿り着くと、「あいあい橋」という日本最大級の木造トラス橋を渡って巾着田とはお別れ。

渡ったところには古い公民館の建物を利用した高麗郷民俗資料館があり、入場無料ということもあってつい寄り道したのだが、これが正解。当初から興味があった高麗という土地、地名についてわかりやすく解説されていた。

話は7世紀にまで遡る。当時、高句麗、新羅、百済という三国で戦乱の時代にあった朝鮮半島は、唐が新羅に荷担したことにより戦況は一変。百済、そして高句

巾着田の内側には幾本もの遊歩道が整備されていて、季節に応じてさまざまな花が咲く。河原へのアクセスも容易で、キャンプやバーベキューを楽しむ人も多い

麗も滅亡。このとき、高句麗から日本へ逃げ延びた者たちが少なからずいたのだそうだ。そして、そんな帰化人をこの地に移住させ、高麗郡を置いたことが高麗という地名の始まりとのこと。このとき帰化人を率いていたのが、高句麗の王族だった高麗王若光《こまのこきしじゃっこう》。そしてこれから向かう高麗神社は、この若光を祀った神社だ。

資料館からしばらく車道沿いを歩いていくと向かいからおばちゃんの3人組がハイキングの格好で歩いてきた。ははーん、僕が歩いている逆コースを行くんだなと思ったら、僕とすれ違う直前で右手への細い路地へ入ってしまった。なぬ。そんなとこ行ったら道に迷うよと声をかけようとしたら、その分岐にはしっかりと巾着田を指示する指導標が。なんと間違えたのはこちらのほうであった。クルマの往来が多い車道を歩かなくても、こんな小径があったのである。がっくり。

やがて辿りついた高麗神社は、想像していたよりもはるかに規模が大きくて驚く。立派な神殿があって、平日にもかかわらず参拝客も多い。聞くところでは高麗神社は出世明神としても知られ、ここを参拝した政治家の多くが総理大臣にまで登り詰めたらしい。裏手には代々神職を勤めてきた高麗氏の茅葺き住宅がそのまま保存されていて興味深い。

僕もここで軽くお祈りをすませたら、あとはゴールの八高線高麗川駅を目指すだけ。帰

高麗神社は、高句麗から移り住んだ人々の長であった高麗王若光を崇めたことに端を発する。代々若光の子孫が宮司を務めており、現宮司は60代目にあたるそうだ

り道沿いに朝採れタケノコの無人販売所があったので、箱に２００円を投入、リュックにスポンとタケノコをさして、明日はタケノコごはんかななどと考えながら家路につく。この日、三度目となる高麗川を橋で渡ると、たもとからはカジカガエルの美しい声が響いていた。

DATA

⦿モデルプラン：西武池袋線高麗駅→巾着田→高麗郷民俗資料館→高麗神社→JR八高線高麗川駅
⦿歩行距離：約6.5km
⦿歩行時間：約2時間半
⦿アクセス：高麗駅へは、池袋駅から西武池袋線にて飯能まで約50分。そこから西武秩父線へ乗り継ぎ約8分。終点の高麗川駅からは西武秩父線の東飯能駅まで八高線で約6分。そこから飯能駅までは西武秩父線でひと駅。歩いてもさほどの距離ではない
⦿立ち寄りスポット情報：高麗郷民俗資料館＝日高市大字梅原2。📞042-985-7383。9:00～17:00。月曜（祝日の場合翌日）、国民の祝日の翌日、年末年始休館
（2018年4月探訪）

おもちゃのまちとおもちゃ博物館

おもちゃのまちと
おもちゃはくぶつかん

東京下町からおもちゃ会社が、集団移転した街を訪ねる

栃木県

初めて鉄道時刻表のページをめくったのは中学1年生のとき。同時に読みかたを覚え、巻頭にある路線図を眺めながら、あれやこれやと卓上旅行の楽しみも知った。そしてそんなとき、関東地方の路線図を見ていて一番気になったのが「おもちゃのまち」という駅名だった。中学1年くらいだとまだ「おもちゃ」という言葉に惹かれるものがあったのだろう。果たして「おもちゃのまち」とはどんな街なのか。調べてみるとそこには「おもちゃ博物館」なるものもあるらしい。あのころの謎を確かめるため、その街を訪ねてみた。

おもちゃのまち駅があるのは東武宇都宮線だ。栃木駅から約15分。小さな駅舎を出ると、そこには「おもちゃのまち」を表現した立体作品が飾られていた。駅周辺には「○○マート おもちゃのまち店」「おもちゃのまち整体院」など、駅名なのだから当たり前といえば

おもちゃのまち駅周辺には、当然、おもちゃのまちにちなんだ店が数多くあった。はじめての人間には軽いカルチャーショックだが、地元の人にとっては当たり前の光景なのだろう

当たり前だが、「おもちゃのまち」を冠したお店が目立つ。常識的に考えればとてもメルヘン感あふれるネーミングが、ごく普通の日常に入り込んでいるというなかなかシュールな光景だ。

　駅からおもちゃ博物館までは広い車道を歩くこと約30分。駅を出てしばらくすると、いきなり周囲は田園風景に変わる。やがて「壬生《みぶ》総合公園」という、広大な敷地を持つ公園に到着。おもちゃ博物館はそのなかにあるらしい。園内を少し歩くと左手に西洋のお城を模した建物が現れる。これがおもちゃ博物館だ。

　1階には小さな子どもたちが実際に身体を使って遊べる体感型のおもちゃがず

らりと陳列され、これを見たときには「ちょっとお門違いの場所に来ちゃったかな」と危惧したが、2階へ上がるとその思いは払拭。そこにはまさに「昔、子どもだった人」が懐かしさのあまりむせび泣くようなおもちゃが膨大に展示されていた。ブリキ製のロボットや飛行機といった、僕らよりさらに上の世代が遊んだであろうものから、超合金やリカちゃん人形といったまさにストライクのおもちゃ、人生ゲームなどのボードゲームもずらりと並んでいる。実際には友だちが持っていたり、CMで見ただけのものがほとんどなのだが、それでもこれらを眺めていると、当時の記憶が鮮やかに蘇ってくるから不思議である。

もうひとつ。訪ねる前から疑問に思っていた「おもちゃのまち」という駅名の由来についても、ここで知ることができた。もともと戦後日本のおもちゃ産業は、葛飾区や墨田区といった東京の下町が基盤だったのだそうだ。しかし次第に都心の土地が高騰したこともあって規模の拡大が困難に。いくつかの移転地候補があったなかで、最終的にこの地・栃木県壬生町が選ばれたのだという。ちなみに「おもちゃのまち」というのは単なる愛称ではなく、れっきとした地名。実際に駅周辺の住所は「壬生市おもちゃのまち○丁目」となっている。おもちゃ工場の移転に併せて地名も変更したのだ。そして東武線のおもちゃのまち駅も、これら一連の動きに伴って新設された駅なのであった。

西洋のお城のような外観を持った壬生町の「おもちゃ博物館」。飛行機や自動車のおもちゃからさまざまなボードゲームまで、各世代にとっての懐かしおもちゃがズラリと並ぶ

子どものころ、時刻表で偶然見つけた駅にこんな物語があったとは。ちょっと感慨深いものを感じながら、おもちゃ博物館を後にする。

同じ道を戻るのが味気ないという向きには、畑のなかを1時間ほど歩けば、隣りの国谷駅も十分徒歩圏内だ。

DATA

⦿モデルプラン：東武宇都宮線おもちゃのまち駅→壬生総合公園→おもちゃ博物館→東武宇都宮線国谷駅
⦿歩行距離：約6km
⦿歩行時間：約2時間
⦿アクセス：おもちゃのまち駅へは、まずは東武スカイツリーライン浅草駅から栃木駅へ。特急利用なら約1時間10分。栃木駅からは東武宇都宮線で約22分。終点の国谷駅からは東武宇都宮線で栃木駅まで約20分
⦿立ち寄りスポット情報：壬生町おもちゃ博物館＝下都賀郡壬生町国谷2300。℡0282-86-7111。9:30～16:30(1月3､4日は10:30～15:30)。月曜(祝日の場合翌日)、年末年始休(8月は無休)
(2017年2月探訪)

顔振峠と風影

かあぶりとうげとふかげ

美しい名を持つ集落と、明治維新の歴史を刻む峠道へ

埼玉県

美しい地名、というのがある。音の響きだったり、漢字の当てかただったり、その理由はさまざま。雫石《しずくいし》や月夜野《つきよの》、美瑛《びえい》、そのものずばり美ヶ原《うつくしがはら》なんていうのもある。東京から半日程度でそんな美しい地名の場所を訪ねられないかと、地図を眺めつつ見つけたのが「風影」という地名。風の影。美しくもあり、禅問答のようでもある。こういうときは、あまり下調べをしないほうが楽しい。調べるとあとはただの確認作業になってしまうからね。

起点となるのは西武秩父線の吾野《あがの》駅。地図によると1時間ほど歩いたところに風影という集落はある。山懐に向かって延びる舗装路を、エッチラオッチラと上っていく。最初は周囲を樹林が囲んでいたが、次第に空が広くなってくる。そしてポツリポツリと民家が現れてきた。どの家もみんな大きい。ここが風影だろうか。やがて現れた比較的小さな家の

高台から風影集落を俯瞰する。日当たりのよい山の南側に、点々と住宅が建ち並ぶ。斜面を利用した畑を耕していた。昔は養蚕業も盛んだったらしい

前に「風影公会堂」という札が立てられているのを発見。ここが風影だと確信する。後ろにひかえる尾根まではあと少しの距離。集落全体が日当たりのよい南向立地で、畑作も行われている。なんだかのんびりとした穏やかな集落だ。

畑仕事中のおじさんがいたので話しかけてみる。まず教えてもらったのが、この地名の読みかた。それまで僕は勝手に「かぜかげ」と読んでいたのだが、「ふかげ」と読むのが正解。家がみんな大きいのは、かつてこの集落では養蚕が盛んで、そのためのスペースとしてどの家も3階建てにしていたとのこと。そもそも吾野駅からここまで僕が歩いてきた車道

も、開通したのは昭和40年ころのことらしく、それまでは細い山道でしか下界とはつながっていなかったのだとか。

風影という地名の由来については、くわしいことはわからないとはいうものの、「ここはどうも平家の落人がつくった集落らしいから、なんか関係あるのかもなあ」という話。平家の落人伝説は全国にあまた伝えられているが、この集落から尾根筋まで上がったところには顔振峠という峠があり、そこには、平安時代に源義経と武蔵坊弁慶が奥州に逃れる際に、顔を振り返り振り返りしながらこの峠を越えたという伝説が残っている。そんな伝説を聞くと、平家の落人伝説もたしかに説得力のようなものを感じてしまう。

おじさんにお礼を述べて、その顔振峠まで登りつめる。そこだけは今でも登山道のままだった。尾根沿いには舗装路が延び、峠には茶屋が何軒か営業していたので、そのうちの一軒でひと休み。「イノシシそば」というイノシシの肉が入ったそばをいただき、眺めのよい窓辺に座る。窓から奥武蔵の山々、そして向かいに建つ平九郎茶屋が見える。

この顔振峠は義経の伝承より約700年の後、再び時代の舞台に上がる。ときは明治元年、当時の日本経済の立役者である渋沢栄一の養子・渋沢平九郎は幕府側につき、飯能で官軍と激突。敗れた平九郎はこの顔振峠を越えて落ちていった。実際にここより30分ほど

風影からつめ上がった顔振峠には車道が通っていて、何軒かの茶店があった。そんななかの一軒で「イノシシそば」をいただく。たっぷりのイノシシ肉と柚子の皮がポイント

北に下ったところには、「渋沢平九郎自刃の地」の碑も立っている。

さてこの先どちらに進もうか。平九郎を追って越生《おごせ》に出るもよし。東に向かってこの界隈のもうひとつの謎地名「ユガテ」を目指すもよし。そばをすすりながら、地図と景色とをにらめっこした。

DATA

⦿モデルプラン：西武秩父線吾野駅→風影→顔振峠→黒山→（バス）→東武越生線越生駅
⦿歩行距離：約5.5km
⦿歩行時間：約2時間半
⦿アクセス：起点の吾野駅へは、まずは池袋駅より西武池袋線で飯能駅へ約50分。そこから西武秩父線に乗り継いで約25分。西武新宿または高田馬場駅から西武新宿線を利用、所沢で乗り換える手もあり。顔振峠から北側の黒山に下山した場合は、黒山からバスで越生駅まで約30分。越生駅からは東武東上線坂戸駅で乗り継いで池袋駅まで約1時間10分
（2016年12月探訪）

【それから】ご存じの通り、渋沢平九郎の父・渋沢栄一は2024（令和6）年から新しい10000円札の肖像となった

日本民家園《にほんみんかえん》

日本中から移築した古民家で、誰もがみんな帰省気分？

神奈川県

子どものころ、夏休みに級友が「田舎に帰る」と、うれしそうにしていたのがうらやましかった。当時、僕は東京で父方の祖父母と同居していたし、母方の祖父母宅は自分の家よりも都会で、どう考えても「田舎に帰る」感はなかった。広い庭の前に延びる縁側、井戸水で冷やされたスイカ……。ステレオタイプといえばそれまでだが、たしかに憧れの光景。そんな「現実にはなかった」田舎を訪ねに、川崎の日本民家園へ向かうことにした。

小田急線の向ヶ丘遊園駅から生田緑地を回り込むように南下すると、広い車道はそのまま生田緑地のゲートとなり、そのすぐ先が民家園の入口だ。

日本民家園は１９６７年（昭和42年）に開園した古民家の野外博物館で、川崎市の公共施設だ。川崎市をはじめとして日本各地に残されていた古民家を移築復元して展示してい

重厚な茅葺き屋根を持つ江向家住宅。18世紀初頭に建てられたこの家は富山県の五箇山地方から移築された。内部は3階建てになっており、2階3階は養蚕に使われていたそうだ

るもので、その数は20軒を越えている。世界遺産にも登録されている岐阜県白川郷の合掌造り民家のような古民家界(?)の横綱級から、多摩川に実在した渡し船の船頭小屋のような変わり種まで、バリエーションはさまざま。奥へ進むごとに古民家が次から次へと現れる。

「古民家」とひと言でいうと、『まんが日本昔話』に登場するようなものをイメージしてしまうが、現物を眺めると、日本各地ごとの気候や用途に合わせ、実にさまざまであることがわかる。

そしてそのなかには、僕が里帰りしてみたかった妄想上の田舎もあり、それは神奈川県秦野から移築されてきた「北村

家住宅」。住居と縁側は障子で仕切られ、その先は庭。茅葺きの屋根は縁側先にも大きく延びている。こんな田舎で、ランニング一丁でカブトムシ捕りをしたかったなあ。

ここで展示されている古民家は、どれも住居そのものはもちろんのこと、周囲の環境とも相まってなんともいえない雰囲気を醸し出している。はじめはどうしてそう思えるのか不思議だったのだが、歩いているうちに気がついた。この民家園は生田緑地の斜面に作られており、斜面の高低差や周囲の樹木などを巧みに利用して、それぞれの世界観が干渉し合わないようになっているのだ。建物がたくさん並んでいるとはいっても、街中の住宅展示場のような無粋感がないのもそのためだろう。

そしてもうひとつ思ったのは、どの家も室内をのぞくと陰翳のコントラストが絶妙だということ。昔の日本の家はどれも夏の過ごしやすさが優先され、風通しよく作られているといわれているが、それが窓から入ってくる日差しと奥の暗い場所との間に、美しいモノトーンの空間を産み出している。一度でいいからこんな家で暮らしてみたいものだ。もちろん、その構造から考えると冬はとても寒いのだろうが。

民家園のなかを歩いているだけで、気がつけば2時間近い時間が経っていた。そのまま来た道を戻るのも芸がないので、そこからは枡形山へ登る。山といっても標高は84m。遊

日本の古民家に足を踏み入れると、室内には絶妙の陰翳空間が広がっているのがわかる。これは長野県の南佐久郡から移築されてきた佐々木家住宅。もとは名主の家だった

歩道を10分も歩けば頂上だ。ここには鎌倉時代、枡形城と呼ばれる山城があり、鎌倉防衛の一翼を担っていたという伝説がある。山頂の展望台に上がり、遠く秩父や丹沢の山々を望みながら、今度はそれらの山々の麓で現役で頑張っている古民家を訪ねたいものだと考えた。

DATA

⊙モデルプラン：小田急小田原線向ヶ丘遊園駅→日本民家園→枡形山→向ヶ丘遊園駅
⊙歩行距離：約4km
⊙歩行時間：約2時間半
⊙アクセス：向ヶ丘遊園駅へは、新宿駅より小田急小田原線で約20分
⊙立ち寄りスポット情報：川崎市立日本民家園＝川崎市多摩区枡形7-1-1。☎044-922-2181。9:30〜17:00（11〜2月は〜16:30）。月曜、祝日の翌日、年末年始休園、臨時休園あり
（2018年6月探訪）

佐倉とオランダ風車

武家屋敷を抜けて歴史民俗博物館へ、そして車窓からいつか眺めたあの風車

千葉県

さくらとおらんだふうしゃ

ずっと不思議だった。成田空港に向かう電車の窓から見えたあの風車。遠目に見ても本格的に造られていて、いわゆる「なんちゃって系」とは一線を画すようだ。でも、なんでこんなところに風車が。生まれて初めて日本を訪れたオランダ人青年が、空港からの途上でこれを見たら、「オー、ワタシハイマドコニイルノデスカー?」なんて混乱してしまわないかと、余計な心配までもしたものだ。そろそろその疑問を解決してもいいころだろう。あの風車を目指して歩いていこう。

地図で調べてみると、風車があるのは千葉県の佐倉市。おお、佐倉といえば、千葉県民以外の人にとって「佐倉と佐原、どっちがどっち?」問題で頭を悩ませる、あの場所だ。しかも15年ほど前には、栃木県に「さくら市」という市まで誕生してさらにややこしくな

った。その混乱もこれで解決だ。

京成佐倉駅を下りると、駅前には不規則に車道が延びていた。区画整理がなされず、昔のままの道筋が今も続いているようだ。こういう町は期待が持てる。駅前から延びる道を南に行けば、案の定、ポツリポツリと歴史を感じさせる住居がそのまま残されている。

途中、何度か右に左にと曲がりながら、やがて入り込んだのは周囲を閑静な住宅に囲まれたまっすぐに延びる道。この通りには、江戸時代の武家屋敷がいくつか移築復元されている。つまり佐倉は佐倉城を中心として発展した城下町なのだった。

武家屋敷の内部は、当時のままの様子が保たれている。長押(なげし)の上に掛けられている槍は、時代劇なんかで家の主人が「曲者!」と、天井に潜む忍者をあぶり出すときに使うものか

江戸時代からほとんど変わらぬ景観を残しているという「ひよどり坂」。周囲は竹林に囲まれて風情豊か。坂の上からは、今にも編み笠をかぶったお侍さんが下ってきそう

そのなかのいくつかは公開もされていたのでのぞいてみれば、座敷や居間、土間、厠、湯殿など、当時の暮らしが偲ばれる。解説によると武家屋敷を所有しているのは藩で、それを藩士に貸し与えていたのだとか。参勤交代による江戸勤番もあったので、そんなことも関係しているのだろう。

屋敷の規模にもいろいろあるのもおもしろいところで、現代の会社員でも、新入社員寮と役職者が転勤時に住む家とでは、レベルが全然違うのと同じようなものだろう。なかには屋敷の裏庭でウメやクリなど食べられる植物を育てていたり、生け垣をお茶の木にしたりといった様子

国立歴史民俗博物館では、時代ごとに6ブロックに分けて展示が行われている。写真は、第6展示室に再現された1930年代の浅草や上野をモデルにした風景。体感型展示が多いのも「歴博」の特徴だ

も再現されていて、武士の生活もなかなか楽ではなかったようだ。

　この道はやがて「ひよどり坂」と呼ばれる、当時からほとんど変わっていないという竹林を下る坂道に繋がっていて気分も高揚する。坂の先を目指せば、城下町の中心だった佐倉城の城址公園に至る。園内には土塁や堀といった遺構が残り、たくさんのサクラが植えられていた。

　城址公園と並ぶ形で建っているのが国立歴史民俗博物館、通称『歴博』だ。ここは正直いって、半日徒歩旅行のくくりではとうてい収まりきれないほど濃密な博物館。先史時代から現代に至るまでの歴史はもちろん、人々の暮らしや風

俗に関するものまで膨大な展示物を誇る。博物館名が英語では「National Museum of Japanese History」なのに、日本語になると「民俗」とつくのも納得だ。全部しっかり見ようと思ったら、半日はおろか一日がかりでも難しいだろう。時代ごとに展示室が大きく分けられているので、あらかじめ狙いを定めて、そこを集中的に観てまわったほうがいいかもしれない。

歴博を出たら、いよいよ本来の目的である風車へ。坂道を下って鹿島川を渡ると、川沿いに砂利道が延びているのでそこへ入る。周囲は田園と川、そしてやがて印旛沼。水辺ではおじさんたちはヘラブナ釣り、若者はバス釣りに興じている。どちらも高度に専門化された釣りだ。そのいっぽう、ひと昔前ならお馴染みだった、ありあわせの釣り道具でなんでもいいから釣りたいという子どもたちの姿をすっかり見なくなったのがちょっと淋しい。

印旛沼沿いの道を歩きつつようやく到着した風車は、やはり車窓から眺めていたイメージ同様本格的なもの。この風車は佐倉市の市制施行40周年を記念して建てられたもので、ほとんどのパーツをオランダで制作、日本で組み立てたそうだ。足元に立って見上げれば、直径27・5mの4枚羽根はなかなかの迫力だ。思っていた「なんでオランダなの?」という疑問も解明。江戸時代、実は佐倉の町は長崎と並んで蘭学が盛んな土地だったのだった。

いつも車窓から眺めていたオランダ風車。近くまで来て見上げてみれば、その姿は威風堂々。足元には跳ね橋も再現されていた。例年7月の中ごろには、周囲一面をヒマワリの花が咲き誇るそうだ

いつも遠くから眺めていたものを間近でふれて納得満足。さあここまで来たら佐倉駅に戻るよりも、隣りの臼井駅のほうが近いだろう。沈みかけるタ陽に照らされながら、線路沿いを歩いていった。

DATA

⊙モデルプラン：京成本線京成佐倉駅→武家屋敷→ひよどり坂→佐倉城址公園→国立歴史民俗博物館→オランダ風車→京成本線京成臼井駅

⊙歩行距離：約9km

⊙歩行時間：約3時間

⊙アクセス：起点の京成佐倉駅へは、京成上野駅から京成本線特急で約1時間。終点の京成臼井駅から京成上野駅までは京成本線快速等を乗り継いで約1時間

⊙立ち寄りスポット情報：武家屋敷＝佐倉市宮小路町57。☏043-486-2947。9:00～17:00。月曜（祝日の場合翌日）、年末年始休。佐倉城址公園＝千葉県佐倉市城内町。☏043-484-6165。国立歴史民俗博物館＝佐倉市城内町117。☏050-5541-8600。9:30～17:00（10～2月は～16:30）。月曜（祝日の場合翌日）、年末年始休、ほか月一休あり

（2019年12月探訪）

鬼平江戸処とさいたま水族館

おにへいえどどころと さいたますいぞくかん

『鬼平犯科帳』と県魚「ムサシトミヨ」、埼玉県でシュールな出会いを楽しむ

埼玉県

『鬼平江戸処』は、２０１３（平成25）年に東北自動車道羽生ＰＡにオープンした商業施設だ。鬼平といえばもちろん池波正太郎の小説『鬼平犯科帳』の主人公、長谷川平蔵。つまりここは、鬼平が江戸を闊歩していた時代の世界感を表現したＰＡなのだ。僕が『鬼平犯科帳』を読了したのはずいぶん大人になってからと、本格的ファンからみたらニワカもいいところだが、ニワカだからこそこういう場所を訪ねてみたいニワカ心もあるわけだ。

しかしオープン当初、ここにはクルマでしか行けなかった。高速道路の付帯施設なので、しかたがないといえばそれまでだが、クルマを運転しない僕にとってこれはなかなかのハードルだ。仕事などで知人のクルマの助手席でここを通ることはあっても、運転もしない人間が「ちょっと寄って！」とはいかにもいいにくい。まもなく都心突入というときに寄

羽生駅から「鬼平江戸処」を目指して歩く。交通量の多い車道を避け、一本外れた道を歩いていくと、周囲には田園風景が広がりなんとものどか。用水路には水が豊富に流れていた

り道して、結果渋滞に巻き込まれたりしたら車内の空気は最悪である。

ところが。いつのまにか徒歩でも入れるようになったのである。当初からそういう予定だったのか、近所の人から「入れさせてくれ」とクレームが入ったのかは不明だが、ならば歩いて行こうじゃないか。

起点は東武伊勢崎線、または秩父鉄道の羽生駅。東口を出たら東北道を目指してひたすら東へ。駅前からは東へ延びる車道があるのでこれを辿るのが簡単だが、車道歩きばかりでは楽しくない。途中からなるべく方向がずれぬように細い道を辿る。一本入ってしまえば田園が広がり、用水路が縦横に流れる。田んぼの向こうは利根川。水が豊かなはずだ。

やがて前方に東北道を視認できたら、地図を見つつ無事ＰＡに到着。高速道路のＰＡを外側から眺めるのはたぶん初めて。周囲は相変わらずの田園風景なのだが、従業員用の駐車場がいくつも設けられている。そうか、従業員は下道でやってくるんだな。

さて、いよいよ鬼平江戸処へと勇んだのだが、なかなか入口が見つからない。外周をウロウロしつつ、ようやく出入りの業者さんに教えていただいた小さな扉を開いてなかへ。

しかしそこには通常のＰＡと変わらない風景が広るばかり。ポカンとしつつも、スイーツ売り場のおばちゃんに尋ねてみると、「鬼平は上りＰＡですよ」。

……。恥ずかしい。いや上り側だとは知っていたのに、いざ到着するや舞い上がって、近いほうに入ってしまったのだった。

あらためて、アンダーパスで反対側に渡ってようやく鬼平江戸処へ。こちらは竹塀と瓦屋根のいかにもな入口に迎えられる。そりゃあそうだよね。内部の建物は江戸の町人文化が開花した文化文政時代をモチーフにしているそうで、想像以上の完成度だ。木材や瓦、漆喰などを多用し、さらには経年劣化を再現したエイジング加工も施されている。

そうはいってもここはPA。内部は飲食店やお土産物屋がずらりと並ぶ。興味

「笹や」というのは原作にも登場する茶店。ここを営むお熊ばあさんは、平蔵が若いころからの顔なじみでよき協力者。平蔵が頭の上がらない数少ない存在でもある。そんな茶店が総自販機に！

「鬼平江戸処」の目抜き通りは建物の経年劣化も再現され、かなりの仕上がり。高速道路側のみならず、クルマで来訪した人には見えない反対側もしっかり作り込まれているのにこだわりを感じる

深いのは、飲食店の多くが『鬼平犯科帳』に登場した店を模していることで、出される料理もそれに因んでいる。羽生駅から歩いてきたこちらも、いい具合に腹が減っている。どこでなにを食べるか悩んだが、ここはやはり平蔵が作中でたびたび訪れて、密偵たちと酒を酌み交わした軍鶏鍋の店『五鉄』でしょう。

食べるのはもちろん軍鶏鍋定食。たっぷりのネギと山椒が効いた濃いめの醤油出汁に、歯ごたえのある味の濃い軍鶏肉。たしかにこれは燗酒に合いそうだが、PAだけあってアルコール類はいっさいないのだった。

満腹になったところでもうひと歩き。

東北道沿いをやや南下したところにある『さいたま水族館』を目指す。ここは日本でも珍しい、淡水魚に特化した水族館で、イワナなど源流域の魚から、オイカワやフナといったお馴染みの魚が飼育展示されている。

なかでも見逃せないのが、天然記念物に指定され、東京の小石川植物園の池で発見されたことからその名がついたミヤコタナゴや、生息が確認されているのは埼玉県の元荒川源流部のみとなってしまったムサシトミヨだ。オスが水草で小さな巣を作ることで知られるこの魚は「埼玉県の魚」にも選定されている。どちらも興味のない人から見たら、どこにでも

「鬼平江戸処」内の「五鉄」でいただいたのは軍鶏鍋定食。これ以外にも直径2cmもある『一本うどん』など、作中にも登場した鬼平グルメをいろいろと満喫できる

いそうなちっぽけな魚かもしれないが、だからこそ、人知れずいつのまにか姿を消してしまったともいえる。いつか野生で目にする日に備え、その姿をしっかり目に焼きつける。

さいたま水族館まで来れば、本数は少ないものの羽生駅までのシャトルバスもある。今回はこれを利用して旅を終えることにしよう。

水草を利用して営巣することで知られるムサシトミヨ(写真上)と、国の天然記念物に指定されているミヤコタナゴ(写真下)。絶滅が心配される両者も、さいたま水族館ではじっくり観察できる

DATA

⦿モデルプラン:東武伊勢崎線・秩父鉄道羽生駅→鬼平江戸処→さいたま水族館→羽生駅
⦿歩行距離:約9km
⦿歩行時間:約3時間
⦿アクセス:起点の羽生駅へは、東武スカイツリーライン浅草駅から伊勢崎線へ乗り継いで約1時間半。終点のさいたま水族館から羽生駅へは、4~11月の特定土日祝日のみ無料直通バス(詳細はさいたま水族館〈☏048-565-1010〉)、平日は羽生市福祉バスあり(詳細は羽生市役所〈☏048-561-1121〉)。いずれも本数が少ないので要確認
⦿立ち寄りスポット情報:鬼平江戸処=羽生市弥勒字五軒1686。☏048-566-1215。営業時間は店舗により異なる。さいたま水族館=羽生市三田ヶ谷751-1。☏048-565-1010。9:30~17:00(12、1月は~16:30)。原則第2第4月曜(休日の場合翌日)、年末年始休
(2019年10月探訪)

分福茶釜と館林

ぶんぶくちゃがまとたてばやし

子どものころに読んだ、あのタヌキの故郷と里沼を歩く

群馬県

『分福茶釜』といえば、タヌキが茶釜に化けてひと騒動、という例の昔話だ。実はあの話に出てくるお寺は実在し、その茶釜は今も宝物として拝観できる。そのお寺、茂林寺があるのは群馬県の館林。館林といえば２０１９（令和元）年に「里沼」というキーワードとともに、その沼辺文化が日本遺産に指定されたことが記憶に新しい。となれば、これらの見どころをうまくつないで徒歩旅行を楽しんでみよう。

　起点は東武伊勢崎線の茂林寺前駅。そのままズバリの駅名だ。かわいらしい駅舎を出ると、すぐに茂林寺を指示する指導標が現れるので、それにしたがって行けば10分ほどで到着する。途中にはタヌキの飛び出し注意を喚起する交通標識があったので、茶釜に化けるかはともかく、少なくともタヌキは生息しているようだ。

茂林寺の参道には、茶釜に化けたものや酒瓶を抱えたものなど、さまざまなタヌキがずらりと並んで出迎えてくれる。境内には、いわゆる「千畳敷の……」のタヌキも

茂林寺の参道では何軒かの土産物屋が店を開けていて、そこに並ぶのは大小さまざまなタヌキの置物。たしかに店先なんかでよく見るけれど、どんな意味があるのかうかがうと、商売繁盛に御利益ありとのこと。「たぬき」が「他を抜く」に通じるとか。なるほどね。

さて、いざ茂林寺の境内に入れば、そこにもずらりとタヌキの姿。立ち姿から茶釜に化けた姿まで、かれこれ20体以上のタヌキたち。夜間ひとりで歩いたら、ちょっと怖いかも。

山門をくぐるとその先には歴史を感じさせる茅葺きの本堂が現れる。茂林寺は1426（応永33）年に開山されたお寺

で、この本堂の奥に分福茶釜は鎮座しているのだ。さっそく拝観料を払って、茶釜へ。

靴を脱いで本堂に入ると、堂内を回廊方式で一周するようになっていて、いきなりお参りをしている人の直前を横切る形になり、少し照れくさい。順路にはタヌキやお寺に関する展示物が続き、最後に大御所登場といった体裁で茶釜は現れた。想像よりずっと大きい。容量一斗二升（約21・6ℓ）、重さ三貫（約11kg）というから相当だ。いくらなんでも、タヌキがこんな大きなものに化けるのは物理法則に反していると思ったのだが、そこで分福茶釜の縁起を読んで衝撃が。実はこの茶釜はタヌキが化けたものではないのだ。

もともとの話は、このお寺にお勤めしていた守鶴という老僧が持ってきたのがこの茶釜。いくら湯を汲んでも決して涸れない不思議なものだったそうだ。じゃあタヌキはどうしたとなると、その守鶴自身がタヌキの化けたものだったというお話。綱渡りをしたりという分福茶釜は、明治期にこの話を元に作られた童話なのだった。うーむ。

ちなみにこの周囲の地図を眺めているとき、線路の反対側に「分福町」という地名を発見、てっきり分福というのはここの古い地名なのかと思ったが、聞いてみるとこれも逆。新しくできた新興住宅街が、分福茶釜にあやかって命名したのだとか。ややこしい。

茂林寺を後にして背後にひかえる茂林寺沼へ。ここには周囲1㎞ほどの沼と、その周囲

茂林寺の本堂は今も茅葺き屋根で、周囲の景観にマッチしている。この本堂の右手から入り、堂内をぐるりと一周するようにお参りしたところで、いよいよ茶釜とのご対面だ

には低層湿原が広がり、野鳥や昆虫、魚類の絶好の住処になっている。茂林寺本堂の茅葺きを見て「今どき、茅の入手も大変だろうな」と思っていたのだが、あれは代々この湿原のヨシで賄っているのだとか。ここも日本遺産の一部に指定されている。

湿原の縁を流れる茂林寺川を渡ると『東武トレジャーガーデン』という庭園施設があるが、季節営業のため訪れた初冬は閉園中。しかしその裏手にちょっとしたスポットがある。ガーデン入口を素通りし、車道との合流手前で鋭角に左に入る小径《こみち》を行けば、そこには『館林市野鳥の森』と呼ばれる森が。一歩足を踏み入れれば、昔、カブトムシ捕りに行ったような里山の森がそのままに残されていて、踏みしめる落ち葉の音も心地よい。

野鳥の森を抜けたら、その先は住宅地に入るのでひたすら北上していこう。やがて現れる用水路に沿って東へ向かえば城沼《じょうぬま》に出る。城沼はその名の通り、過去に館林城の外堀としての役目もこなした沼で、日本遺産の本丸的存在だ。周囲にはつつじが丘公園や、館林城址、田山花袋旧居など見どころも多い。

館林城址付近からは、かつての武家屋敷の名残が点在する「歴史の小径」が通じているので、これを辿って東武伊勢崎線館林駅を目指す。そして最後に駅近く

穏やかな水面を見せる茂林寺沼。水鳥たちにとって絶好の休息場だ。フナやナマズなどの魚類も豊富で、下流の谷田川から入ってくるそうだ。茂林寺の茅葺きも沼の周囲に生えるヨシを利用している

「館林市野鳥の森」は住宅街至近にもかかわらず、昔ながら雑木林を残していた。歩いたときには僕以外にひと気もなく、鳥の鳴き声が樹上高くから聞こえてきた

にある老舗のうどん屋さん、「花山うどん」で、館林名物のうどんを食べるつもりだったのだが、なんと暖簾が下げられている！　時計を見れば午後3時を少しまわったところ。そうであった。ここは3時までの営業なのであった。どど、どうしよう。

DATA

⦿モデルプラン：東武伊勢崎線茂林寺前駅→茂林寺→茂林寺沼湿原→館林市野鳥の森→城沼→東武伊勢崎線館林駅

⦿歩行距離：約6.5km

⦿歩行時間：約2時間

⦿アクセス：起点の茂林寺前駅へは、東武スカイツリーライン浅草駅から久喜で伊勢崎線に乗り継いで約1時間半。終点の館林駅からも伊勢崎線、スカイツリーラインで浅草駅へ約1時間半

⦿立ち寄りスポット情報：茂林寺＝館林市堀工町1570。☏0276-72-1514。9:00～16:00。火水木曜休（2019年11月探訪）

諏訪大社と諏訪湖

諏訪湖を巡る、ちょっとミステリアスな徒歩旅行

長野県

すわたいしゃとすわこ

諏訪湖は長野県のほぼ真ん中に位置する湖だ。そのまわりに点在する諏訪大社には参拝客が絶えず、さらに、山中から切り出したモミの大木をご神木として大社に奉納する「御《おん》柱《ばしら》祭」は、日本の三大奇祭のひとつにも数えられている。

また、厳寒期に結氷した諏訪湖湖面で起こる「御神《おみ》渡り」も、一度は体験してみたい不思議現象だ。今回はそんなミステリアスな雰囲気を醸し出す諏訪湖界隈を歩いてみよう。

スタートはJRの下諏訪駅。まずは諏訪大社にお参りをすませておこう。一般には「諏訪大社」のひとことでくくられるが、実際には四つの神社の総称。上社の本宮と前宮は諏訪湖の南岸に、下社の秋宮と春宮は北岸に位置している。下諏訪から近いのは下社だ。駅から北に向かって20分ほど歩けば春宮。道すがらには時代感あふれる家屋があちこちに

諏訪大社の下社春宮。諏訪大社には本殿がないのが特徴で、中央に見えるのは神楽殿。その奥には幣拝殿と続き、さらに奥に立っているイチイの古木が、ご神体として祀られている

あり、ここが中山道の宿場町だったことを教えてくれる。境内をぐるりと回ってみれば、たしかに四隅には柱が建てられている。巨柱と呼びたくなるような大きさで、これを山から曳行してくるのはさぞ大変な作業だろう。しかも一度建てたらそれっきりではなく7年ごとに建て直すというのだから、そこにかける氏子たちの熱意は大変なものだ。

春宮の西を流れる砥川を渡れば、そこに鎮座するのが万治の石仏だ。江戸時代前期に造られたこの石仏。一見ユーモラスなその姿は岡本太郎にも絶讃されたが、そのいっぽう怖い話も残っている。もともとこの石は春宮の石鳥居を造るた

岡本太郎や新田次郎も絶讃したという「万治の石仏」。たしかにこんな石仏はほかでは見たことがない。周囲を時計回りに歩いて拝むという、この石仏ならではのお参り方法がある

めに用意されたものなのだが、石工がノミを入れるとそこから真っ赤な血がにじみ出してきたというのだ。祟りを怖れた石工は作業を中止、その夜、夢枕でよい石材のありかを告げられ無事に石材を確保。この石には阿弥陀如来を祀って今日に至るそうだ。

万治の石仏からは再び春宮方面に戻り、住宅街を抜ける旧中山道を辿る。緩やかに蛇行する昔ながらの道筋は当時の面影を感じさせてくれる。

旧中山道はやがて諏訪大社の秋宮に至り、そこは多くの参拝客で賑わっている。もちろんこちらにも見事な御柱が四本。青銅製では日本一といわれる巨大な狛犬

御神渡りや武田信玄の石棺など、なにかとミステリアスな話題が豊富な諏訪湖。ハクチョウを模した遊覧船がかわいい。ちなみに諏訪湖の真ん中が下諏訪町、諏訪市、岡谷市の市境になっている

に守られた神楽殿の注連縄《しめなわ》も立派だ。ここでもお参りをすませ、諏訪湖を目指す。

夏の賑わいを終え、ワカサギ釣りの季節にはまだ間がある秋の諏訪湖は静かなものだ。湖畔に設けられた遊歩道では地元の高齢者がウォーキングに勤しんだり、体育の授業の一環なのだろう、小学生たちが息を切らせながら長距離走に励んでいる。温暖化の影響か、近年は全面結氷することが少なく、それに伴って御神渡りの出現は限られているそうだ。

真冬の深夜、大音響とともに湖面の氷がせり上がって、そこに一本の道が現れる御神渡り現象。今でこそ「氷の膨張による」という科学的説明ができるが、昔

の人にとってはさぞや不思議だったはず。まさに神様が湖を渡った跡に思えただろう。

諏訪湖の不思議な話といえばもうひとつ。ひと昔前、諏訪湖の湖底で武田信玄の石棺と思しきものがソナーで発見されたという話題が盛り上がったが、あの話はその後どうなったのだろう。地元の人に尋ねてみれば、あまり信憑性はないらしいが、それでも忘れたころに再びその話が湧き起こるそうだ。

諏訪湖の対岸に目をやれば、そこには標高1651mの守屋山。この山には雨乞い信仰が今も残り、守屋山の神様を怒らせると雨が降ると信じられている。で、どうやって怒らせるのかというと、山頂に建つ祠を谷底に転げ落としてしまうというからワイルドだ。しかし、そう毎度毎度祠を落とされてはかなわないので、現在は対策も講じられている。何年か前に山頂に立ってみたところ、祠は牢屋と見紛うような頑丈な柵で守られていた。

下諏訪から湖畔の遊歩道を歩いていけば、やがて上諏訪の町に出る。諏訪は温泉の街だけあって、春宮からここに来るまでにもいくつもの温泉の前を通ってきたのだが、入浴は我慢してきた。なぜなら今回は、上諏訪の片倉館でお湯に入ろうと決めていたから。

片倉館は製糸業で財を成した片倉兼太郎が福祉施設として1928（昭和3）年に完成させたもので、その洋風建築は今なおモダンな印象が強い。とくに千人風呂と呼ばれる温

国の重要文化財にも指定されている「片倉館」。温泉だけではなく、ゴシックリバイバル様式ともいわれるその建物は、事前申し込み制によるツアーで見学することも可能だ

泉施設は名高く、近年では映画『テルマエ・ロマエ2』のロケ地としても使用された。

天井の高い洋風のお風呂に肩まで浸かり、浴槽の底に敷かれている黒い玉砂利で足の裏を刺激しながら、ここまで歩いてきた疲れをじっくりと癒やすのだった。

DATA

⊙モデルプラン：JR中央本線下諏訪駅→下社春宮→万治の石仏→下社秋宮→諏訪湖→片倉館→JR中央本線上諏訪駅
⊙歩行距離：約8km
⊙歩行時間：約2時間半
⊙アクセス：起点の下諏訪駅へは、中央本線新宿駅から特急利用で約2時間20分。終点の上諏訪駅から新宿駅へも特急利用で約2時間20分
⊙立ち寄りスポット情報：下社春宮＝諏訪郡下諏訪町193。℡0266-27-8316。下社秋宮＝諏訪郡下諏訪町5828。℡0266-27-8035。片倉館＝諏訪市湖岸通り4-1-9。℡0266-52-0604。10:00～20:00。2、4火曜休
（2019年11月探訪）

おおやしりょうかんとかぬま

大谷資料館と鹿沼

栃木県

大谷石の地下採掘場跡へ、探検気分で小径をつないで目指す

「大谷資料館」には以前から行ってみたかった。栃木県宇都宮市の大谷町で主に採掘される、大谷石の地下採掘場跡を整備、公開しているもので、その広さは約2万㎡、深さは30mにも及ぶという。結果としてできたとはいえ、そんな地下神殿のような大空間が、東京からほど近いところにあるのだ。一度は訪れてみるべきだろう。

アクセスとして一番ポピュラーなのは、JR宇都宮駅から路線バスで向かうというものだが、当然、徒歩旅行としては歩きたい。しかし交通量の多いバス路線をただ歩くというのは、プランとしてちょっと冴えない。どうしたものかと地形図を眺めつつ考えたのが、JR日光線の鹿沼駅から目指すという作戦だった。

鹿沼駅から大谷資料館までは直線距離にして約6㎞。ただしその中間には標高200m

越えの丘陵が立ちはだかり、地形図を見るかぎりでは丘越えの道はない。丘の北側には国道が延びているので、これを歩くのが定石だろうが、あえてバス路線を避けたのに、国道を歩くのも抵抗がある。そこであみだしたのが、丘の南側に細かく延びている中小さまざまな道をつなぐというもの。これをうまく組み合わせて大谷資料館を目指そう。

鹿沼駅の改札を抜け、ぐるりと回り込むようにして東へ。日光線を渡る踏切は車輌通行禁止の小さなもので、いきなりちょっとうれしくなる。道は自動車がすれ違うのにも苦労しそうな幅で、周囲にはポツンポツンと人家が点在する。

やがて丘の麓に出ると周囲には田園地帯が広がる。武子川を渡って少し広めの車道を南下していくと県道に突き当たるので、そこからしばらくは県道歩き。交通量は多いが、歩道はしっかり設けられている。

丘を回りこんだところで北上開始。この道はクルマこそ少ないが、そのぶん抜け道になっているようで、けっこうスピードが出ていて怖い。おまけに沿道にはラブホテルなんかも点在し、さっきまでとは雰囲気は正反対。田舎道の表と裏を垣間見る思いだ。

しかしそんな道もまもなく終了。自動車教習所のある丁字路を右に入ると、その先には再び穏やかな田園風景が続いていた。このあたりはナシの産地なのか、ナシ畑も目立つ。

果樹や野菜が植えられた畑の間の農道を抜け、大谷資料館を目指す。はるか先には、男体山をはじめとする日光の山々がよく見える。地図を広げてみれば、日光は想像以上に近かった

そして畑の彼方には、日光の男体山が山容をのぞかせている。

ときどき、道沿いに妙に黄色い色をした地面が広がっていて「なんだろう?」と思っていたのだが、直接手にとってみて納得。これは庭いじりや家庭菜園を楽しんでいる人ならお馴染みの園芸用土「鹿沼土」じゃないか。鹿沼土の「鹿沼」ってこの地名からだったのか。鹿沼にはあまり縁がなかったと思っていたが、これまで長いこと、この地の土を使って植物を育てていたのだった。

道はその後も細い舗装路が続き、赤川を越えると一度広い車道に出るが、そこから今度は砂利道へ右折。ここまで来れ

道端にどっさりと積み上げられていた黄色い土。近寄ってしげしげと眺めてみれば、これこそが鹿沼名産の土「鹿沼土」であることを知る。なじみ深い土の故郷を訪ねられて、ちょっと感慨深い

ばゴールは間近だと思っていたところに、この日最後のトラップが待っていた。その砂利道から分岐しているはずの細い道がないのだ。砂利道の先は完全に行き止まり。おかしい、おかしいと気を鎮めながら少し戻りつつ道を探してみると、あった！　分岐にクマザサが茂っていてわかりづらかったのだ。そこから先は民家が並ぶ道を抜けて県道へ。以降は大谷資料館への指導標が導いてくれた。

　さて大谷資料館である。地下採掘場跡である。ここで掘られる大谷石というのは、軽石凝灰岩とも呼ばれる石材で、柔らかくて加工しやすいことから、建材や壁材として昔から重宝されてきた。有名

大谷資料館の長い階段を下っていくと、そこには広大な地下空間が広がっていた。1919（大正８）年から約70年の年月をかけて掘られたスペースは、野球場がまるまる収まってしまうほどだという

なところでは、フランク・ロイド・ライト設計による帝国ホテルでも用いられ、歩いてきた道沿いの農家の壁や蔵などにも当たり前のように使われていた。

広大な採掘場跡は迫力があるだけでなく、荘厳とか厳粛といった単語が思い浮かんでしまうほど日常とはかけ離れた雰囲気を醸し出している。そんなことから映画やドラマ、プロモーションビデオのロケ地としても重宝されているようだ。

江戸時代に始まった採掘は、18×30×90㎝のブロックを基準にして掘り出され、ひとつ掘り出すのに４０００回もツルハシを振り、90kgはあるそれを、ひとつずつ背負子で背負って運び出していたとい

ＪＲ宇都宮駅前に建つ餃子のビーナス像。ここに落ち着くまでは、駅周辺を点々と居場所が変わる「さまよえる像」だった。もちろん、この像も大谷石でできている

うから、その苦労も生半可なものではなかっただろう。この空間には当時のそんな歴史も刻み込まれているのだなあと、あらためて思いを寄せる。

さあ、あとはバスに乗って宇都宮駅へ。ここまで来たからには宇都宮で餃子を食べなくちゃ、餃子のビーナス像も拝んでいかないとね。

DATA

⦿モデルプラン：JR日光線鹿沼駅→大谷資料館
⦿歩行距離：約10km
⦿歩行時間：約3時間半
⦿アクセス：起点の鹿沼駅へは、JR新宿駅より湘南新宿ラインで宇都宮駅へ。そこから日光線に乗り継いで約2時間。終点の大谷資料館からはバスで宇都宮駅へ約30分
⦿立ち寄りスポット情報：大谷資料館＝宇都宮市大谷町909。📞028-652-1232。9:00～17:00（12～3月は9:30～16:30）。12～3月は火曜（祭日の場合翌日）、年末年始休。臨時休館の場合あり。4～11月は無休
（2019年12月探訪）

栃木市と蔵の街

とちぎしとくらのまち

栃木県

舟運で江戸とつながり栄えた町で、往年の面影を辿る

栃木県の県庁所在地は、なぜ宇都宮市であって栃木市ではないのか。そんなうすぼんやりした疑問をずいぶんと放置したままでいたのだが、あらためて調べてみると、栃木市に県庁が置かれていた時代もあったことを知る。さらにはそれ以前、現在の栃木県は、栃木県と宇都宮県という別々の県であったことも知る。県に歴史ありである。もっとも、栃木市が県庁所在地だったのは明治初期のわずか13年間ほどだったらしいが。

そんな栃木市は江戸時代から巴波川《うずま》を利用した舟運で栄え、材木や農産物が江戸に運ばれたという。戦災を免れたこともあって、川沿いには今も多くの蔵が建ち並び、往年の面影を偲ばせている。そんな栃木市をのんびり歩いてみよう。

歩き始めるのは栃木駅から。栃木駅にはＪＲ両毛線と東武日光線が乗り入れている。宇

都宮にくらべると新幹線沿線にないのがちょっと地味な印象だが、それが奏功して昔ながらの街並みが残されたともいえるだろう。

駅から北へ向かって歩き出せば、ほどなくして巴波川の畔に出る。「蔵の街遊歩道」と書かれた看板が川沿いの小径を指示しているのでそこを右へ。川の水は澄んでおり、そのなかを鮮やかな色彩の錦鯉がのんびりと泳いでいる。川際には白壁の土蔵が建ち並び、その白さと手前に延びる黒い板塀とのコントラストが美しい。この川は2019（令和元）年秋の台風で氾濫し、周囲に大きな被害をもたらしたのだが、今は静かなもの。歩道

栃木の街の中心を流れる巴波川。その名前は「渦を巻き」「波立つ」ことに由来するとか。そんな由来とは裏腹に平時は穏やかで、観光遊覧船がのんびりと川を行き来する

脇に溜まった大量の砂が唯一その名残を感じさせる。川沿いにいた地元のおばちゃんの話によると、元来、巴波川はそんなに暴れる川ではなかったらしい。

「あたしはここで生まれ育ったけれど、あふれるなんて全然なかったんだから。それが5年前、そして今年と急に。なにかが変わってきたのかしらねえ」とちょっと不安げだ。それでも、台風の後、町のあちこちの水たまりに取り残された錦鯉たちは、住民たちが一匹ずつ網ですくってきて川に戻したなんていう、心温まるエピソードも教えてくれた。

川沿いに建つ「塚田歴史伝説館」は、江戸末期創業の木材回漕問屋の建物をそのまま利用した記念館。内部は見学できるうえ、三味線を弾きながら巴波川にまつわる哀しい伝説を語ってくれるおばあさんのロボット（！）なんていうトリッキーな展示もある。

川沿いをしばらく歩き、常盤橋に出たらそこを左へ入るとまっすぐに延びる水路が現れる。これは県庁堀と呼ばれ、この地に県庁が置かれていたころの数少ない名残り。県庁があった場所は学校の敷地になっている。

再び巴波川を辿る道を遡り、やがて交通量の多い県道に出たら右へ。大きな交差点の手前に、見るからに歴史を感じさせる道が現れる。これが日光例幣使街道と呼ばれる古道の一部だ。日光例幣使街道というのは、江戸時代に朝廷の使者が東照宮へ供え物を捧げるた

街角で一軒の駄菓子問屋を見かけた。入口には昔懐かしいクジ引きのオモチャがビッシリと。問屋なので小売りはしないものの、ならばいっそ丸ごと大人買いをと思ったが、使い道を考え踏みとどまる

めに通った道で、京都から中山道を経てこの道に入ったという。この道沿いにも多くの歴史ある商家や蔵が建ち並び、なかでも500年の歴史を有する岡田記念館は、日によっては内部も見学できる。

再び車道と交差したら、そこからは右折を繰り返して栃木駅へ至る道を戻ろう。この道は2年に一度開催される「とちぎ秋まつり」で、見事な細工を施された人形山車がねり歩くコース。そのため障害になる電線などはすべて地下に埋設されており、空が広い。

この通り沿いにも蔵造りの商店が並んでいる。ある店は昔のままの業態で、またある店はリノベーションされてカフェ

街の目抜き通りには、さまざまな時代の建物が今も現役で使われている。右の蔵造りの荒物店で竹製の「鬼おろし」を購入。栃木名物「しもつかれ」を作るのによさそうだ

になったりと、その様子もさまざまだ。

駅まであと少しというところで道を反れる。実は巴波川沿いを歩きながら、銭湯の煙突を発見していたのだ。今日の締めはあの銭湯に浸かることにする。

古くからの商店街にあったその銭湯は、入口に大きな金魚の絵が描かれ、浴室の壁には水槽が埋め込まれ、そこにも金魚が。風呂上がりにサイダーを飲みつつ番台のおばちゃんと話し込むと、この銭湯の本当の名前は「玉川の湯」なのだが、いつしか周囲の人からは「金魚湯」と呼ばれるようになり、「今ではそっちのほうが通りがよくなっちゃった」とのこと。ちなみに創業は1889（明治22）年！

歩き始めてすぐに目をつけておいた「金魚湯」。旅の終わりにあらためて暖簾をくぐる。歴史のある、栃木の街に相応しい外観を持った銭湯だ。番台に座るオカミさんが気さくで楽しい

現在の建物は建て替えたといいつつも1953（昭和28）年のもので、栃木市に残る最後の銭湯だそうだ。ここでも栃木市の歴史にふれることができたのだった。

DATA

⦿モデルプラン：東武日光線、JR両毛線栃木駅→蔵の街遊歩道→県庁堀→日光例幣使街道→栃木駅

⦿歩行距離：約5km

⦿歩行時間：約1時間半

⦿アクセス：起点の栃木駅へは、東京スカイツリーライン浅草駅から南栗橋駅で東武日光線に乗り継いで約1時間45分。特急もあり。JR山手線池袋駅からなら湘南新宿ラインを小山で両毛線に乗り継いで約1時間半

⦿立ち寄りスポット情報：塚田歴史伝説館＝栃木市倭町2-16。℡0282-24-0004。9:30～17:00。月曜（祝日の場合開館）、年末年始休。岡田記念館＝栃木市嘉右衛門1-12。℡0282-22-0001。9:30～17:00。金土日祝日のみ開館。玉川の湯（金魚湯）＝栃木市室町3-14。℡0282-22-1865。15:00～20:30。水曜休（2019年12月探訪）

あしかがとあしかががっこう

足利と足利学校

栃木県

繊維の町で中世の学校、国宝を歩き、仕上げは郊外のワイナリーへ

足利という地名は有名だ。なにしろ室町幕府を開いた足利氏由来の街なのだ。街には日本最古の学校といわれる「足利学校」や、国宝指定の鑁阿《ばんな》寺本堂など見どころも多い。

そのいっぽう、実際に出かけたことがあるという人は意外と少ないのではないか。ＪＲだと都心からの幹線上にないことから、今ひとつ地理がピンとこないのも理由かもしれない。実際には浅草から東武線に乗れば2時間ほど。特急を利用すれば1時間20分ほどの距離だ。そんな歴史の香りが漂う街を歩いてみよう。

起点は東武伊勢崎線の足利市駅。駅の改札を出てすぐ前に流れている渡良瀬川を渡り、さらに両毛線の踏切を越えて街なかに入る。ちなみに橋を渡るとき、上流にもうひとつ橋が見えるが、これが森高千里さんの曲のタイトルでも知られる渡良瀬橋だ。気になる人は

渡良瀬川を渡るときに上流側に見える橋が、森高千里さんの曲でも知られる『渡良瀬橋』。彼女は、この渡良瀬橋という名前が持つ美しい響きから歌詞を書き上げたという

ちょっと遠回りになるが、土手を歩いて経由するのもいいだろう。

踏切の先ですぐ交差する県道を右に入ると、このあたりが昔ながらの繁華街のようで、いくつもの店が並ぶ。街の規模にくらべて洋服屋さんが目立つのは、足利が繊維産業で発展を遂げてきたことの証しかもしれない。

足利の繊維の歴史は奈良時代までさかのぼるそうだが、なかでも大正から昭和初期にかけて生産された「足利銘仙」は、安価かつ斬新なデザインから大きなブームを巻き起こし、それに伴って街も発展してきた。

しばらく歩くと左手に「足利学校遺

明治以降、わずかな建造物を残すのみだった足利学校だが、平成に入って復元が行われ、現在は観光スポットとしてだけではなく、足利市民の生涯学習の場としても利用されている

跡」と彫られた大きな石柱があり、そこから続く石畳の先にあるのが足利学校だ。創建時には諸説あるそうだが、現在明らかになっているのは、上杉憲実によって1439（永享年間）年に再興されてからとのこと。一時は3000人の学生がここで学んでいたといわれ、あのフランシスコ・ザビエルが「日本国中最も大にして、最も有名な坂東の大学」として、その様子を海外に伝えたという。

明治初期にはその役目を終え、一時は跡地に小学校などが建てられたが、その後遺跡の発掘、建物や庭園の再建が進み、1990（平成2）年に公開されることになった。

足利学校から少し歩けば鑁阿寺だが、その途中で足利B級グルメで知られる「足利シュウマイ」を買い食い。このシュウマイの特徴は、具に肉を使わず、タマネギと片栗粉だけで練られていること。そして醤油ではなくソースをかけて食べるというのもおもしろい。

なんでこんなシュウマイが誕生したのかには諸説あるようだが、聞いたところでは、昔この街にたくさん住んでいた繊維工場の職工たちが安価でお腹を満たせ、なおかつ屋台で売ることから日持ちを考えて肉を使わなかったというのが理由のようだ。

鑁阿寺は1197（建久年間）年、足

商店の軒先で売られていた「足利シュウマイ」。ソースで食べるのがお約束なのは、この地域にソースメーカーが多数存在することとも無縁ではないだろう

利義兼によって建立されたお寺だ。火災により焼失した後、1299（正安元）年に再建された本堂は国宝に指定されている。境内にそびえる樹齢650年を越える大イチョウも見事。山門脇の茶屋で売られる「はとのえさ」「コイのえさ」にノスタルジーを感じる。

ここからは古い街並みを路地で抜けて、車道をしばらく歩けば織姫神社の鳥居が現れる。本殿までは229段の石段が待ち構えるが、上りきれば足利の街が一望だ。

さあ、ここまで来たら織姫神社の裏手へ抜ける道を辿ってどんどん北上していこう。山腹を辿るように続く道は徐々に標高を下げ、やがて水路と並走する道へと繋がる。道沿いの住宅はみな、水路に自分の家専用の橋を架けている。

道は一時広い県道と合流したかと思えば、再び細い旧道に戻ったりしつつ北へ。やがて北関東自動車道のガードをくぐれば、この日のゴールである「ココ・ファーム・ワイナリー」はもうすぐだ。

1950年代、当時の特殊学級の生徒とその担任教師によって開墾されたことに始まるこのワイナリーは、今日も彼らが栽培、生産に携わり、個性豊かなさまざまなワインをつくり続けている。2000（平成12）年には九州沖縄サミットの晩餐会で用いられたり、2019（令和元）年のローマ教皇来日の際に食卓に上がったことでも知られている。

ワイナリーにはカフェやショップがあり、テイスティングやワイナリー見学も行っている。見学をすませ、テイスティングをして、気に入った何本かを購入。こうなると当然、徒歩旅行は終了。ここからはバスを利用して足利市駅へ戻ることにしよう。

1950（昭和25）年に開墾した急峻な山腹に広がるココ・ファームのブドウ畑。開墾以来、除草剤が撒かれたことはない。ブドウ畑の麓にあるワイナリーでは、1984（昭和59）年からワインづくりをスタートした

DATA

⊙モデルプラン：東武日光線足利市駅→足利学校→鑁阿寺→織姫神社→ココ・ファーム・ワイナリー
⊙歩行距離：約8km
⊙歩行時間：約2時間半
⊙アクセス：起点の足利市駅へは、東京スカイツリーライン浅草駅から久喜で東武伊勢崎線に乗り継いで約2時間。新宿駅から湘南新宿ラインに乗り久喜で乗り継ぐのもあり。終点のココ・ファーム・ワイナリーから足利市駅へは、コミュニティーバスで約30分。本数が少ないので事前要確認（足利市市民生活課〈☎0284-20-2186〉）
⊙立ち寄りスポット情報：足利学校＝足利市昌平町2338。☎0284-41-2655。9:00～17:00（10～3月は～16:30）第3水曜（祝日の場合翌日）、年末年始休。鑁阿寺＝足利市家富町2220。☎0284-41-2627。ココ・ファーム・ワイナリー＝足利市田島町611。☎0284-42-1194。10:00～18:00（ショップ＆カフェ）。1月第3月曜～金曜、11月の収穫祭前日、年末年始休
（2019年12月探訪）

青梅《おうめ》

街並み、鉄道、映画看板で、昭和の匂いに浸る

東京都

東京の奥座敷・奥多摩の玄関口でもある青梅。山歩きの行き帰りに寄ることはあっても、この街だけをじっくり訪ねる機会というのはあまりなかった。近年、「昭和」という時代を前面に出して売り出し中のこの街を、あらためて歩いてみよう。

スタートはもちろんJR青梅線の青梅駅。通常は立川駅での乗り換えになるが、中央線青梅特快を利用すれば一本でも来られる。ホームに降りてまず目に入るのが木造の待合室。適度にくたびれた感じが再現され、駅からして昭和感を漂わせている。改札へは地下通路で渡るのだが、その通路には懐かしい手書きによる映画看板がいくつも掲げられている。『鉄道員』『旅路』『終着駅』といったタイトルは、いかにも駅ならでは。

駅を出て南に下るとすぐに青梅街道に出るのでそこを左へ入る。通り沿いには懐かしい

青梅街道沿いに建つ「昭和レトロ商品博物館」。その建物からして昭和のレトロ感が満載だ。この建物は、もともとは家具屋だったものを改装してつくられたとのこと

戸建ての商店がいくつも並んでいて、それらの店ごとにさまざまな手描きの映画看板が掛けられている。小津安二郎監督の『晩春』、西部劇の傑作『シェーン』、ビビアン・リー主演の『哀愁』……。観たことのある映画、ない映画を懐かしく眺めていると、ほどなくして現れたのが『昭和レトロ商品博物館』。ここは昭和期に大量生産されたさまざまな商品やそのパッケージを集めた博物館で、タバコや歯磨き粉といった、日常で誰もが目にしつつもやがて消えてしまったものが「無造作に」といってもよい密度で展示されている。なかにはレモン石鹸や牛乳瓶のフタなど、小学校でよく見かけたものも。

そういえば、小学生のときに牛乳瓶のフタを集めたものだが、あれはいったいどこに消えたのか。

　昭和レトロ商品博物館に隣接するのが『青梅赤塚不二夫会館』。ここは昭和を代表するギャグ漫画家だった赤塚不二夫の作品を収蔵した美術館で、『天才バカボン』『おそ松くん』『ひみつのアッコちゃん』など、彼の代表作品の原画やそれにまつわるグッズを数多く展示している。なかには、バカボン家の茶の間を再現した部屋も。あらためて思えば、先の三作品はいずれも平成の世になってからもリメイクや映画化されていることに気づく。赤塚作品偉大なり。

僕たちの小学生時代、学校給食の牛乳はビンで、紙のフタで閉じられていた。このフタを集めてメンコのようにしてよく遊んだ。地味ながらも楽しかった時代。写真は昭和レトロ商品博物館の展示物

店先に吊された衣料品、懐かしい手描きの映画看板。その横を歩くランドセルを背負った下校中の小学生。たしかにどこか昭和を感じさせるような風景が、青梅の街にはあった

『青梅赤塚不二夫会館』からさらに進んだ向かいには立派な大鳥居があり、その先の長い石段を登ると鎮座しているのが青梅の鎮守様である住吉神社だ。毎年春に行われる例大祭には山車の巡行もあり大変な賑わいを見せるそうだが、この日は静かに佇んでいるのみ。

神社でお参りをして裏参道から抜けると、跨線橋で青梅線を渡る。そこからジグザグの車道をしばらく登っていけば現れるのが青梅鉄道公園だ。ここは大規模な鉄道レイアウトや、写真による鉄道発達史などが展示されている鉄道博物館。みどころはやはり広い敷地を利用して保存されている実車輌だろう。数々の蒸気

機関車や青梅線がオレンジ色になる前に走っていたチョコレート色の電車、そしてまだ団子っ鼻だった新幹線も並んでいる。新幹線は実際に乗車することも可能で、自分が初めて新幹線に乗ったころはこんな様子だったかと懐かしく振り返る。

ここまで来たらあとは青梅駅に戻るだけだが、鉄道公園入口にあった周辺地図を見ると、隣りの東青梅駅までも意外と近い。入場券売り場のおじさんに尋ねてもたいした距離ではないとのこと。ならばもうひと歩きして、まだ見ぬ風景を眺めつつ家路につくとしよう。

青梅鉄道公園に展示されていたクモハ40054。チョコレート色の車体にどこか懐かしさを感じたのだが、同形式の電車は1978（昭和53）年まで青梅線でも走っていたらしい。乗ったことがあるのかも

DATA

⦿モデルプラン：JR青梅線青梅駅→昭和レトロ商品博物館→住吉神社→青梅鉄道公園→JR青梅線東青梅駅
⦿歩行距離：約3km
⦿歩行時間：約1時間半
⦿アクセス：青梅駅へはJR中央線快速で立川駅へ約36分。そこから青梅線でさらに約32分。東青梅駅からは立川駅まで約26分
⦿立ち寄りスポット情報：昭和レトロ商品博物館＝青梅市住江町65。℡0428-20-0234。10:00～17:00。月火水木曜休（祝日は開館）、年末年始休
（2018年4月探訪）

【それから】青梅赤塚不二夫会館は建物の耐震性や後継者問題から2020（令和2）年に閉館。老朽化のせいか街中の映画看板も少なくなった。青梅鉄道公園はリニューアル工事のため、2025（令和7）年末まで休園の予定

第2章 乗り物も楽しむ徒歩旅行

ローカル線にロープウェイに渡し船。そんなちょっと楽しい乗り物が、実は徒歩旅行によく似合う。うまく組み合わせてダイナミックな旅に出かけてみよう。

小湊鐵道の飯給駅で降りてみると、駅のすぐ先に小さな神社があった。神社まで歩いてみて鳥居越しから無人のホームと待合室を振り返る。次の電車はまだ当分やってこない

やぎりのわたしと
しばまたたいしゃくてん

千葉県
東京都

矢切の渡しと柴又帝釈天

江戸川を渡って柴又へ。
僕も「寅さん」になりたい

映画『男はつらいよ』の舞台としても知られる葛飾柴又・帝釈天。最近では日本人のみならず海外からの観光客も多いという。参道で草団子を食べて、帝釈天をお参りして、江戸川で矢切の渡しに乗って……。帝釈天ツアーの定番コースだ。だが、このコースでひとつだけ気になるのが、矢切の渡しを往復で利用してしまう人が多いこと。それじゃあ渡し船じゃなくて、ただの遊覧船になってしまう。

もちろん、その気持ちもわからないでもない、参道でのお買い物を帰りに考えている人もいるだろうし、なにより松戸側に渡ってしまうと駅が遠くなる。最近は土日のみに一日数本とはいえ松戸駅までのバスも出るようになったが、それでもまだまだ不便。

思えば、あれは『男はつらいよ』の第一作目だったか。寅さんは故郷・柴又に渡し船で

矢切の渡しは乗客が集まるのを待つでもなく、僕を乗せるとすぐに出航してくれた。渡し船は、移動の手段として乗ってこそ初めてその旅情を味わえる、ような気がする

帰ってきていた。京成線の柴又駅から歩いてくればすぐなのに、あえて渡し船で帰ってきた寅さん。おそらく成田山あたりで商いがあって、その帰りに旅情を感じたくて船で江戸川を渡ったのだろう。そんな寅さんの心意気を感じたくて、渡し船で帝釈天を目指す徒歩旅行に出かけることにした。

起点となるのは北総線のその名もずばり矢切駅。JR松戸駅からというルートも考えたのだが、こちらは最短距離でも徒歩1時間ほどかかるうえ、クルマの往来が多い水戸街道沿いを歩くことになって、いまひとつ風情に欠ける。その点、矢切駅からなら30分ほどだし、途中からは千葉の田園地帯を歩くことができて気持ちがよいのだ。

矢切駅を出たら少し松戸街道を歩いて西へ。江戸川方面を目指す。しばし続いた住宅もすぐに消え、折り返すように坂を下れば周囲にはキャベツやネギ畑、そして水田が広がる。田園のなかには「野菊の道」と呼ばれるフットパスも設定されているので、これを利用するのもいいだろう。ちなみに野菊の道というのは、この地を舞台にした伊藤左千夫の小説『野菊の墓』にちなんだもの。さきほど下ってきた坂道の途中には『野菊の墓』文学碑というのもあった。

やがて目の前に江戸川の土手が見えてくるので、これを越えて河川敷を少し歩けば矢切の渡しの船着き場だ。船にはとくに時刻表があるわけではなく、乗客が待っていればたとえひとりでも出航してくれる。渡し賃はおとなひとり200円。子どもは半額。乗り込んだらすぐに出航だ。船にはライフジャケットも用意されているので、万が一を考えて着用しておこう。なにせ江戸川の水深は6m以上あるらしい。

船は江戸川を斜めに横切るように対岸へ。川面を流れてくる風が心地よい。思わず鼻歌も出るところだ。細川たかしさんの『矢切の渡し』でもよいが、ここはやっぱり『男はつらいよ』のオープニングに流れる「プアー、プパパパパパパァーン」というほうが気分。

渡し船を下りて柴又側の江戸川土手へ。この土手も映画の寅さんシリーズでは何度も登場した定番の場所だ。河川敷は、さまざまなスポーツ競技用に整備されていた

やがて柴又側の船着き場が近づいてきて、数分間の船旅は終了。そこから斜面を上がれば、これまた『男はつらいよ』のオープニングでお馴染み。寅さんが、カップルやら日曜画家やらにちょっかいを出してひと悶着あるあの土手だ。

土手を越えたら、そのまま帝釈天を目指してもよいが、その前に『葛飾柴又寅さん記念館』にちょっと寄り道。ここにはシリーズを通して使われた撮影道具はもちろん、名シーンの回想コーナーもあり、そしてなによりもの見どころは、実際に映画で使用された柴又の草団子屋「くるまや」のセットがそのまま大船撮影所から移築されてること。店内の椅子

大船の撮影所から、葛飾柴又寅さん記念館内に移築された『男はつらいよ』シリーズに登場する「くるまや」のセット。奥からタコ社長が「まいっちゃったよ！」と顔を出しそう。©松竹株式会社

に座って、放浪から帰ってきた寅さん気分に浸るのもいいだろう。

さて、なんちゃって寅さんになったところで帝釈天のお参りである。帝釈天は江戸時代初期に開かれた日蓮宗のお寺。当時から庚申参りのお寺として賑わったらしい。とくに帝釈堂の前面に彫られた浮き彫りの彫刻は見事で、これは仏教説話を表しているのだそうだ。御利益は、開運をはじめ病気快癒、恋愛成就など多岐にわたっている。

お寺をあとにしたら、あとはいよいよ参道歩きのお楽しみ。ここは当然草団子を注文したいところだが、喉が渇いているのも事実で、となればビール。しかし

我ながらこの組み合わせはいったいどうなのだと思い、いちおう、お店のお姉さんに「草団子とビールの組み合わせって、ヘンですか?」と尋ねてみると、「いいえー、よくいらっしゃいますよ!」と優しいお返事。

安心して頼んで、この旅の締めとすることにした。

今日も篤い信仰を集める柴又帝釈天。年に数度ある庚申の日は縁日が立ち、大いに賑わう。草団子にくず餅、おせんべいといった、昔ながらのご当地名物も楽しみたい

DATA

⦿モデルプラン:北総線矢切駅→江戸川→矢切の渡し→葛飾柴又寅さん記念館→柴又帝釈天→京成金町線柴又駅
⦿歩行距離:約4km
⦿歩行時間:約1時間半
⦿アクセス:起点の矢切駅へは、上野駅から京成線で京成高砂駅乗換で約25分。終点の柴又駅からは京成線でJR金町駅まで約3分
⦿立ち寄りスポット情報:矢切の渡し=℡047-363-9357。10:00~16:00。3月中旬~11月は毎日運航(夏期は週一運休日あり)。12月~3月上旬は土日祝日のみ運航(1月1~7日、帝釈天縁日は運航)。荒天時運休。葛飾柴又寅さん記念館=葛飾区柴又6-22-19。℡03-3657-3455。9:00~17:00。第3火曜(休日の場合直後の平日に繰り越し)、12月第3火水木曜休館。柴又帝釈天=葛飾区柴又7-10-3。℡03-3657-2886
(2018年7月探訪)

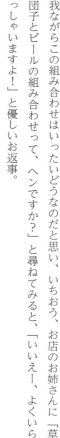

東京湾フェリーと鋸山

鉄道とロープウェイ、フェリーに乗って東京湾をぐるりと周回する旅

千葉県
神奈川県

とうきょうわんふぇりーと のこぎりやま

千葉県房総半島南部に位置する鋸山は、江戸時代から房州石と呼ばれる石材の産地として知られ、採石が終了した今日でも当時の様子をそのままに残している。山頂の標高は３２９ｍと、山としては低山だが、ほぼ海抜０ｍから突き上げられるように聳えるため、その高度感はなかなかのものだ。

とはいっても頂上までロープウェイが通っているので、それを使えば登頂はカンタン。今回はこの鋸山を極めたのちに、山頂からも臨める東京湾の対岸、久里浜までフェリーで渡るという、東京湾をぐるりと周回するような旅をしてみよう。

スタートはＪＲ内房線の浜金谷駅。駅から国道に出て10分ほどで、鋸山ロープウェイの山麓駅に着く。往復ともにロープウェイに乗ってしまうのは、徒歩旅行としてはちょっと

山麓駅と山頂駅を約４分で結ぶ鋸山のロープウェイ。もちろんロープウェイ内からの展望も抜群だ。通常は15分間隔での運転だが、混雑状況によってはもっと間隔をつめることも

味気ないので、今回は登りで利用することにした。

ロープウェイに乗ってしまえば山頂駅まではわずかに4分。あっけなく到着だ。ただしロープウェイの常として強風には弱く、ここも風速15mを越えると運休の可能性があるらしい。天候によっては、事前に運行状況を確認したほうがよい。

山頂駅から展望台、そして鋸山山頂もすぐの距離だ。ここではまず絶景を堪能しよう。天気がよければ三浦半島はもちろん、その先の富士山、洋上には伊豆大島も遠望できる。眼下に見える漁村と海、周囲の緑とのコントラストも美しい。

景色を楽しんだあとは、鋸山の南側斜

面に広がる日本寺を参拝しよう。拝観料を払って敷地内へ入ると、網の目のように歩道が延びている。そして山腹だけあって、どの道も基本登りか下り。平らな道が少ない。まずは地図をしっかり確認して歩くコースを決めないと、いたずらに登り下りを繰り返して体力ばかり消耗することになる（僕のことだ）。

九十九折りの階段をどんどんと下っていくとやがて現れるのが大きな石大仏。総高30mを越えるこの大仏の原型は江戸時代の天明3年につくられたのだが、江戸末期に崩壊。それを1969（昭和44）年に復元したのだそうだ。

ここから別の階段道を登り返すと、途中で千五百羅漢を経由。汗をかきかき長い階段を登りつめるとやがて「地獄のぞき」に至る。地獄のぞきは、絶壁の一部が中空に突きだしたもので、先端まで行くことができる。手すりがついているので安心といえば安心だが、自分の足元数m下にはなんにもないことを考えると。どうにも落ち着きが悪い。

なかなかのスリルを経験したら、最後はそこから少し下って百尺観音と呼ばれる磨崖仏《まがいぶつ》へ。これはその名の通り、高さ約30mにもおよぶもので、1960（昭和35）年から6年の歳月をかけて彫られたものらしい。もちろんこの磨崖仏も素晴らしいのだが、個人的にさらに魅力を感じたのがここへ至る切通の道。採石場時代に切り出されたその細い道は、

日本寺の境内にある「地獄のぞき」。景色はよいが、足元の不安さもなかなかのもの。やはりひとりで来ていた青年と、お互いのカメラを預けて撮り合いっこした一枚

左右がスッパリと直線的に断たれ、高さは10m近くあるのではないか。長い年月によってコケやツタ、木の根などが絡まり、まるで遺跡のような趣だ。まあ、採石場跡なので産業遺跡という見かたをしてもいいのだろう。

百尺観音脇からは歩いて下る登山道が延びているので、復路はここを利用する。この道は採石場時代から使われていたものらしく、房州石を刻んで階段状に加工してある部分が多いのだが、房州石というのは凝灰岩の一種で、柔らかいという特徴がある。そのため、階段のエッジの部分が摩耗して丸まっていて、そんなところを下っていくのはなかなか緊張感を

石切場の跡地に6年の歳月をかけて完成された磨崖仏「百尺観音」。何につけても、巨大であるということはそれだけで圧倒される。交通の安全を守ってくれるそうだ

強いられた。途中の分岐をちょっと入れば、現存する石切場跡も見学できる。

無事に金谷の町に降り立ったら、その足で東京湾フェリーの埠頭へ。この旅最後のイベント、フェリーで久里浜への小さな船旅だ。チケットを買って客室に向かうと、平日だというのに想像以上に乗客が多い。そういえば荷物置き場には大量のゴルフバッグが並べられていた。神奈川から千葉のゴルフ場へ出かける人にもこの航路は愛用されているようだ。

隣りに座っていたグループは、今回初めてフェリーを利用したのだろう。「こりゃ、ラクでいいや」と、ビール片手に歓声を上げている。それはそうだ。40分

ほど座っていれば神奈川県に着いてしまうのだ。そして船旅には、明るいうちから堂々とビールを飲んでいてもうしろめたさのない開放感がある。

「40分とはいわず、もう少し時間かかってもいいからね」

そんなことを思いながら、僕も売店へと足を向けた。

最後のお楽しみは金谷から久里浜へ、東京湾を横断する船の旅。湾内なので通常は波もおだやか。東京湾上で久里浜側から出港してきたフェリーとすれ違った

DATA

⦿モデルプラン：JR内房線浜金谷駅→鋸山ロープウェー→鋸山山頂→日本寺→地獄のぞき→百尺観音→東京湾フェリー→久里浜港→京急久里浜駅

⦿歩行距離：約6km

⦿歩行時間：約2時間半

⦿アクセス：起点の浜金谷駅へは、東京駅から総武線または京葉線と内房線を利用して約2時間。終点の京急久里浜駅からは快特で品川駅へ約50分

⦿立ち寄りスポット情報：鋸山ロープウェー＝富津市金谷4052-1。℡0439-69-2314。9:00～17:00(11月16日～2月15日は～16:00)。無休(荒天運休あり)。日本寺＝安房郡鋸南町鋸山。℡0470-55-1103。9:00～16:00。東京湾フェリー＝℡0439-69-2111(金谷)。無休(荒天運休あり)。6:15～19:20(片道約40分)

(2018年7月探訪)

銚子電鉄と犬吠埼《ちょうしでんてつといぬぼうさき》

千葉県

関東地方最東端の絶景と、そのお膝元を走るローカル線

ＪＲ総武本線の終着駅である銚子駅。そこを起点にしてさらに東へ延びているローカル線が銚子電鉄だ。過去に何度も経営危機に見舞われたが、そのたびに乗り越えて今日も元気に運行中。とくに地元名産の醤油を用いた「ぬれ煎餅」の発売によって電車の修理代をまかなったというエピソードは、当時新聞などでも大きく報道された。現在はぬれ煎餅だけでなく、揚げ餅や鯛焼きなどの製造販売も手がけ、その収益は本業である鉄道のそれを大きく上回っている。

銚子から終点の外川までの路線距離はわずかに6・4㎞。往路はこれに乗って銚子電鉄を満喫し、復路は周辺に点在するさまざまな観光スポットに立ち寄りながら徒歩旅行で戻ってこよう。

銚子駅のホーム先端で発車準備中の銚子電鉄。ホームでは女性車掌と地元の人？が談笑中。大きな鉄道会社では最近あまり見かけなくなった光景が、ここにはまだあった

銚子駅でＪＲ総武本線を下車すると、同じホームの先端が銚子電鉄のホームにもなっている。改札はおろか券売機すらない。どうやってキップを買うのだろうと思ったら、電車に乗ってから車掌さんに申告して購入するのだった。

やがて電車はしずしずと出発。「ゴトンゴトン」という、最近の近郊電車ではあまり経験しない揺れ音とともに走り出したと思ったら、あっというまに次の駅である仲ノ町へ到着だ。６・４㎞の路線のなかに10駅もあるのだから、これぐらいの頻度で停まらないとバランス？がとれないのだろう。途中には無人駅も多く、そんなときは車掌さんがダッシュで駅舎

へ向かい改札を行っている。車内できっぷを売って、そのきっぷを駅で回収……。車掌さんは大忙しである。20分ほど乗ったところで終点の外川《とがわ》駅に到着だ。

関東地方の最東端まで来たのだから、まずは海を見にいきたい。駅から緩やかなカーブを描きながら港へと下る細道はなかなかにロマンチックだ。銚子は日本でも有数の水揚げを誇る漁港として知られているが、ここ外川港にも数多くの漁船が停泊している。本日の漁はもう終えたのだろう。漁港はひっそりとしていたが、たまたま歩いていたおじさんに話しかけたところ、この季節はキンメダイとアカムツがよく揚がっているそうだ。

銚子電鉄の終点・外川駅。木造平屋建ての駅舎は、1923（大正12）年の開業当時のものを、修理を繰り返しながら今も使っている。ていねいに長く使われたものは、それだけで味がでるという好例

「地球の丸く見える丘展望館」から眺める風景。外川の集落の先には茫洋たる太平洋がどこまでも広がっていた。余談だが、銚子界隈はUFOの目撃報告が多いのも有名らしい

漁港からは台地を登り返して『地球の丸く見える丘展望館』を目指す。これは愛宕山頂上部に設けられた展望施設で、ここの屋上からは360度の大パノラマが見え、しかもそのうちの330度は水平線という、まさに地球の丸さを実感できる場所だ。西には延々と延びる屏風ヶ浦の断崖が、そして東側にはこれから目指す犬吠埼の灯台がちょこんと建っているのが見える。

犬吠埼まではキャベツ畑が広がるなかを歩く。そう、キャベツは魚と並んで銚子の名産品で、今では「灯台キャベツ」というブランドにもなっているのだ。

関東最東端に位置する犬吠埼、そして

そこに建つ犬吠埼灯台には、休日のせいか多くの観光客が訪れていた。この灯台は、一般の人も上部まで上がることができるとあって人気が高いのだ。もともと銚子は漁業が盛んなことから多くの船舶が入港していたが、この海域には暗礁が多く遭難事故が絶えなかったのだそうだ。それを解消するために明治時代にこの灯台はつくられたのだという。灯台の入口には全国でも希な真っ白い郵便ポストが建っていて、もちろん現役。ここに郵便物を投函すると、通常の消印ではなく、犬吠埼の風景印を押印してくれるそうだ。

犬吠埼からは君ヶ浜沿いに遊歩道が延びているので、そこを歩いていこう。君ヶ浜の沖合には、海鹿島《あしかじま》という小島が見える。昔はアシカがいたのだろうかと思いながら眺めていると、いきなりその近くに黒い物体が姿を現してビックリ。まさかと思ったら、黒いウエットスーツを着たサーファーでした。そりゃそうだよね。

君ヶ浜が切れたあたりからは、内陸に向かって歩くとやがて銚子電鉄の海鹿島駅に出る。駅舎がぽつりとあるだけの小さな駅だ。この駅にかぎらず銚子電鉄の駅には個性的なものが多い。起点となった外川駅は木造の懐かしい駅だし、犬吠駅はポルトガルの宮殿のような駅舎で、壁にはアズレージョと呼ばれる絵タイルが埋め込まれている。電車に乗るだけではそんな魅力をじっくり観察することはできないので、ここからはそれぞれの駅に立ち

犬吠埼灯台は、灯台はもちろん、建物、塀、入口脇の郵便ポストにいたるまで真っ白。1874（明治7）年に完成したこの灯台は、国産レンガでつくられた初めての灯台なのだそうだ

寄っていく。幸いにも海鹿島駅からは、線路を縫うようにして道が沿っている。

西海鹿島、笠上黒生《かさがみくろはえ》、本銚子、観音と駅は続き、次の仲ノ町駅で周囲を醤油工場に囲まれるようになると、ゴールの銚子駅まではもうすぐだ。

DATA

⊙モデルプラン：JR・銚子電鉄銚子駅→外川駅→外川港→地球の丸く見える丘展望館→犬吠埼灯台→海鹿島駅→銚子駅
⊙歩行距離：約10km
⊙歩行時間：約3時間半
⊙アクセス：起終点の銚子駅へは東京駅より総武線、成田線を乗り継いで約2時間40分
⊙立ち寄りスポット情報：地球の丸く見える丘展望館＝銚子市天王台1421-1。℡0479-25-0930。9:00～18:30(10～3月は～17:30)。無休。犬吠埼灯台＝銚子市犬吠埼9576。℡0479-25-8239。8:30～17:00(GW、8月10～19日は～17:30、10～2月は～16:00)。無休(荒天中止あり)
(2018年5月探訪)

【それから】銚子電鉄はその後もスナック菓子「まずい棒」を発売したり、自主製作のホラー映画『電車を止めるな!』を製作するなど、まさに独自路線を運行中

島村渡船《しまむらとせんと》と田島弥平旧宅《たじまやへいきゅうたく》

群馬県
埼玉県

小さな渡し船に乗って、世界遺産を見に行こう

2014（平成26）年、群馬県の富岡製糸場およびそれに関わる絹産業遺跡群が、世界遺産に登録された。実際に登録されたのは、日本の製糸業の礎となった富岡製糸場、冷涼な環境で養蚕期間の延長に成功した荒船風穴《あらふねふうけつ》、「清涼育《せいりょういく》」という養蚕技術を開発した田島弥平旧宅、そして養蚕学校を設立して技術の普及を図った高山社跡の4つ。

このうち富岡製糸場以外はなかなかアクセスが不便なのだが、そんななか、田島弥平旧宅には、徒歩に加えて渡し船を利用して訪ねるルートを発見、出かけてみることにした。

スタートとなるのは東武伊勢崎線の境町駅。小さな駅だが、各駅停車のほか特急「りょうもう」も停まるので、これを使うとアクセスがいい。駅周辺には商店等は見あたらないので、飲み物ほかはあらかじめ用意しておきたい。

一見、工事の仮設事務所のようにも思えたプレハブ小屋。これが渡し船の渡船夫詰所だった。通常、渡船夫はこちら側に常駐して、対岸から乗るときは、携帯電話または備えつけの旗を揚げて連絡する

駅からは利根川を目指してひたすら歩いていく。人はもちろんクルマもあまり通らない静かな道だ。小一時間歩くと前方に土手らしきものが見えてきたので、利根川到着かと思ったが、残念。それは手前にある広瀬川のものだった。そこからさらに歩いていくと、再び大きな土手が左手前方に見えてきた。今度こそ間違いないだろう。やがて、目指す「島村渡船」の指導標も現れてきてひと安心。

土手にあがると、突然目の前に利根川の滔々たる流れが広がった。さて渡し船はどこだと周囲をキョロキョロすると、土手上に一軒のプレハブ小屋を発見。こいつがさてはと思って近づけば、入口に

「利用するときには渡船夫に一声……」と書かれた張り紙があった。どうやらここが船頭の詰所らしい。ただ、誰もいないのが気にかかる。まだ運航時間は終えていないはずなのにと思ってもう一度、川面へ視線を移すと、対岸から小さな舟影が近づいてくるのが見えるではないか。ちょうど対岸へ渡っていたらしい。手前を見れば船着き場状に凹んだ岸もある。あそこで待っていればいいようだ。

やがてその渡し船は弧を描くような航跡を残しながら、見事な操船技術でぴったりと桟橋に接岸。利用者は僕ひとりのようでちょっと心苦しいくらい。備えつけのライフジャケットを身につけて、べ

利根川の広い川面を渡っていく渡し船。乗客は僕ひとり。船頭さんと自分だけでこの小さな船に乗っているという状況に、なんだかちょっと緊張してしまう

船の幅ギリギリしかない船着き場にぴったりと船を収める技術は見事のひとこと。川の流れも考慮しなければならないので、想像するよりはずっと難しいはずだ

ンチ状の椅子に腰をかければすぐに出航だ。エンジンをかけ、バックで桟橋を離れると、再び弧を描くように斜め前方の対岸桟橋を目指す。

どんな人が利用しているのか船頭さんに質問してみると、以前は小学生が通学に利用したりもしていたが、現在はほとんどが渡し船に乗ることを目的にやってくる、いわゆる観光客だそうだ。クルマで来て往復乗って帰っていく人もいるらしい。今は動力つきの船になったけれど、昔は竹竿で川底を突きながらふたりがかりで操船していたそうだ。

そんなことを話しているうちに船は無事対岸に到着。お礼をいって下船する。

こちら側では子連れの家族が待っていた。利根川が増水したり、極端に濁りが入っているときには運休することもあるらしい。ちなみに運賃はなんと無料。これはこの渡船航路が交通法的にはこの地域を管轄する伊勢崎市の市道扱いになっていることが理由らしい。

そして、土手を駆け上がってしばらく細い道を歩いたところに、この日の本来の目的である世界遺産『田島弥平旧宅』は現れた。前述の通り、田島弥平は明治時代に革新的な養蚕法である「清涼育」を確立した人物で、そのために自宅も独特の養蚕家屋に改造して実践、その方式は広く全国に普及することとなったのだそうだ。

現在もそれらの一部は残っていて、見学することもできるのだが、そのいっぽう、この世界遺産は今も個人住宅であり住人も居住しているという珍しいものなので、くれぐれも迷惑はかけないようにしたい。

さて無事に目的を達成したら、渡し船で来た道を戻ってもよいのだが、ここまで来たら、群馬県と埼玉県の県境は眼と鼻の先だ。埼玉県側に入って1時間強歩けば、JR高崎線の岡部駅。群馬県から埼玉県へとトラバースして徒歩旅行を完結させようではないか。

と、ここまで書いたところで、本書にまとめるにあたって渡し船を再訪したところ、なんと船着き場には「運休」の文字が。いったいどうしたのか伊勢崎市に確認してみると、

こちらが世界遺産「田島弥平旧宅」。富岡製糸場の関連施設として、2014（平成26）年に登録された。今も住民がここで生活しているという、ちょっと珍しい世界遺産。ご迷惑をかけぬように

2017（平成29）年の台風によって利根川の河床が一部浅くなってしまい、運航不能とのこと。それでも、2018（平成30）年6月15日より無事運航再開にこぎつけたそうだ。ただし、10月中旬以降の運航スケジュールはまだ流動的のようなので、利用する場合は事前確認を。

DATA

⦿モデルプラン：東武伊勢崎線境町駅→島村渡船→田島弥平旧宅→JR高崎線岡部駅
⦿歩行距離：約10km
⦿歩行時間：約3時間
⦿アクセス：起点の境町駅へは、東武伊勢崎線特急で浅草駅より約1時間50分。終点の岡部駅からは、高崎線で東京駅まで約1時間半
⦿立ち寄りスポット情報：田島弥平旧宅＝伊勢崎市境島村2243。℡0270-61-5924（田島弥平旧宅案内所）。9:00〜16:00。年末年始休館
（2018年5月探訪）

【それから】復活した島村渡船だったが、2019（令和元）年の東日本台風により船着き場などが被災。そのまま2022（令和4）年4月に廃止となってしまった。現在このコースを辿ろうとすれば、少し下流に架かる上武大橋を渡ることになる

小湊鐵道と養老渓谷

こみなとてつどうとようろうけいこく

千葉県

超メジャーなマイナー鉄道で、房総半島の奇景を歩く

徒歩旅行の本でこんなことを書くのもなんだが、鉄道の旅も好きだ。できれば、のんびりと車窓の風景を眺めながらのローカル線の旅。誰に気遣いすることなく、眠くなったら居眠りして、喉が渇けばビールを飲む。ただ、残念ながら一日中鉄道に乗っているだけで満足するほどには、僕の血中「鉄」分濃度は濃くはないようで、やはり鉄道旅の先に目的がほしくなる。

そんなときに絶好なのが千葉県の小湊鐵道と、その先にある養老渓谷だ。いわずとしてれた小湊鐵道は、関東では超メジャーなマイナー（?）私鉄。五井駅から上総《かずさ》中野駅までの約30㎞。計18駅を1時間14分ほどで結んでいる。そしてその終着駅ひとつ前、養老渓谷駅からは長短さまざまなハイキングコースが設定されており、山歩きはもちろん、釣りや

夏休み中の小湊鐵道には観光客も多かった。小さな子どもを連れたお父さんは、この年齢から鉄道趣味の英才教育中だろうか。一輌編成で、まもなく発車のベルが鳴る

川遊びも楽しめるのだ。

まずは五井駅で小湊鐵道に乗り換えることから徒歩旅行のスタートだ。ちなみに五井駅から養老渓谷駅までのきっぷを買うときには、往路と復路を別々に買うよりも、一日フリー乗車券を購入したほうが、ぐっとお得。またJRと小湊鐵道を結ぶ跨線橋上では、おばちゃんがお弁当を手売りしていることが多く、これも見逃せない。コンビニ弁当よりも安価なうえ、沿線の郷土料理である「飾り巻き寿司」が売られていることもある。

小湊鐵道は、夏休み中ということもあってか平日にもかかわらずほぼ満席。親子連れや女の子同士の日帰り旅行、そし

て地元の子どもや年輩も多い。

　五井駅を出発すると、周囲にはいきなり田園風景が広がる。気候が温暖でお米の収穫も早いのだろう。稲穂はすでにたわわに実って首《こうべ》を垂れている。路線は何度も縫うように養老川を渡る。両岸が護岸でなく、樹林が迫っているその様子を見た女の子たちが「アマゾンみたい！」と騒ぐのがかわいらしい。たしかに、最近の都心では自然の川岸を見ることは少ないかもしれないな。

　途中には『となりのトトロ』が描かれた上総大久保駅や、田んぼのなかから数多くの案山子《かかし》がお出迎えしてくれる飯給《いたぶ》駅などが現れ、そのたびに子どもたちは大騒ぎだ。鉄道会社はもちろん、沿線の人々もこのローカル線を盛り上げているんだなあと、しみじみ考えているうちに養老渓谷駅に到着。さあ、徒歩の部開始だ。

　駅の先にある踏み切りを渡り、線路に沿うように少し戻ったうえで南下する車道を歩いていくと、やがて宝衛橋《ほうえいばし》という赤い橋で養老川を渡る。養老川は堆積岩層を削るように流れていることが多く、ここも河岸は深い崖になっている。この先で「養老渓谷」を指示する指導標に従って左に折れると、道は細くなり周囲には樹木が茂ってハイキングコースの趣になる。吊り橋で再び養老川を渡ると広い車道に出るが、これも少しの間。右手に立派

五井駅の跨線橋でおばちゃんが手売りしていたお弁当は、「飾り巻き寿司」だった。おばちゃんの手作りだろうか。飾り巻き寿司は、もともと千葉県で広くつくられている郷土料理

な二連太鼓橋の観音橋を見やれば、すぐに「中瀬遊歩道」という指導標が出てくるのでここを入れれば、気持ちのよい川沿いの小径の始まりだ。

道は、ときには水面のすぐ脇を、ときには高さのある崖の上を、そしてときには飛び石越しに対岸へ渡ったり戻ったりを繰り返す。途中に現れる弘文洞跡《こうぶんどうあと》という場所は、以前は支流の夕木川が隧道で養老川へ合流していたところだったらしい。しかし1979（昭和54）年に突如それが崩落。現在は深い廊下状の地形となっていて、これはこれで奇景といえる。

川の上流に共栄橋が見えてきところで、そこから車道をしばらく歩くと、コース

現在では深い廊下状になっている弘文洞跡。以前は流路をショートカットする目的で、人工的にトンネル状に掘られており、その上に道も渡っていたのだとか。1979（昭和54）年の崩落でこの姿に

は奥養老バンガロー村のなかを抜ける。ここはたくさんのバンガローが建ち並ぶ大きな施設なのだが、この日は来訪者がないようで、森のなかで静かに佇むのみ。人っ子ひとりいないバンガロー村というのは、まるですべての人が立ち去ってしまった廃村のようで、ちょっとおっかなくもある。

バンガロー村から一度下ったら、その先は樹林のなかの長い登りを進み、やがて舗装路と合流してハイキングコースは終わる。この舗装路を右に向かって歩けば、来るときにも渡った宝衛橋が現れるので、この道が養老渓谷駅から歩き出したのと同じ道であることがわかる。ここ

中瀬遊歩道は、川沿いの小径を歩いていく。水は澄んでいて、ところどころで小魚が泳いでいるのが見える。周囲には樹木も多く、この時期は新緑が目にまぶしかった

まで来ればゴールはもうすぐだ。
さて。せっかく一日フリー乗車券を手に入れたのだから、帰りはそのまま戻るのはちょっともったいない。どこか風情のある無人駅でぶらりと降りてみようかな、などとあれこれ思いをめぐらせながら駅を目指した。

DATA

⦿モデルプラン：JR・小湊鐵道五井駅→養老渓谷駅→宝衛橋→中瀬遊歩道→弘文洞跡→共栄橋→奥養老バンガロー村→養老渓谷駅
⦿歩行距離：約7km
⦿歩行時間：約2時間半
⦿アクセス：起終点の五井駅へは、東京駅からJR京葉線または総武線から内房線を乗り継いで約1時間
⦿立ち寄りスポット情報：ハイキングコース沿いには商店等はほとんどないので、飲み物などは持参のこと
(2018年8月探訪)

御岳山ケーブルカーと武蔵御嶽神社

みたけさんけーぶるかーと
むさしみたけじんじゃ

狼を祀る神社と、御師たちが暮らす山上集落へ

東京都

御岳山といえば、高尾山と並んで東京至近のお手軽登山コースとして知られている。いずれも麓からケーブルカーが敷かれ、頂上近くまで簡単にアクセスできるという点でもよく似ている。ただし、高尾山はミシュランで星を取ったこともあってか、最近では平日でも人出が激しいのにくらべて、御岳山のほうはそこまでの過密状態ではなく、まだまだ静かな山歩きを楽しめる。そこで今回はケーブルカーを楽しみつつ、御岳山を歩いてみたい。

まずは青梅線の御嶽駅へ向かい、そこからは滝本行きのバスに乗ってケーブルカー駅を目指す。御岳駅からケーブルカーの滝本駅までは距離にして3㎞ほどだし、車道を避けて御岳渓谷沿いを歩く遊歩道もあるのだが、吉野街道を渡ってからの最後の登りが意外ときつい。このコースを歩くのなら下山時がお勧めだ。

最大勾配斜度25度の急斜面をグイグイと登っていく御岳山ケーブルカー。山上集落に暮らす子どもたちは、このケーブルカーを利用して下の小学校まで通学しているそうだ

御岳山ケーブルカーの正式名称は「御岳登山鉄道」。この名前からもわかるように、ケーブルカーというのは業態としては鉄道の仲間なのだ。本数は平均して1時間に2〜3本。バスとの乗り継ぎも余裕をもってとられているので、多少の混雑なら乗り遅れることはないだろう。下の滝本駅から、上の御岳山駅までの距離は約1・1㎞。標高差423m、最大勾配斜度25度を約6分で結んでいる。

車輌に乗って先頭の車窓から見上げると、まるで壁のようにレールが立ちはだかっていて、本当にこんなところを重たい車輌が登れるのかちょっと不安になってしまう。けれどもケーブルカーという

のは、一般的には2輌の車輌がセットになっていて、上下交互に井戸の釣瓶のように動く構造になっているため、想像するよりは登りに対する負荷は少ないのだ。それを証明するように、出発したケーブルカーは静かに、しかしグイグイと斜面を登っていく。途中で複線になっている箇所があって、そこで下ってきたケーブルカーとすれ違う。まさに井戸の釣瓶状態だ。

やがて御岳山駅に到着。駅を出てすぐにある広場からは、天気がよければ関東平野を俯瞰できて絶景のひとこと。ここから先、これほど視界が開ける場所はないので、展望好きはじっくり堪能していこう。御岳山駅からは緩やかな起伏が続く登山道だ。登山道といってもしっかりと舗装されているので、スニーカー程度でも問題はない。樹間からの木漏れ日を浴びながら歩いていくと、やがて山のなかに突然集落が現れる。ここがいわゆる御岳山の門前町集落だ。

御岳山山頂にある武蔵御嶽神社は古くから山岳信仰の対象になっていて、とくにオオカミを祀っていることから農村からの信仰が篤い。オオカミは畑を荒らすシカやイノシシを駆除してくれるからね。農村集落では毎年代表者を御嶽神社にお参りに向かわせ、彼らを先達するのがこの集落に住む「御師《おし》」と呼ばれる人たちなのだ。御師は彼らを迎えるだけ

御岳山の山腹に、突如姿を見せる山上集落。ここには昔から、御岳山参拝者の世話をする「御師」が暮らしている。車道もない時代、こんな場所に家を建てるのはさぞかし大変だっただろう

でなく、毎年彼らのもとに護符を届けにも行く。黒いオオカミが描かれた護符は、現在でも御岳山から遠く離れた場所で見かけることもあり、その信仰の広さがうかがえる。集落にはそんな御師たちが経営する宿が何軒もあり、今でも武蔵御嶽神社詣での人たちの世話をしていることがわかる。

やがて、天然記念物になっている「神代ケヤキ」の下を登山道が回り込むと、何軒もの店が並ぶ参道を抜け、いよいよ御嶽神社への最後の階段登りだ。全行程中、最も息が切れるのはもしかしたらここかもしれない。途中何カ所かにベンチもあるので、あせらずにのんびり登って

いこう。

御嶽神社は御岳山山頂929mに建っている。創建は崇神天皇の時代。つまり紀元前とされるので、もはや神話の世界だ。本社の両側には狛犬ならぬ、逞しいオオカミが神使として鎮座している。本社の裏手には大口真神《おおくちのまがみ》、つまりオオカミを祀った社殿もあるので、忘れずにお参りしていこう。

お参りをすませたら先ほどの参道で一服。ここに並ぶ店のなかで、僕がいつも寄るのは神代ケヤキの脇に建つ「亀屋」という茶店だ。この店は小さいながらも参道では最も歴史が古いらしく、「少なくとも100年以上は経っているのは間

御岳神社の脇を固めるのはオオカミ。狛犬とはひと味もふた味も違う筋骨隆々たる姿。畑を荒らすシカやイノシシを追い払ってくれる特別な力を、オオカミに感じたのだろう

茶店「亀屋」でくつろぎながら参道を眺める。店の前を小走りで過ぎていくのは小学校の遠足だろう。僕も初めて御岳山に登ったのは、同じように遠足だったのではなかったか

違いないのだけれど、それより古いことはもう誰もわからなくて……」と、おばちゃんは笑いながら教えてくれた。

時間は午後の2時。味噌田楽をつまみつつくつろいでいると、店先には遠足と思われる小学生たちが、爽やかな初夏の風とともに、流れるように走っていった。

DATA

⊙モデルプラン：JR青梅駅御嶽駅→御岳山ケーブルカー滝本駅→御岳山駅→神代ケヤキ→武蔵御嶽神社→神代ケヤキ→御岳山駅→滝本駅→御嶽駅
⊙歩行距離：約2.5km（下山時に御岳駅まで歩く場合の距離は含まず）
⊙歩行時間：約1時間
⊙アクセス：起終点の御岳駅へは、新宿駅より中央線快速、青梅線を乗り継いで約1時間半
⊙立ち寄りスポット情報：御岳山ケーブルカー＝青梅市御岳2-483。℡0428-78-8121。7:30～18:30。無休。亀屋＝青梅市御岳山148。℡0428-78-8570。9:00～17:00。不定休
（2018年5月探訪）

とでんあらかわせんと　きしもじん

都電荒川線と鬼子母神

東京都

最後の都電に乗って、東京の名勝史跡を歩く

都電荒川線といえば、現在都内を走る唯一の路面電車として知られている。最盛期には40系統もあった東京都電の最後の生き残りでもある。「チンチン！」という発車ベルとともにゴロゴロと道路を走っていくさまは、懐かしさと相まってつい乗りたくなってしまう。

しかしそのいっぽう、地下鉄やバス網が普及している今日では、沿線住民以外にはなかなか乗る機会が少ないのも現実だ。そこで今回はこの都電荒川線を縦軸にして沿線を歩いてみることにした。

出発となるのは早稲田駅。ここは荒川線の起終点駅でもあるだけに、大きな屋根つきの駅舎が、新目白通りのど真ん中に建っている。ちなみに路面電車の駅は、「停留場」と呼ぶのが正しいらしい。このへんはバス感覚なのかな。しばらく待っているとやって来たの

早稲田は荒川線の起終点だけあって、屋根つきのしっかりした駅が設けられている（写真下）。待つことしばし。やがて鮮やかな桜色をした路面電車がやってきた（写真左）

はピンク色のかわいらしい車輛。都電荒川線は最近、「東京さくらトラム」という愛称で売り出し中のようなので、これもその一環かもしれない。

乗っているのはご近所の買い物帰りと思しきご婦人やスーツ姿の若者。彼はひょっとして就職活動中の早大生か。ゆっくりと走り出した路面電車はスピードを上げる間もなく、すぐに次の「面影橋」に停車。この美しい駅名は、直近を流れる神田川に架かる橋の名前によるもの。続いて停まった「学習院下」では学習院の生徒がたくさん乗ってきた。午後早い時間ということもあってか、下校時間にぶつかったようだ。

雑司ヶ谷の鬼子母神堂。掲げられた「鬼子母神」の「鬼」の字に注目。心を入れ替えて子育て、安産の神となったことから、角に当たる部分がなくなっている

このまま乗っていては徒歩旅行にならないので、次の「鬼子母神前」で下車。鬼子母神堂を散策することにする。ご存じの通り、鬼子母神はもともとは人の子どもを片端から捕って喰らうという鬼のような存在だったが、お釈迦様に自分の子どもを隠されたことによってそれまでの非道を反省、転じて安産・子育ての神様となったもの。そのため「鬼子母神」の鬼の字も、ここでは頭の「角」部分が取れたものになっている。

ここでぜひ立ち寄りたいのは境内にある駄菓子屋さんの上川口屋。なんと創業は1781年、つまりは江戸時代の天明元年だ。その翌年からは天明の大飢饉、

浅間山の大噴火が起こっている。店番のおばあちゃんに「日本で一番古くからやっている駄菓子屋さんですか？」と尋ねると、「さあ、日本は広いからわからないけれど、東京ではそうかもしれないわねえ」という謙虚な答えが返ってきた。

　鬼子母神から荒川線沿いにひと駅歩くと、そこにあるのは雑司ヶ谷霊園。ここには夏目漱石や竹久夢二をはじめ、多くの著名人が眠っているが、僕がぜひお参りしておきたかったのは中濱万次郎、つまりジョン万次郎だ。旅好きのはしくれとして、１７０年以上も前に、たとえ当初は本人の意志とは別だったとしても、太平洋を渡る旅をした偉大な先人にご挨

鬼子母神の境内で1781年！から営業を続ける駄菓子屋さん「上川口屋」。売られている駄菓子にも懐かしいものが多く、イイ歳をしてついつい買い食いをしてしまう

拶をしておきたかったのだ。

ちなみに鬼子母神から雑司ヶ谷にかけては現在大工事が進行中で、これはなんと軌道の両側、そして直下にもバイパス道路を造っているのだそうだ。

雑司ヶ谷からは荒川線とつきつ離れつしつつ、首都高の下をくぐって大塚方面へ進む。大塚からはちょっと寄り道をして巣鴨方面へ。せっかくなので巣鴨地蔵通り商店街へ寄っていくことにする。ここは「おばあちゃんの原宿」としても知られ、通りにはおしゃれなカフェやブティックは見あたらないものの、お煎餅屋や佃煮屋のほかにも、履物屋、寝具屋、乾物屋など、ほかではあまり見かけなくなった全部漢字表記のお店が元気に営業中だ。お茶屋の店先では、外国人ファミリーがさまざまな日本茶のテイスティングに夢中になっていた。

巣鴨地蔵通り商店街を最後まで歩くと、再び荒川線と合流するので、そこからは王子方面へ目指す。このあたりは道と軌道の間に民家が建ち並び、なかなか荒川線自体を眺めることができないのだが、そんななかでも民家の切れめをのぞいてみると小さな踏み切りがたくさんある。なかには遮断機のない踏み切りもあってちょっとびっくりだ。

やがて前方に飛鳥山公園の緑が見えてくる。ここは八代将軍徳川吉宗が遊園として庶民

雑司ヶ谷霊園に眠るジョン万次郎のお墓。万次郎はもともと土佐の漁師だったが遭難。鳥島に漂着の後にアメリカの捕鯨船に救助され、漂流から11年後に鎖国中の故郷、日本は土佐に帰国した

に開放したもので、江戸の時代から花見の名所として知られている。ここまで来たら王子駅はもう目と花の先だ。王子駅はJR京浜東北線との接続駅。陽気がよければ、ここでのんびりして旅を終わらせるもよし。再び荒川線に乗って、終点の三ノ輪橋を目指すのもいいだろう。

DATA

⦿モデルプラン：都電荒川線早稲田駅→鬼子母神前駅→鬼子母神堂→雑司ヶ谷霊園→巣鴨地蔵通り商店街→飛鳥山公園→JR京浜東北線王子駅
⦿歩行距離：約7km
⦿歩行時間：約2時間半
⦿アクセス：起点の都電荒川線早稲田駅へは、東京メトロ早稲田駅より徒歩約20分。終点の王子駅からは京浜東北線で上野駅まで約12分
⦿立ち寄りスポット情報：雑司ヶ谷鬼子母神堂＝豊島区雑司ヶ谷3-15-20。📞03-3982-8347。上川口屋＝鬼子母神堂境内。10:00～17:00(荒天休業)。飛鳥山公園＝北区王子1-1-3。📞03-5980-9210
(2018年4月探訪)

【それから】鬼子母神前駅周辺の大工事は2024年現在も継続中。2028年3月完成予定らしい

江ノ島電鉄と江の島

えのしまでんてつとえのしま

神奈川県

フォトジェニックな海辺の鉄道で、江戸から続く一大観光地へ

江の島といえば古くは修行の場として、江戸以降は景勝地として大いに賑わった観光地だ。北斎や広重の浮世絵にも描かれていることからも、当時からのその人気ぶりがうかがえる。近年は都心からも至便な日帰り観光地として内外問わず多くの人が訪れている。

そして江の島へ至る交通手段として名高いのが江ノ島電鉄、通称「江ノ電」。藤沢・鎌倉間約10㎞の距離を25分ほどかけてトコトコと走る鉄道路線だ。

江の島も江ノ電も、どちらもそのフォトジェニックな風景から、『スラムダンク』や『ピンポン』をはじめ、さまざまなアニメや映画のロケ地となってきた。もっとも、昭和生まれの僕としては、青春ドラマ『俺たちの朝』の印象が一番強いわけだが。それはさておき、数百年の時を経ていまだに人気スポットたり得ている、このエリアを歩いてみよう。

参道を歩いてまず奥に現れるのが江島神社の辺津宮。有名観光地とあって平日でも人は多い。外国からの観光客も見よう見まねでお賽銭を投じて、頭を下げていた

起点となるのは江ノ電の江ノ島駅か小田急電鉄の片瀬江ノ島駅だ。あとで江ノ電に乗ったり降りたりすることを考えると、あらかじめ江ノ電の一日乗車券を購入してしまったほうが得かもしれない。駅から海を目指して歩くと、すぐに江の島が見えてくる。島とは弁天橋でつながっているのでそのまま歩いていけるが、古来は引き潮のときのみ渡れたらしい。島に入るといきなり江島神社の参道に入る。ここには海産物屋をはじめ、さまざまなお土産物屋が軒を連ねていて、その誘惑に逆らうのはなかなか至難の業。僕も「あとからあとから」と呪文のように唱えていたのだが、案の定、飲食店に引

き込まれる。だって、漁期であるこの時期は、好物の生シラス丼が食べられるのだ。

お腹を満たしたところで、ようやくと江島神社巡りへ。江島神社は辺津宮《へつみや》、中津宮《なかつのみや》、奥《おく》津宮《つのみや》の三社から構成されており、少しずつ標高を上げながら順繰りにお参りしていく。ここは日本最初の野外エスカレーターである「エスカー」を利用すればラクなのだが、早々にご飯を食べてしまった後ろ暗さもあって、歩いて階段を上がる。徒歩旅行だしね。

奥津宮まで行ったのならもうひと息。島の裏側の岩屋まで足を延ばしてみよう。ここも古くから信仰の対象でもあり、洞窟歩きを楽しめる。とくに第一岩屋の奥は、そのまま富士山麓の鳴沢風穴につながっているとされ、真夏でも奥から冷気が流れている。

岩屋を出て、さあ戻るかというところでナイスなアイデアが。岩屋にほど近い稚児ケ淵からは、島の入口までの渡し船が運航していたので迷わず利用する。決して、再び島を越えるのが面倒だったから、ではナイ。

島から出たら再び江ノ島駅を目指して江ノ電へ。しかし乗るのはちょっと待って。江ノ電は乗るだけでももちろん楽しいのだが、走っている様子はもっと楽しかったりする。とくに江ノ島駅から隣りの腰越《こしごえ》駅、その先の鎌倉高校前駅あたりにかけては、車道のど真ん中を堂々と走っていたかと思うと、いきなり民家の間の路地のような所へ突入。ときには玄関直前を走っていたりもして、なかなかのスリリングさだ。一転、鎌倉高校前駅付近は眼前に七里ヶ浜が広がる開放的な風景を楽しめる。そんな江ノ電の魅力を満喫するには、やはり一日乗車券を利用して、勝手気ままに乗ったり降りたりしてみるのがコツかもしれない。

民家の玄関すぐ前を江ノ電が走っていく。こちらの家の住人は、外に出るには線路を渡らざるをえないだろう（写真上）。道路上を走る江ノ電。すれ違う地元住民も、もう慣れたもの（写真下）

DATA

⦿モデルプラン：江ノ島電鉄江ノ島駅→江島神社→岩屋→渡し船→江ノ島駅→腰越駅→鎌倉高校前駅→江ノ島駅

⦿歩行距離：約4.5km

⦿歩行時間：約1時間半

⦿アクセス：起点の江ノ島駅へは、JR東京駅から東海道本線で藤沢駅まで約50分。そこから江ノ島電鉄で約10分。新宿から小田急線で片瀬江ノ島駅へ出る手もあり。終点の鎌倉高校前からは起点の江ノ島駅へ約6分

⦿立ち寄りスポット情報：江島神社＝藤沢市江の島2-3-8。℡0466-22-4020。江の島岩屋＝℡0466-22-4141（藤沢市観光センター）。8:30～17:00。無休

（2018年7月探訪）

【それから】その後もこの界隈の人気は衰え知らず。最近はオーバーツーリズムが問題になってしまっている

碓氷峠鉄道文化むらとアプトの道《うすいとうげてつどうぶんかむらとあぷとのみち》

かつての難所、峠越えの廃線跡を歩いて旅する

群馬県

1997年（平成9年）、長野新幹線（当時）の開通にともなって信越本線の横川―軽井沢間が廃止になったのには驚いた。東海道本線や東北本線などと並ぶ「本線」がまさか分断されようとは。まあその後、北陸新幹線の開通によって長野―直江津間も第三セクター化されたりなんだりで、もはや「信越本線ってなに？」状態なのではあるが。

さて、そのまっ先に廃止された信越本線の横川と軽井沢の間だが、やがてその跡地を利用して「碓氷峠鉄道文化むら」という鉄道テーマパークが開設された。そこには碓氷峠を実際に走っていた車輛をはじめ、さまざまな国鉄時代の車輛を展示、電気機関車の体験運転もできるらしい。なかでも徒歩旅行的に興味深いのは、廃線跡を利用して整備された「アプトの道」と呼ばれるハイキングコースだ。ここを歩いて、信越本線が通っていた時代を

「碓氷峠鉄道文化むら」には、さまざまな電車、機関車が野外展示されている。風雨にあたって次第に色褪せてきたそれらは、なんだか化石のようにも見えてくる

感じてみよう。

ＪＲ横川駅を下りると、目の前にすぐ「碓氷峠鉄道文化むら」が現れる。駅からは今も線路が敷地内に延びており、紛れもなくここに鉄道が走っていたことを物語っている。

そして横川駅で忘れてはならないのが駅弁「峠の釜めし」。駅弁といえば折り詰めが常識だった１９５０年代、陶製の容器で販売を始めて人気を博したお弁当だ。食べたあとにも容器が重いのがちょっと難だが、途中で食べるお弁当としてぜひ買っていこう。

鉄道文化むらに展示されている車輌は、昭和世代には懐かしいものばかり。あれこれじっくり見学したいところではあるが、今回はメインテーマではないので先を急ぐ。

　ただし、そうはいってもここでぜひとも乗ってみたかったのが、旧信越本線の下り線を利用したトロッコ列車。アプトの道と並走するように、2・6㎞先の「とうげのゆ」駅まで約20分のプチ鉄道旅行を楽しめるのだ。

　アプトというのは鉄道が急斜面を走行するときの方式のひとつで、簡単にいえば二本のレール以外にギザギザの歯がついたものを設置し、ギアを噛ませながら登り降りするというもの。碓氷峠の勾配は最大で66・7‰（約3・8度）と、全

展示されていたアプト式の歯車。こんなごつい歯車がかみ合って急勾配をギリギリと上っていたのかと想像すると、なんだか自分の奥歯にも力が入ってしまう

アプトの道では途中で何度もトンネルを通過する。どれも実際に鉄道用トンネルとして長年使われていただけあって、年季の入りかたに歴史を感じる

国でも有数の難所だったことからこの方式が採用されたのだった。

たしかにトロッコ列車の最前列からは、前方へと徐々に勾配を上げていく線路が望め、最前列ではチビッコが食い入るようにその様を眺めている。

列車が終点に到着したら、いよいよ廃線跡歩きだ。ちなみにこのトロッコ列車。運航は一日5本かつ3～11月の土日のみなので、計画時には考慮を。たとえ列車を利用しなくても、その区間は小一時間もあれば歩けてしまう。

すでにコース上のレールは撤去されてしまっているが、そのぶん道はフラットで歩きやすい。鉄道にとっては難所だったという勾配も、人間の足にはさほど負担ではない。周囲は美しい緑に囲まれ、ときには彼方の山々や碓氷湖なども現れて楽しいが、このコースの一番の見どころは、ゴールの熊ノ平までに抜ける合計10本ものトンネルと数々の橋梁。

トンネルはどれも歴史を感じさせるレンガ積みで、途中でカーブするトンネルでは出口を見通せないまま足を踏み入れたりもして、ちょっとスリリング。橋のほうはといえば、一番人気があるのが碓氷橋第3橋梁、通称「めがね橋」。これは200万8000個のレンガを用いて造られた四連アーチ式鉄道橋で高さ31m、長さ91mを誇る。

めがね橋に辿りつくまでは、実際に自分が渡ってしまったら、美しい橋のシルエットを眺められないのではとちょっと不安だったのだが、実際には少し脇に入って斜めから見ることができるうえ、お望みとあれば下を通る車道まで下る道もつけられていた。

めがね橋をすぎればゴールの熊ノ平までは30分ほど。熊ノ平からは往路を戻るのが無難だろう。僕はここから碓氷峠を越えてみたくて軽井沢まで車道を歩いたが、曲がりくねった道が続くうえ、歩道が狭いところも多い。峠道とあって、なかにはコーナーを攻める走り屋まがいのクルマがいたりして、徒歩旅行のフィールドとしてはあまりお勧めできない。

時間的には熊ノ平から2時間ちょっとでJR軽井沢駅に至る。山深い峠道から碓氷峠を

最大の見物ともいえるのが「めがね橋」。その美しいシルエットは、橋上を歩くか下から見上げるかちょっと悩ましいところだが、ならばいっそ下って上って両方経験しますか

越えた瞬間に、前方にはそれまでとはまったく異なる高原地形が現れるのはそれなりに感動するが、前述のようなリスクがあることは知っておきたい。

DATA

⊙モデルプラン：JR信越本線横川駅→碓氷峠鉄道文化むら→碓氷峠トロッコ列車線ぶんかむら駅→とうげのゆ駅→めがね橋→熊ノ平→めがね橋→とうげのゆ駅→横川駅
⊙歩行距離：約9.5km
⊙歩行時間：約3時間
⊙アクセス：起終点の横川駅までは、東京駅から高崎駅まで上野東京ラインで約2時間。新幹線なら約50分。そこから信越本線で約35分
⊙立ち寄りスポット情報：碓氷峠鉄道文化むら＝安中市松井田町横川407-16。℡027-380-4163。9:00～17:00(11～2月は～16:30)。火曜(祝日の場合翌日、8月は営業)、年末年始休。碓氷峠トロッコ列車線＝3～11月の土日祝、お盆時期は毎日運行
(2019年11月探訪)

【それから】近年は年に数回、軽井沢駅から横川駅までの廃線跡を踏破する有料ガイドツアーも催されているようだ

赤岩渡船と大泉町《あかいわとせんと　おおいずみまち》

渡し船で大河を渡り、東京から一番近いブラジルへ

埼玉県
群馬県

群馬県大泉町といえば、東京から一番近いブラジルとして有名だ。富士重工をはじめとする工場がたくさんあり、そこでの働き手として日系ブラジル人の子孫たちが暮らし始めるようになったのがその成り立ちといわれている。４万人強の町民人口のうち、ブラジル人が占める割合は４０００人以上、つまり10人にひとりがブラジル人という計算だ。そんなこともあってこの街を訪ねると、町のあちこちにブラジル料理店や食材店、洋品店などが点在し、そこかしこからポルトガル語の会話が耳に入ってくる。

この町へ向かうのに一番オーソドックスな方法は、東武鉄道で館林を経由して西小泉駅で下車することになるが、それでは徒歩旅行にはならない。なにかおもしろいルートはないものかとあれこれ調べたところ、見つけましたよ。埼玉県側から渡し船で利根川を越え

て大泉町に入国？する方法を。よし、このルートで行ってみよう。

目指すのはJR高崎線の熊谷駅。そこから葛和田行きのバスで利根川へ。終点の葛和田はまさに利根川の河畔に位置し、目の前に渡し船の船着き場がある。この渡し船は赤岩渡船と呼ばれ、埼玉県の葛和田と群馬県千代田町の赤岩とを結んでいる。埼玉県と群馬県を結ぶ県道の代用として運航されているというのも興味深い。つまり利根川の川面に見えない県道が通っているということか。そんな理由もあってか運賃は無料。

運営は千代田町に委託されていることから、渡し船は通常、群馬県側の桟橋に待機しており、渡船夫が常駐する小屋も建てられている。では埼玉県側から乗るにはどうするのかというと、旗を揚げるのである。インターネットが世界を繋いでいる時代に旗！　なんだかうれしくなってくる。さっそく待合小屋の前に立つ旗竿で黄色い旗をスルスルと上げつつ、対岸に停泊中の船の様子をうかがっていると、おお、カーブを描くような航跡を残しつつこちらに向かってくるではないか。対岸にいたときは小さく見えた船も、いざこちらに接岸してみると意外と大きく、定員は25人。

やがて渡し船は乗客を乗せて出航。一週間ほど前に台風が大雨を降らせたのでその影響が心配だったが、利根川の川面は鏡のような静けさ。船頭に聞くと、さすがに台風の直後

「乗客あり」を知らせる旗を揚げると、ほどなく対岸からやってきた渡し船「千代田丸」。この渡し船の歴史は古く、文献によると戦国時代から運航されていた記録があるのだとか

は欠航になったらしいので、不安なときはあらかじめ確認しておいたほうがいいだろう。

おりからの晴天で見晴らしも最高だ。遠くに外秩父や赤城の山々も望める。そんな風景を眺めているうちに、わずか5分ほどの船旅は終了。群馬県に足を踏み入れる。

ここからは利根川の河川敷に延びている遊歩道を歩いて大泉町へ。左手を流れる利根川は、さすがに日本三大河川に数えられるだけあって雄大だ。ときには川の真ん中に大きな樹木がジャングルのように密生した中州が現れる。カヌーで上陸したら楽しそうだ。

利根川沿いの遊歩道を歩きながらふと上空を見上げれば、そこには音もなく空を舞うグライダーの姿が。河川敷の滑空場から離着陸する姿をたびたび目にすることができた

上空になにか影が流れたので見上げると、白いグライダーが飛んでいた。そう、先ほど後にした埼玉県側の船着き場近くには、グライダーの滑空場があるのだ。動力を持たないグライダーはエンジン音を響かせることもなく、長い主翼を広げ静かに飛ぶ姿はなんとも優雅。

そんな光景を目にしながら歩いていると、道沿いに「マムシに注意」の看板が。マムシがいるのかとも思いつつまじまじと見ると、そこには見慣れぬ言語が書かれている。ポルトガル語だ。どうやら大泉町に入ったらしい。この看板にかぎらず、大泉町ではブラジル人に配慮してさまざまな告知等にポルトガル語も併記しているのだ。

　やがて右手にナイター設備が整った町営野球場が見えてきたら、そこから町の中心を目指す。目印としてうってつけなのが、野球場の手前に立つ謎のコンクリート構造物。高さは5mほどだろうか。かなり時代を感じさせるものだが、実は過去に大泉町と熊谷を鉄道で結ぶ計画があり、これはそのとき利根川を越えるために築いた橋脚の一部なのだ。しかしその計画も太平洋戦争により頓挫。現在は墓碑のごとくその姿を晒している。

　ちなみに東武小泉線の終着駅は西小泉駅だが、過去にはこの界隈まで貨物線が延びていて、駅もあったらしい。しかし

利根川の土手の脇に建つ、謎のコンクリート製構造物。その正体は、かつて熊谷駅とこれから目指す西小泉駅を鉄道で結ぼうとして、かなわなかった名残だった

それも1976（昭和51）年には廃止。現在、跡地は公園や緑道として整備されている。つまり、それを辿ればゴールの西小泉駅に着くわけだ。

さてあとひと歩き。お腹もいい具合に空いてきた。ゴールしたらやはりブラジル料理を食べたいな。フェジョアーダか、それともシュラスコか。早くも頭のなかは食欲モードへ変わりつつあった。

河川敷に掲げられていた「マムシに注意」の看板。ポルトガル語が併記されている（写真上）。西小泉駅にもほど近い商店の軒先に並んだ野菜にも、ポルトガル語の表記がずらり（写真下）

DATA

⦿モデルプラン：JR高崎線熊谷駅→葛和田→赤岩渡船→赤岩→計画線遺構→東武小泉線西小泉駅
⦿歩行距離：約9.5km
⦿歩行時間：約3時間
⦿アクセス：起点の熊谷駅へは、東京駅から上野東京ラインで約1時間10分。そこからバスで葛和田まで約30分。終点の西小泉駅からは東武小泉線で館林駅まで約20分、東武伊勢崎線に乗り継ぎ久喜駅へ。そこから上野東京ラインに乗り継いで東京まで約1時間半
⦿立ち寄りスポット情報：赤岩渡船＝☏0276-86-7004（千代田町建設下水道課）。8:30～17:00（10～3月は～16:30）。年末年始は変則運航
（2019年9月探訪）

【それから】コロナ禍や不況といった逆風を受けつつ、現在の大泉町にはペルーやネパール、ベトナムなどからの住民も増加したそうで、日本という国に先駆けて多文化共生社会を模索しつつあるのかもしれない

越中島支線と亀戸天満宮《えっちゅうじましせんとかめいどてんまんぐう》

あの日偶然目にした、幻のような鉄道を探して

東京都

昔、江東区大島に住む友人宅で忘年会だか新年会だかをしたときのこと。酒と肴を買い出し、部屋でさあ乾杯となったときに異変は起きた。そこはマンションの2階か3階だったが、窓辺をいきなり自分たちと同じ高さでディーゼル機関車が通過したのである。それも当時でさえあまり見なくなった、横から見ると漢字の凸字型をした朱色の機関車だった。

東京近郊の鉄道網はぼんやりながら頭に入っている。機関車はおろか、そもそもそんなところに線路があるのが驚きだった。部屋の住人に尋ねると、「そうなの。ときどき来て、洗濯物を干したりしてると運転士と目が合うのよねー」とさほど意に介したふうもない。その場にいた男たちだけが、妙に鼻息を荒くしてその光景を見送ったのだった。

今思い返せば、あれがJR越中島支線だったのだ。都内唯一の非電化線にして、数少な

東陽町駅から歩くことしばし。東京のウォーターフロントに、赤く錆びた単線のレールが現れた。これが越中島貨物駅と小岩駅間を結ぶ越中島支線だ。都内に残る最後の非電化路線だという

い貨物専用線。調べると小岩駅から越中島貨物駅間はまだ運行している。あの驚きの再確認のためにも、この路線沿いを歩いてみよう。

まずは終点の越中島貨物駅を目指して、東西線東陽町駅から南下。汐浜運河を越えると前方にいくつもの電車が見えてきたので、「あれかっ!」と思ったが、近づいてみるとそこに並んでいるのは全部東西線の車輌。どうやら東西線の車輌基地のようだ。

基地伝いに東に向かうと、やがて赤茶けたレールが延びる単線の踏切が登場。これが越中島支線だ。そこからは線路沿いに歩いた先にあったのが、東京レール

越中島支線が永代通りと交差するところに設置されている大きな踏切。道幅が広いので両側から遮断機が下りる。遮断機だけでなく、踏切信号がついているのも珍しい

センターという看板。このあたりが越中島貨物駅らしい。人の乗降もないのでホームも必要ないのだろう。

気になったのは併設されていた長距離バスの広大な停車場。全国各地のナンバープレートをつけたバスがごっそりと停められている。ここも、もともとは越中島貨物駅の一部だったはずだが、本業縮小のあおりなのか、長距離バスの待合場に転用されたようだ。

そもそも越中島支線は、途中にある小名木川や、さらに先にある晴海や豊洲との物流路線として使われていたそうだ。しかし貨物需要の低下などにより、現在はここにあるレールセンターからレール

東西に流れる竪川の上を越中島支線の橋梁が渡り、その上を首都高が竪川を覆いかぶさるように延びている。川、鉄道、道路。都心では用地の確保も大変。実はこの竪川も人工的につくられた運河だ

やバラストの搬送にのみ従事するようになったとのこと。レールを運ぶために路線が存続しているというのもなんだか皮肉な話だ。

ここからは路線沿いを亀戸方面に北上。とはいっても、はじめのうちは建物や駐車場に妨げられ、やや離れた明治通りを歩かざるをえない。永代通りとの交差点でようやく線路に近寄れるが、ここでいきなり線路と平面交差、永代通りが広いだけに遮断機も巨大だ。

高層マンション沿いを線路と平行してさらに北上。葛西橋通りまで来たところで、ようやく線路際を歩けるようになった。案内板によると、ここは線路跡地を

公園にしたもので、名前もズバリ「南砂線路公園」。わかりやすい。その先の線路沿いには「アリオ北砂」という商業施設があるのだが、ここも以前は小名木川駅という越中島支線の駅だった。ひとつの駅にしては広すぎじゃないかとも思ったが、当時の小名木川駅の面積は東京ドームの2倍以上とのこと。それだけ物流の拠点だったということか。

そこからは線路に近づいたり離れたりを繰り返しながら、少しずつ亀戸駅に近づく。途中で現れる鉄橋の橋脚が、古めかしいレンガ積みで歴史を感じさせるが、それも越中島支線の開業が1929（昭和4）年と知れば納得だ。

ここまで歩いてきて残念だったのが、実際に走る機関車の姿を見られなかったこと。一応、一日に3往復ほどはしているらしいのだが、運行や時刻はけっこう流動的らしい。しかし、ずっと線路沿いを歩いてそれでも遭えなかったのは、いわゆる「もってない」ということなんだろうなと、やや自嘲気味に線路の写真を撮ろうとしたときのこと。なんと、遠くから「タタンタン」というレールに響く音が聞こえてくるではないか。思わず線路の先を見ると、そこにはあの日見た朱色のディーゼル機関車が！　まさに「キターー！」である。築堤上を走っておりアングルはよくはなかったが、それでも今日の旅も終わりというところでよくぞ。すれ違ったほんの数秒間に機関車の姿をカメラに収め、達成感に満ち

あきらめかけていたころ、突然レール音とともに現れたディーゼル機関車DE10。凸型をした朱色の機関車、昔はけっこうありふれた存在だったが、最近はめっきり見かけなくなってしまった

てゴールの亀戸駅を目指す。
旅の仕上げは駅の反対側にある亀戸天満宮へ。参道近くの『船橋屋』でくず餅をいただこう。創業215年を数えるこのくず餅は、15カ月もかけて発酵させるのに、賞味期間はわずかに2日というはかなさ。こりゃあ食べていかないと。

DATA

⊙モデルプラン：東京メトロ東西線東陽町駅→JR越中島貨物駅→南砂線路公園→亀戸天満宮→JR中央総武線亀戸駅
⊙歩行距離：約9.5km
⊙歩行時間：約3時間半
⊙アクセス：起点の東陽町駅へは、東京メトロ大手町駅より東西線で約10分。終点の亀戸駅からは、中央総武線で秋葉原駅まで約10分
⊙立ち寄りスポット情報：亀戸天満宮＝江東区亀戸3-6-1。℡03-3681-0010。船橋屋天神前本店＝江東区亀戸3-2-14。℡03-3681-2784。9:00～18:00。無休
（2019年10月探訪）

【それから】この越中島支線には以前からLRT（次世代型路面電車）化の構想があったが、最近これに対して具体的な検討に入ったという。実現すれば2040年代前半が目標というが、さてどうなることか

みの石ボートと嵐山

みのいしぼーととあらしやま

神奈川県

湖を縦断する渡し船、湖畔にそびえる山を越えて

神奈川県北部、東京都と山梨県との県境にもほど近い場所に水を湛えているのが相模湖だ。神奈川県民の水瓶として造られた人造湖で、戦後一番最初に完成したダムだとか。そんな時代にできたダムだけあって、観光要素も強く、今も湖面には遊覧船が浮かび、釣り人の姿も見かけるのだが、そんななかに渡し船も運航していることを知った。湖の渡し船、それはおそらく初めてだ。そしてせっかく相模湖まで行くのなら、行きがけの駄賃とばかりに、湖畔に佇む小さな山、嵐山も登ってしまうことにしよう。

ＪＲ相模湖駅から駅前に出ると、「ようこそ相模湖」と書かれたアーケードが迎えてくれて時代を感じさせる。まずは湖に向かって坂を下り、そこからは湖畔に沿って相模大橋を渡って嵐山登山口へ。途中、湖が大きく泡立っているのを目撃。これで湖面がビカッピ

相模湖駅前のアーケードを抜け、国道に出たら東へ向かうと目の前に見える山が嵐山だ。駅から小一時間で登頂できるお手軽登山。山頂には小さな鳥居と石祠が祀られている

カッ！と光ろうものなら、完全に怪獣が現れる前兆なのだが、実際には水質改善のためのエアレーションとのこと。水槽に入っている「ブクブク」の超巨大なものだね。

相模ダムの少し先にある登山口から、嵐山の山頂を目指す。標高わずかに406m。頂上まで約30分ときわめて至便？な山なのだが、そのぶん登りは急で、予想以上の汗をかかされる。やがて到着した山頂は樹林に覆われているものの、唯一相模湖を望める方角だけは視界が開け、その先には相模湖が湖面を輝かせていて美しい。この風景は「神奈川県景観50選」にも選ばれているそうだ。

嵐山の山頂からは相模湖方面の展望が開けている。この山が嵐山と呼ばれるようになったころには、まだ相模湖はなかったはず。当時は、ここから相模川の渓谷美を一望できたのだろうか

そもそもこの嵐山、もともとの名前は「間《あい》の山」といったらしい。しかし弘法大師がこの地を訪れたおりに、京都の嵐山に景観が似ていると語ったことからそう呼ぶようになったとか。たしかにそういわれると、付近には桂川や高尾など京都と共通する地名も点在する。

頂上でのんびりひと休みしていると、遠くから子どもたちの歓声が聞こえてくる。おそらくこの山の南側に位置する遊園地『プレジャーフォレスト』からのものだろう。僕らの世代としては以前の『相模湖ピクニックランド』という名前のほうがなじみ深いのだが、それももう10年以上も昔の話である。

頂上から鼠坂方面を目指してしばらく歩くと、周囲は新緑の竹林が広がるようになる。風に吹かれて、竹の葉っぱがサラサラとたなびく音が耳に心地いい

頂上からは南に向かって下山する。道は緩やかなぶん曲がりくねっており、下山口までは約1時間。しかし途中には広葉樹の森をはじめ、竹林を抜けたり、小沢を木橋で越えたりと、小さな山のわりにはメリハリに富んでいて楽しい。

プレジャーフォレストの広い駐車場が左手に現れると、下山口の鼠坂《ねんざか》集落は近い。鼠坂というちょっと変わった名前のこの場所は、かつては小田原、甲州方面への関所が設けられていて、往来が厳しく制限されていたそうだ。

さあ、ここまで来たらいよいよ当初の目的である渡し船だ。車道に出たらすぐに相模湖方面に行きたくなってしまうが

しばし待て。車道の反対側へ歩道橋で渡ると、民家の隙間に細い路地があるので、そこを抜けて奥に並走する旧道を右へ向かうのが正解だ。

やがて道端に「渡し舟」と書かれた巨大な看板が現れるので、そこからは登山道のような細道を下っていく。途中には文字も判別できぬほど古びた石碑が並んでいたりして、この道はこの道で歴史がありそうだ。

下ること数分。相模湖の湖畔が現れ、そこには桟橋も据えられているのだが、肝心の渡し船がいない。さて渡し船はどこにと思って周囲を眺めると、目の前にずいぶんと年季の入ったドラム缶と棒が置かれている。書かれた説明によると、このドラム缶を棒で叩くと対岸から迎えに来てくれるのだそうだ。おそるおそる「ゴーン！」とドラム缶を打ち鳴らしてみると、向こう側から「はーい」という声が聞こえてきて、やがて動力つきの小舟が現れた。

実は対岸には「みの石滝キャンプ場」という、船でしか来られない（！）キャンプ場があり、この船は主にキャンパーたちの送迎や、食料など日用品の輸送に使われているのだそうだ。それをいつからか近郊の山を下ってきた登山者も利用するようになり、ＪＲ相模湖駅までほど近い、相模湖公園の湖畔まで送るようになったそうだ。

船着き場に書かれている通りにドラム缶を叩く。静かな湖畔に騒音を立てるのは申しわけないが、聞こえなくて渡し船が来てくれなくても困るので、ここは思い切りよく

僕を乗せた船は湖畔を滑るように進んでいく。基本年中無休で営業しているとのことだが、風が強いときや人出不足などで欠航もあるという。この日は天候も穏やかで、相模湖公園へ無事到着。湖畔を流れてくる爽やかな風が、山歩きで汗をかいた肌に心地よかった。

DATA

⦿モデルプラン：JR中央本線相模湖駅→嵐山→鼠坂→みの石ボート→相模湖公園→相模湖駅
⦿歩行距離：約5km
⦿歩行時間：約2時間
⦿アクセス：起終点の相模湖駅へは、JR新宿駅から中央線を高尾駅で中央本線に乗り継ぎ約1時間
⦿立ち寄りスポット情報：みの石ボート＝相模原市緑区若柳1628。☏042-685-0330。10:00～17:00。天候等により欠航あり。事前に確認を
（2019年5月探訪）

【それから】ご多分に漏れず、最近は嵐山でも少ないながらクマの目撃報告があるという。クマよけ鈴くらいは用意したい。また「プレジャーフォレスト」は2024（令和6）年7月、「さがみ湖MORI MORI」に改称した

筑波山とロープウェイ&ケーブルカー《つくばさんとろーぷうぇいあんどけーぶるかー》

ロープウェイにケーブルカー、仕上げは田園地帯の廃線跡を辿って

茨城県

茨城県民はもちろんのこと、関東人にとって筑波山はなじみ深い山だろう。関東平野から西を臨めば富士山が見えるのと同様、東に眼をやればたいていこの筑波山の双耳峰ピークが目に入る。もちろん標高は１０００ｍにも満たず、その点では富士山に及ぶべくもないが、周囲に高い山があまりなく、あたかも独立峰のように見えるのもポイントが高い。一度くらいは小学校の遠足などで登ったこともあるのではないか。

この筑波山の魅力のひとつに乗り物がある。山登りのための乗り物といえば、ケーブルカーとロープウェイが知られているが、

この光景だけ見ると、ここがロープウェイとちょっとの歩きだけで辿り着ける場所には思えない。まるで八ヶ岳や北アルプスのどこかの山頂からの眺めのようだ

たいていは、あってもどちらかひとつ。なのに、ここにはその両方があるのだ。乗り物好きとしてこれを素通りするわけにはいかない。

つくばエキスプレスのつくば駅からシャトルバスで登山口を目指す。車窓には早くも筑波山がその山容を見せる。やがて終点のつつじヶ丘で下りれば、そこはもうロープウェイ駅の目の前だ。すぐにもロープウェイに乗りたいところだが、少し寄り道していこう。ここにある土産物屋兼大食堂兼アミューズメントパーク兼その他いろいろ兼の施設は、知る人ぞ知る昭和の香り満載のスポット。巨大なガマ大明神や、もはや動くのかも定かではない遊具の数々は、昭和生まれには感涙ものだ。

さて、あらためてロープウェイへ。1965（昭和40）年竣工というこのロープウェイは、距離にして約1200m、高低差298mを約6分で筑波山にふたつあるピークのひとつ、女体山頂上直下まで連れていってくれる。ロープウェイは乗っているゴ

つつじヶ丘を出発したロープウェイは、わずか6分ほどの乗車時間で、筑波山の女体山山頂直下まで連れていってくれる。写真の右上に見える尖ったピークが女体山山頂だ

ンドラそのものには動力がないので、カクンという小さな振動とともに音もなく出発。足元にはパノラマが広がり、これが吊されて移動するロープウェイの醍醐味でもある。

途中で対向するロープウェイとすれ違い、女体山山頂が間近に見えれば女体山駅に到着だ。ここまで来れば山頂はひと息の距離。山頂からは全方位の風景を俯瞰でき、日本第二の広さを誇る湖・霞ヶ浦も手に取るようだ。女体山の山頂は尖った岩峰でなかなかスリルがある。このちょっとしたアルピニズム感も、筑波山人気の理由のひとつかもしれない。

ここからは尾根を伝って男体山へ。下

った鞍部には茶店が何軒か並び、ケーブルカーの駅もある。ここから男体山の頂上までは往復20分ほどだ。

そして今度はケーブルカー。こちらの開業はなんと1925（大正14）年。1634m、標高差約500mを約8分で結ぶ。宙吊りで運ばれるロープウェイにくらべたら、斜面を昇降するケーブルカーのほうが安心感があるという人がいるけれど僕は逆。どちらもケーブルが命綱になっているという点では一緒で、最悪、一瞬で墜落するロープウェイより、どんどん加速がついて駅に突っ込んでいくという想像のほうが恐怖感を感じてしまうのだ。

上りではロープウェイに乗り、下山はケーブルカーを利用するラクチン登山。途中、対向してくる車輌とすれ違う場所で、運転士がお互いに挨拶を交わすのが、見ていてなんだか清々しい

もちろん、実際にはきわめて安定した走行でケーブルカーは終点の宮脇駅へ。降り立てばそこはもう筑波山神社の眼の前だ。行きも帰りも乗り物に乗って、それで山登りなのかと眉をひそめる人もいるかもしれないが、今回は乗り物がテーマだからそれでいいのだ。そして乗り物がテーマだから、ここからさらに続きがあるのだ。

車道をずんずん下っていくとやがて現れる関東鉄道バスターミナルの場所は、かつて関東鉄道筑波線の駅だった。筑波線は1987（昭和62）年に廃線となってしまったが、その廃線跡は「りんりんロード」と呼ばれる、自転車と歩行者専用の道として整備されている。今回の締めとして、この道を歩いてみたかったのである。

当時の「筑波駅」には現在もホームが残され、そこから一段下がった場所を道は延びている。歩き始めると周囲はいきなり田園風景に囲まれ、その向こうには筑波山。絵に描いたような里山の光景のなかを歩いていく。今から30年ほど前までは、ここを一輌だけの車輌がトコトコ走っていたのかと思うと、なんだか夢の世界のようだ。いや、経営が成り立たなかったから廃線になったわけで、「夢」なんてロマンチックな言葉ではすまない現実があったのだろうが。

時間は夕刻。ヘルメットを被った自転車通学の中学生、そしてウォーキング中のご年輩

かつて関東鉄道筑波線が通っていた廃線跡は、現在ではサイクリングロード兼遊歩道として整備されている。背景の筑波山とまっすぐ延びる道の対比が美しい

とすれ違う。鉄道が通っていた当時も、主な乗客は通学の中高生や病院通いの中高年だったのではないだろうか。そう考えるとこの道も姿形こそ変え、当時から必要としている人々に愛用され、継承されているのかもしれない。

DATA

⦿モデルプラン：つくばエキスプレスつくば駅→筑波山ロープウェイつつじヶ丘駅→女体山駅→女体山山頂→男体山山頂→筑波山ケーブルカー山頂駅→宮脇駅→関東鉄道バスターミナル→北条三差路バス停→つくば駅

⦿歩行距離：約9km

⦿歩行時間：約3時間

⦿アクセス：起終点のつくばエキスプレスつくば駅へは、秋葉原駅から約45分。そこからつつじヶ丘駅まで約50分。終点の北条三差路バス停からつくば駅（つくばセンター）へはコミュニティバスで約1時間

⦿立ち寄りスポット情報：筑波山ロープウェイ＝☎029-866-0945（つつじヶ丘駅）。筑波山ケーブルカー＝☎029-866-0887（筑波山頂駅）

（2019年11月探訪）

水上バスと隅田川

すいじょうばすとすみだがわ

東京都

船で徒歩で、海辺から隅田川を遡上せよ

隅田川といえば花火大会や唱歌『花』の歌詞（「は～るのうら～らの～」っていうやつ）、浅草や築地など、川沿いのグルメ街でもお馴染みだ。そしてそんなときによく見かけるのが、川面を気持ちよさそうに上下する水上バス。あれって、観光客が利用するのはよく聞くけれど、東京在住だと意外と乗る機会が少ない。かくいう僕もそのひとりで、東京ビッグサイトに出かけるのに、日の出桟橋からの便は利用したことがあるが、本格的に隅田川を航行するものには乗ったことがない。ならば一度乗ってみようではないか。そして乗ったあとにはそのまま歩いて隅田川を遡行してみようではないか。

せっかく乗るなら長い距離がいい。とすると起点はなるべく下流側、というよりもはや海のお台場海浜公園だ。ここから浅草までダイレクトに運航する水上バスに乗ってみる。

『エメラルダス』の船内の一画には、こんなラウンジのようなスペースも。上部もガラス張りになっているので、リバーサイドの高層ビルやスカイツリーも見上げられる

そしてどうせ乗るなら新造船ということで、2018（平成30）年に就航した「エメラルダス」をチョイスする。船名からもわかる人はわかるように、この船は漫画家の松本零士さんがデザインに関わったもの。うねるような曲線が多用されたフォルムは、いかにも彼の画風を彷彿とさせる。そのデザインは海外からの旅行者にも人気のようだ。

出航時間の5分前に乗船開始。エメラルダスにはデッキもあるので、まずはそこに上がって風景を楽しむ。前方をまたぐレインボーブリッジをくぐると、その先にはタワーマンションを始めとする高層ビルが連なっていて、ちょっと見ない

デッキに上がってこれから進む航路を眺める。海は鏡のような静けさ。正面のレインボーブリッジの手前右に見えるのは、『東京湾奥の人工群島（588頁）』でも訪ねた台場公園だ

うちに海辺からの東京の風景はこんなにも変わったのかと驚く。

やがて隅田川に進路を取り、最初の橋である築地大橋を渡るにあたって、デッキは閉鎖される旨を告げられる。理由は、これからくぐる橋によっては高さ的に危険があるためだとか。なるほどなと思ういっぽう、キャビン内からは橋の全貌は見にくいわけで、ちょっとツライところだがしかたがない。窓越しに橋や川辺の街並みを眺める。

次に登場するのは勝鬨橋《かちどき》。隅田川唯一の跳開橋、つまり橋の真ん中が開いて船舶の航行を妨げないようにできる橋だ。コミック『こち亀』では、少年時代の両

スカイツリーが間近に見える浅草まで来たら、水上バスの旅はおしまい。ここからは隅田川に沿って歩いていこう。眼前を渡っているのは東武スカイツリーラインの橋梁だ。遊歩道も併設されている

さんが友だちのために勝手にこの橋を開けてしまう神回があったが、実際には1970（昭和45）年を最後に開いたことはない。

その後は築地と佃島を繋ぐ佃大橋。この橋ができる1964（昭和39）年まで、ここには「佃の渡し」と呼ばれる渡し船が運航していた。さらに隅田川の橋で一番優雅なデザインといわれる清洲橋。次の新大橋は、個人的に母がこの橋近くの生まれということで思い入れがある。やがて両国橋や駒形橋、最後に吾妻橋をくぐれば浅草に到着だ。

浅草といえば本来なら食べたり飲んだりしたいところだが、ここはスルー。だ

って今日はまだ全然歩いてないからね。浅草から上流に向けては川沿いに「水辺のテラス」と呼ばれる遊歩道が続いていて、快適な歩きを楽しめる。ベンチでは近所のコンビニで食事を仕入れてきたであろう外国人旅行者がピクニックを楽しんでいて、さすがお金をかけずに旅を楽しむ術を知っているなというところ。

これが言問橋を過ぎるあたりからは、だんだん地元の人がくつろぐ場所となり、さらにX字状の人道橋である桜橋の先では、昼からビールを飲んでご機嫌のお父さんも登場したりして、少しずつ川辺の風景は変わっていく。

白髭橋周辺では一時川沿いを歩けなくなったが、その先ですぐに復活、さらには堤防上を歩く道も現れて、高台から左右の風景を眺められるのがうれしい。それまでは陸側はコンクリート製の堤防に遮られて、様子がまったくわからなかったのだ。

やがて隅田川が西へと大きくカーブを描くようになると千住大橋も近い。そこから少し行けば町屋の町並みだ。台場、浅草、千住、町屋といったこれまで点でしかなかった町々が、隅田川を辿ることによって線でつながったとき、今までより少しだけ東京の下町を知ることができた気がした。

隅田川の起点はここからかなり先、赤羽の岩淵水門付近で荒川と分流する場所だが、そ

途中、不思議な形をした船とすれ違った。これは「ファスナーの船」と呼ばれる芸術作品で、上空から眺めると、航跡があたかも川面のファスナーを開いたように見えるのだとか

こまで歩くのは半日ではちょっと荷が重いうえ、この先からは川辺を歩けない場所もところどころに出てきてしまう。それよりは酒場や銭湯が多いことで知られる千住界隈で上がりにするのが、楽しい旅というものだろう。さて、どこに寄ろうかな。

DATA

⦿モデルプラン：ゆりかもめお台場海浜公園駅→エメラルダス→浅草→言問橋→白鬚橋→千住大橋→北千住駅
⦿歩行距離：約7km
⦿歩行時間：約2時間半
⦿アクセス：起点のお台場海浜公園へは、ゆりかもめ新橋駅から約15分。終点の北千住駅からは、東京メトロ日比谷線で上野駅まで約9分
⦿立ち寄りスポット情報：エメラルダス＝所要約55分
(2019年11月探訪)

【それから】松本零士さんは2023（令和5）年2月13日に逝去された。ご冥福をお祈りいたします

ユーカリが丘線と結縁寺の谷津

ゆーかりがおかせんと　けちえんじのやつ

田んぼを越えて川を渡り、気になるアノ鉄道を目指す旅

千葉県

千葉ニュータウンは、東京の多摩、神奈川の港北と並んで、関東地方を代表するニュータウンだ。東京と成田空港の中間に位置する地の利に加えて、地盤が強固で災害にも強いとされ、ここ数年「住みやすい街ランキング」上位の常連にもなっている。そのいっぽう、開発地域以外には昔ながらの豊かな里山が残され、とくに結縁寺というお寺の周囲は『日本の里100選』にも選定されているという。千葉というとどうしても海のイメージが強いが、そんな風景があるのならばぜひとも見てみたい。

そこでなにかもうひとつ見どころはないかと、欲張って地図を広げてみたところ、千葉ニュータウンからずっと南下していったところに、以前から気になっていた鉄道『山万ユーカリが丘線』を発見。環状というかテニスラケット状の路線を持ち、新交通システムに

よるワンマン運転を行っている鉄道だ。今回は結縁寺の里山からユーカリが丘線をつないで歩くことにしよう。

下車した千葉ニュータウン中央駅前はロータリーが整備され、いくつものビルが建ち並び、こんなところに里山が残っているのかという趣だが、駅から少し歩き、その名もニュータウン大橋という橋を渡ったところで「ややや」となった。こんな街並であれば、通常水辺は都市型の親水公園風に整備され、住民の憩いの場になっていておかしくないのに、眼下に望む池の周囲には鬱蒼と植物が密生し、容易に人を接近させそうもない。これはなんだか期待できそうだ。

そのまま車道を歩き、県道から左手に入ったところで「結縁寺」と書かれた指導標を見つける。細く緩やかな坂を下っていくと、風景がいきなり変わった。周囲には田畑が広がり、その合間には農家が点在する。畑の傍らに立てられた案山子がかわいらしい。

やがて辿り着いた結縁寺は、奈良時代に行基によって創建されたとされる古刹。小さいながらもきれいに手入れされており、地元の人に愛されているのがうかがえる。参道には季節柄ヒガンバナが満開だ。向かいには大きなため池があり、小さな島には祠が。祀られているのは水神様だそうだ。近くには平家との戦いに敗れて自害した源頼政の首を祀った

千葉ニュータウン中央駅からしばらく歩くと、周囲の風景が突然里山に変わり、そんななかに結縁寺はあった。小さなお寺だが歴史は古い。山門から延びる道沿いは、季節柄ヒガンバナが満開だった

という塚もあり、ちょっと神秘的な雰囲気も漂わせている。

さて。このあたりから道は細く、絡み合うように複雑に入り組む。昔ながらの道型がそのまま今に続いているのだろう。こういう道を歩くときは、地図と首っ引きになって、厳密に正しい道を探ろうとするとあまり楽しくない。山歩きじゃないので、多少道に迷ったところでどうってことはないし、たとえ迷いそうでも気になる道を選んだほうが気分も盛り上がるというもの。

ただし、そうはいってもあさっての方向に行ってしまっては修正が大変なので、とりあえずリュックからコンパスを取り

結縁寺から続く里山を彷徨っていて、偶然辿り着いた小さな神社の参道。なんともいえぬ雰囲気を持つ。鳥居には「火皇子神社」の文字があり、隣では遺跡を発掘調査しているようだった

出して、おおざっぱな進路を南にとる。

毛細血管のような小径は、田んぼや斜面林、用水路などに沿ったり、またいだりしながら続く。道端に無造作に並んだお地蔵様や庚申塔が、なんだか時代劇のセットのようだ。道に緩やかなアップダウンがあるのは、谷戸地形（この土地のことばでは「谷津」）によるものだろう。谷戸というのは、丘陵の一部が侵食されて谷状になった地形のことだ。

やがて道は印旛沼から流れる新川を渡り、印西市からスタートしたこの徒歩旅行もいつのまにか八千代市を抜け、佐倉市に入っていた。ゴールのユーカリが丘線も近い。最後の最後に、通りかかった

親子連れに駅への道を確認して進路修正、無事中学校駅に到着。

このユーカリが丘線がおもしろいのは、まず経営母体が鉄道会社ではなく、「山万」というデベロッパーであること。つまり、この地域を開発するにあたって、通勤路線がなければ自分たちで作ってしまえということだったのだろう。

そんなことからか、駅名もきわめてシンプル。中学校駅をはじめ公園駅、女子大駅、地区センター駅など、普通だったら他路線駅名との区別化を図るために地名や固有名詞を入れそうなものだが、まったくお構いなしなのだった。

やがてやって来た電車は三輌編成の小

田んぼを抜ける細道には、「農耕車優先」の看板が立てられていた。こういう道では速度の遅いトラクターが前を走っていても、イライラしてクラクションを鳴らしたりしてはいけません

千葉ニュータウンから、里山、田園風景のなかを歩いてきて、ようやく山万ユーカリが丘線の中学校駅に到着。駅名通り、駅の周囲には帰宅途中の中学生がたくさん歩いていた

さなもの。正面にはユーカリが丘という地名に因んだのだろう、「こあら1号」と書かれている。乗り込むとゴムタイヤをゴロゴロいわせながら、京成本線との接続駅であるユーカリが丘駅に向かって走り出した。

DATA

⦿モデルプラン：北総鉄道千葉ニュータウン中央駅→結縁寺→新川→山万ユーカリが丘線中学校駅
⦿歩行距離：約11km
⦿歩行時間：約4時間
⦿アクセス：起点の千葉ニュータウン中央駅へは、京成本線日暮里駅から京成高砂駅へ、そこから北総鉄道北総線に乗り継ぎ約50分。終点の中学校駅からはユーカリが丘線でユーカリが丘駅へ。そこから京成電鉄で日暮里駅へ約50分
⦿立ち寄りスポット情報：結縁寺＝印西市結縁寺516
（2019年10月探訪）

【それから】ユーカリが丘線は、2024（令和6）年6月15日より顔認証を用いた乗車システムを導入した

うらがのわたしと
かんのんざき

浦賀の渡しと観音崎

海辺を辿って岬を越え、江戸時代から続く渡し船に乗る

神奈川県

晴天のある日。京浜急行の馬堀海岸駅から延びる道を北上すると、やがて眼前に真っ青な海が広がる。これが東京湾とはにわかには思えない。青い空と海を背景に、歩いている防衛大学生の白い制服がきれいなコントラストを見せている。ここから東側の観音崎をぐるりとまわって浦賀へ至るルートは、歩行者向けの道がしっかり整備されており、海を眺めながらの徒歩旅行を楽しめる。

馬堀海岸には歩行者専用道が車道と並走しているので、これを伝って観音崎方面へ。散歩する人、ランナー、そして釣れているのかいないのか、釣り糸を垂らす太公望の姿もちらほら。海に向かって左手には猿島が見える。

正面方向にもうひとつ島が見えるので、海辺でのんびりしていた地元民らしきおじさん

馬堀海岸から海沿いの歩行者専用道を歩いて観音崎を目指す。海の彼方に見えるのは房総半島。東京湾の海も、季節と天候次第ではびっくりするほど青く見えることがある

に尋ねてみると、「ありゃあ第二海堡《かいほう》だな」との答え。海堡とは明治時代に首都防衛のために築かれた人工島だ。第一から第三まで三つの海堡が築かれたが、そのうち第三海堡は崩壊が激しく21世紀に入ってから撤去。第二海堡と並んで千葉県に近いところには第一海堡が現存する。東京湾に出入りする船舶の邪魔になるとの指摘もあるいっぽう、第二海堡に関しては2019（令和元）年から上陸ツアーの催行が解禁になった。ここもぜひ訪ねてみたい場所のひとつだ。

やがて走水水源施設をすぎると、その近くに「ヴェルニーの水」と呼ばれる湧水地が現れる。これは1876(明治9)

海辺のボードウォークに波しぶきが降りかかる。ここは本当にタイミングを見計らって通り抜けないと、全身ずぶ濡れになりかねない。実際、僕の前を歩いていたおじさんはやらかしました

年にフランス人技師のヴェルニーが、横須賀造船所へ上水を送るために開発したもので、水温は年間を通してほぼ17℃と一定。現在は誰にでも利用できる施設になっており、この日もたくさんの人がポリタンクを抱えて水を汲みにやってきていた。せっかくなので、僕も持ってきた水筒にこの水をつめ直す。

走水の漁港まで来たらその先を左へ。ここからしばらくは海辺沿いの気持ちのよいボードウォークが続いている。約800m続くこのボードウォーク、波しぶきが当たるような場所なのによく劣化しないなと思ったが、解説によると水に強いブラジル原産のイペという材木が使

われているそうだ。

　ボードウォークが終わると車道と合流するが、そこから観音崎公園まではもうすぐだ。周辺の芝生は家族連れで賑わっているが、まずは観音崎に建つ灯台へ上がってみよう。この灯台もまた明治初期にヴェルニーによって起工されたものだそうで、当時のヴェルニーさん、大活躍である。

　ここは上に登ることができる。海水面からは56ｍもあるのでそれなりの迫力だ。海を眺めれば、房総半島の巨大さがひときわ際立つ。三浦半島は周囲をぐるりと囲まれちゃっているようだ。

　再び海辺に降り立ち、観音崎を回り込

現在の観音埼灯台（写真左）と、崖の下で砕け散ってしまった先代の灯台（写真右）。先代は関東大震災で倒壊したとのこと。たしかに見くらべてみれば、デザインに共通点が見受けられる

むように歩いていくと、途中で波打ち際に転がるコンクリート製の巨大な構造物を発見。これはなんと先代の灯台のなれの果てらしい。現在の灯台は三代目なのだが、二代目は関東大震災で破損してしまったのだという。たしかに、よく見ると灯台のような意匠が確認できる。

その先で、江戸時代のものといわれる素掘りのトンネルを抜ければ観音崎ともお別れだ。ちなみにこのトンネル、両サイドには地層の重なりがくっきりと見えるので注目だ。トンネルを出たところには自然博物館やレストラン、規模は小さいものの白い砂浜が美しいたら浜なども点在するので、休憩スポットにも最適だろう。

観音崎大橋を渡り、鴨居港から観音崎通りに入るとそこからは車道沿いの歩き。緩やかな坂を上り、緩やかな坂を下っていくという海辺にありがちな地形を越えれば、この道はやがて浦賀の駅に至るのだが、その前に最後のお楽しみ。浦賀の深い入り江を渡る渡し船「浦賀の渡し」に乗らないわけにはいかない。

この渡しは江戸時代から続くもので、現在も東浦賀と西浦賀をつないでいる。渡し船に乗っても乗らなくても、駅まで大した距離差はないというのなら、ここはやっぱり「乗る」ほうを選ぶのが旅情というもの。ちなみに船着き場は先ほど歩いてきた車道から細い道を

東浦賀と西浦賀を結ぶ『浦賀の渡し』。中華風というか、竜宮城風のデザインがキュート。下船した後、あらためて洋上を渡る姿も見たいものだとしばらくねばったが、以降乗客は現れず

入り込んだ奥の海辺にある。車道沿いからは視認できないので、行きすぎないように注意。

乗客は僕と男性がもうひとり。しずしずと渡っていく海面には、夕日がキラキラと照り返し、なかなか風情のある数分の船旅だった。

DATA

⊙モデルプラン：京浜急行馬堀海岸駅→ヴェルニーの水→ボードウォーク→観音埼灯台→たたら浜→浦賀の渡し→京浜急行浦賀駅
⊙歩行距離：約9.5km
⊙歩行時間：約3時間半
⊙アクセス：起点の馬堀海岸駅へは京浜急行品川駅から約50分。終点の京浜急行浦賀駅からは品川駅へ約55分
⊙立ち寄りスポット情報：観音埼灯台＝横須賀市鴨居4-1187。📞046-841-0311。9:00〜16:30(週末等は8:30〜17:00)、10〜2月は9:00〜16:00(週末等は8:30〜16:00)。浦賀の渡し＝📞046-825-7144(トライアングル)。7:00〜17:00。年末年始、荒天時など欠航
(2019年6月探訪)

大室山登山リフトと一碧湖《おおむろやまとざんりふとといっぺきこ》

リフトでしか登れぬ難峰を征服し、伊豆の瞳を目指す

静岡県

伊豆急行富戸駅の改札を出ると、空気の質感が異なっていた。11月も間近な時期、東京には少しずつ寒さが忍び寄ってきているが、伊豆半島、そして海に近いということもあるのだろう。まだまだ冬は遠いようだ。半日徒歩旅行の距離圏としてはギリギリかとも思ったが、この季節感を感じられただけでも来た意味はあった。

今日の旅はここから西へ。絵に描いたような火山形状を見せる大室山、隣接する『伊豆シャボテン動物公園』、そしてそこからさらに伊豆の瞳とも呼ばれる一碧湖を目指す。

富戸駅の小さな改札を抜け、踏切を渡って伊豆急線の西側へ出る。方角的には、ここからほぼ真西に向かって歩いていけば大室山に出るはずだ。細い道を辿って少しずつ標高を稼いでいく。周囲の畑に実ったミカンが、伊豆の温暖さをなおさら象徴しているようだ。

緑色の巨大なプリンにも見える大室山。別荘地の入り組んだ道を歩くなか、なかなかこの姿を見つけられずに難儀した（写真上）。山麓まで辿り着きさえすれば、そこからはリフトでゴー！（写真左）

やがて国道135号線に出る。東伊豆の幹線だけあってクルマの往来が多い。ただそのぶん、国道沿いには回転寿司屋をはじめ飲食店が軒を連ねているので、昼前から歩きはじめた向きはこのあたりでランチもいいだろう。

135号線から先は、なるべく細い道を辿って徒歩旅行気分を醸し出そうと思ったのが失敗のもと。東伊豆は別荘地が多く、細かな道がクモの巣のように張り巡らされていてわかりにくいことこのうえない。別荘地をうろうろし、ときには地元のご婦人に道を尋ね、ようやく大室山が見えたときにはホッとする。

山腹を少し回りこむようにリフト乗り

場へ。リフト?ここまで歩いてきたのにリフト?と思われるかもしれないが、実はこの大室山、リフト以外の方法で登ることが許されていない山なのだ。しかたがないのだ。といいつつも実はこれが楽しみだった。

大室山の標高は５８０ｍ。独立峰でその姿は秀麗だ。年に一度、山焼きをしているので樹木が生い茂らず、山容をそのまま見渡せる。地学的にはスコリア丘と呼ばれる円錐台状の山容は、国の天然記念物にも指定されていることもあって徒歩登山が禁止らしい。強風時はリフトも運休になるそうで、そうなると誰も登れなくなってしまうわけか。

そんな難峰?もリフトに乗ればわずか6分で山頂の縁へ。20分ほどで山頂をぐるりと回るお鉢巡りも整備されている。ここを歩きながら海を臨めば目の前には伊豆大島がどすんと鎮座。空気が澄んでいる日にはほかにも伊豆諸島が数多く遠望できるとのこと。

いっぽうの火口側はとのぞいてみると、なにやら競技をしている人の姿が。聞けばこちらはアーチェリー場だそうで、たしかにお鉢の底

大室山の山頂に到着すれば、そこからは縁をぐるりと回ってお鉢巡りを楽しめる。天気がよければ伊豆諸島から三浦半島、房総半島までを一望できる

なら風の影響を受けにくいだろう。

大室山からは向かいの伊豆シャボテン動物公園へ。この施設、僕が子どものころは『伊豆シャボテン公園』と名乗っていたような気がしたけれど、調べたら2016（平成28）年に改称していた。まあ、時代の要請に応じていろいろ変化は必要なのだろう。それでもサボテンではなく「シャボテン」という古名を残しているのは心意気だろうか。

ここではその名の通り、世界各地のサボテンをはじめカピバラやカワウソ、ハシビロコウなど昨今人気の動物が飼育され、家族連れで賑わっている。クジャクやリスザルなどは園内に放し飼いにされていて、一瞬脱走か？と勘違いしてしまった。

ここで僕のようなオールドファンが見逃せないのは「荒原竜の像」だ。これは初代ウルトラマンの『恐怖のルート87』という話に登場した、高原竜ヒドラのモチーフになった像で、この公園もロケ地として使われている。作中、公募でこの像のデザインを描いた少年がトラックにひき逃げをされて死んでしまう。その怒り、悲しみによるものか、大室山より高原竜ヒドラが現れてトラックを襲い始めるというものだった。世に「交通戦争」という言葉が生まれた時代だ。あのとき、たしかウルトラマンはヒドラを倒さなかった。

そんな童心に還った勢いで一碧湖へ。一碧湖は周囲を森に囲まれたこぢんまりとした湖だ。湖畔の遊歩道は1時間ほどで一周できる。

実はこの湖の名前も子ども心に焼きついたもの。今では日本中で厄介者扱いの外来魚のブルーギルが、日本で初めて移入されたのがこの湖だったのだ。ここのブルーギルと芦ノ湖のブラックバス。当時の釣り少年にとっては希少魚として憧

伊豆シャボテン動物公園にある荒原竜の像。よーく見ると頭や翼にはハトがビッシリ留まっている。寄らば大樹の陰、のつもりなのかもしれないが、密集恐怖症の人にはなかなかツライ光景だ

どこか神秘的な雰囲気を漂わせる一碧湖。その成因には諸説あるが、10万年以上前に起きたマグマの水蒸気爆発によってできたというのが現在の主流らしい

れの存在だった。今、湖畔をのぞき込めば目立つのは大きなニシキゴイばかりだが、当時のブルーギルの子孫たちも、きっとこの湖のどこかで暮らしているのだろう。

DATA

⊙モデルプラン：伊豆急行富戸駅→大室山→伊豆シャボテン動物公園→一碧湖→伊東駅
⊙歩行距離：約10km
⊙歩行時間：約3時間半
⊙アクセス：起点の富戸駅へは東京駅からJR快速アクティーで熱海駅へ、さらにJR伊東線、伊豆急線で富戸駅へ約2時間50分。一碧湖からはバスで終点の伊東駅まで約30分。そこからは伊東線を熱海で乗り継ぎ、快速アクティーで東京駅まで約2時間20分
⊙立ち寄りスポット情報：大室山リフト＝℡0557-51-0258。9:00～17:15(10月～2月は～16:15)。伊豆シャボテン動物公園＝伊東市富戸1317-13。℡0557-51-1111。9:30～17:00(季節により変更あり)。無休。一碧湖＝伊東市吉田815-360
(2019年10月探訪)

八高線と児玉と塙保己一《はちこうせんとこだまと はなわほきいち》

ヘレン・ケラーも憧れた、あの傑物の足跡を辿って

塙保己一

埼玉県

塙保己一。江戸時代の国学者で『群書類従』の編纂者でもある。彼の出生地は埼玉県の児玉町（現在は本庄市と合併）で、そこには記念館もある。彼の名を知ったのは、高校の日本史の授業だったが、そのときは暗記するぐらいで、さほど気にもならなかった。

しかし後に少しずつ彼を知るにつれて、その仕事ぶりに驚嘆。それに加えてもうひとつの気になりスポットを児玉に発見。なればもう行かぬわけにはいかないではないか。

児玉は埼玉県の北端、群馬県高崎にほど近い。とすると新幹線で高崎へ、そこから戻るというのがセオリーかとも思うが、ここでしばし考える。児玉駅があるのはJR八高線。八王子と高崎を結ぶ関東地方有数の大ローカル線だ。なかなか利用する機会はないが、こんなときこそ乗ってみよう。効率ばかりを追及すると、旅はえてして味気なくなる。

JR中央線八王子駅から八高線に乗ってのんびりと北上。車窓には住宅、畑、林が広がり、関東平野の原風景を見ているようだ。途中、高麗川駅で乗り換えると、そこから先は非電化区間なのでディーゼルカー。一見、ポツンと孤立したローカル線に思えた八高線も、実際に乗ってみると途中で東武越生線や東上線、西武線、秩父鉄道などさまざまな路線と交じり合っており、これはこれで地元住民の貴重な動脈なのだと実感する。

そんなことを考えているうちに児玉駅へ到着。まずは当初の目的である塙保己一記念館へ。駅から数分で辿りついたそこは、モダンな印象をもつ真新しい建物だった。聞けば2015（平成27）年にリニューアルしたのだとか。入場無料の館内には、塙保己一由来の書状や愛用した日用品が展示、もちろん『群書類従』そのものも展示されている。

そもそも『群書類従』とはなにか。これは彼が生きていた時代に各地に散逸していた文学や歴史に関する書籍を収集、それを版木に移植して木板・和綴じの本として出版したもので、いわば全集的な存在だ。その総数はなんと1273点。なかには『枕草子』や『竹とりの翁物語』など、僕たちに馴染み深いものも。かといって彼がそんなビッグヒットだけを狙ったのかといえば、そうではない。彼の時代においてすら原本が希少になっているものを優先させたのだという。その後原本は紛失してしまい、今日『群書類従』において

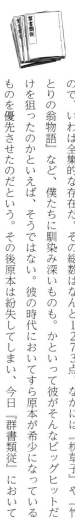

児玉にある『塙保己一記念館』。この地に生まれた塙保己一は視力を失いつつも、散逸しつつある各種文献を収集、編纂した。ここには『群書類従』も所蔵されている

のみ閲覧できるものも少なからずあるそうだ。彼の職業は、現代でいえば編集者であり、出版社、印刷所、製本所でもあったのだろう。

さらに彼の偉大なところは、7歳のときに病で視力を失ってなおこの編纂を成したこと。「奇跡の人」ことヘレン・ケラーにとって、塙保己一は憧れの存在だったという逸話もさもありなんである。ちなみに彼は、編纂作業にあたって使用する版木のフォーマットを統一。その文字組みこそが20字×20行。つまり、僕たちにもなじみ深い原稿用紙の原型は、彼によって作られたのであった。

児玉で訪ねたかったもうひとつの場所

児玉には『高窓の家』と呼ばれる、突き出し屋根がついた伝統的家屋が散見される。これは屋根裏の温度、湿度を調整するために有効な構造で、養蚕が盛んだったころの名残だ

は、成身院というお寺にある百体観音堂だ。これは内部の回廊をぐるぐると巡るようにお参りできる御堂で、途中で引き返すことなく入口に戻れる構造をしており、別名「さざえ堂」とも呼ばれる。

誰が唱えたのかは知らないが、実は「日本三大さざえ堂」というものがあり、ここもそのひとつに数えられている。残るふたつ、会津若松市の円通三匝《さんそう》堂、群馬県太田市の曹源寺本堂はすでに訪れているので、これによってコンプリートとなるのだ。

堂内にはひんやりとした空気が漂う。壁沿いにはずらりと観音様が並んでいる。順路にしたがって時計回りに歩くと、一

『日本三大さざえ堂』のひとつに数えられる、成身院の百体観音堂。正面ではなく向かって右手に入口があり、そこからグルグルと時計回りに渦を巻くように3階へと進んでいく

周したところで2階へ上がる急角度の階段が。2階もぐるりと回遊するとさらに3階への階段が現れた。外からは2階建てに見えたが、内部は3階になっているのだった。3階を回り終えると、登ってきたのとは別階段があり、それを下ると入口に戻る仕組みになっている。冷静に考えればその構造は理解できるのだろうが、堂内が薄暗いことや、迷路的な順路とも相まって、不思議な気分で外へ出る。

さて、ここまで来たら南の榎峠を越えて秩父方面へ抜けようか。昔から児玉と秩父を結んだであろう、いにしえの峠道だ。今日、峠へは車道でも行けるが、登山道を行けば途中に「岩谷洞」と呼ばれる、江戸時代に開かれた念仏道場の洞穴があるそうだ。そこまでの参道は、登山道でありながら周囲には数多くの石仏が並び壮観だと聞く。日はまだ高い。昔の旅人気分で峠の向こうの集落を目指すことにしよう。

山中に黒い口を開けている「岩谷洞」。江戸時代には修行場だったそうだ。岩を削ってつくったと思しき階段が荒々しい。ここに至るまでの登山道にも、無数の石仏が奉納されている

DATA

⦿モデルプラン：JR八高線児玉駅→塙保己一記念館→成身院百体観音堂→岩谷洞→榎峠→秩父鉄道樋口駅
⦿歩行距離：約11km
⦿歩行時間：約4時間半
⦿アクセス：起点の児玉駅へは新宿から中央線八王子駅へ、そこから八高線に乗り継いで児玉駅まで約2時間45分。終点の樋口駅からは秩父鉄道で寄居駅へ。そこから東武東上線経由で池袋駅まで約2時間
⦿立ち寄りスポット情報：塙保己一記念館＝本庄市児玉町八幡山368アスピアこだま内。☎0495-72-6032。9:00〜16:30。月曜（祝日の場合翌日）、年末年始休。成身院＝本庄市児玉町小平661-2。☎0495-72-6742（本庄市観光農業センター）。10:00〜16:00。木休
（2019年6月探訪）

おおほりのわたしととねがわ

千葉県
茨城県

小堀の渡しと利根川

対岸に取り残された集落のために、今日も渡し船は運航するよ

以前、まったく別件で茨城の取手《とりで》を訪ねたときに、取手駅からほど近い利根川河畔に渡し船があるのを知った。そのときは時間の都合で乗ることはかなわなかったが、それ以来ずっと、その渡し船の存在が気になっていて、「いつか、あれに乗るためだけに取手に行こう」と思っていたのだが、ようやくそのときがやってきた。

しかしそうはいっても、目指したのは取手駅ではない。取手のふたつ手前にある我孫子《あびこ》駅。そこから分岐する成田線でふたつ目の湖北駅が起点だ。なぜそんな場所からスタートするのかといえば、理由は簡単。渡し船に乗って取手に到着したかったから。矢切の渡しのときもそうだったが、やはり渡し船は交通手段として利用したいのだ。そしてそんな、興味のない人から見たらどうでもいいこだわりのために、湖北駅から約1時間の徒歩旅行。

小堀の渡しの船着き場では粋な船頭が迎えてくれた。彼が立っている切り株は、2017（平成29）年の台風で折れてしまったヤナギだとか。「いい日陰をつくってくれていたのに……」と残念そうだった

湖北駅から歩きだし、一度交通量の多い車道を渡ってしまえば、そこからは枝分かれする細い道を選びながら利根川を目指す。基本は北へ向かって歩けばオーケーなのだが、あまり東側へ反れると船着き場が遠くなるし、逆に西側に反れると、今度は古利根沼に行く手を遮られる。無事に船着き場に近い利根川土手に出て、そこに「運航中」と書かれた幟《のぼり》が立てられていれば万事順調。ちなみ集中豪雨の後など、利根川が増水しているときは欠航もありうるので事前チェックも大切だ。

船着き場に着いたときは出航10分前とあって船はもう到着しており、桟橋ではいなせな船頭さんが迎えてくれた。ちな

みに「小堀の渡し」の小堀というのは、今いる集落の地名。小堀と書いて「おおほり」と読むのだそうだ。なんでそんなややこしい読みかたに？　と船頭さんに尋ねてみると、あくまでも自分も親方に聞いた話だがと断りを入れたうえでこう教えてくれた。

「このあたりはね、昔から利根川が溢れるとそのあとに小さな掘がいくつも残ったらしいんだ。その小さな掘のことを地元では『おっぽり』と呼び、それが転じて『おおほり』になったようだね」

そんな話をしているうちに出航時刻。渡し賃２００円也を支払い（小堀地区住民は無料）、ライフジャケットを着用していざ出航だ。天気晴朗、風もなく絶好のクルーズ日和。空は青く川は広い。いやあ、気持ちいいなあと開放的な気分になる間もなく、ひとつ目の船着き場に到着。わずか数分の距離である。この小堀の渡しは、僕が乗ってきた右岸にひとつ、左岸にふたつの船着き場があり、そこを三角形を描くように就航している。「取手緑地公園駐車場前」という『こちかめ』のタイトルのように長い名前のその船着き場では10分停船とのことなので、一度下船して周囲を散歩。

そもそもここになんで渡し船ができたのかというと、そこには深い事情があった。船が出発した小堀は利根川をはさんで千葉県側にありながら、行政上は茨城県なのだそうだ。

甲板からの眺め。手前の小さなスペースは、船頭が「一等船室でございます」と笑いながら案内してくれた室内席。晴天の日はともかく、雨が降っているときは頼りになりそうだ

過去には小堀の背後にひかえる古利根沼が本来の利根川の流路だったのだが、前述のごとく洪水が頻発。そのため河川改修を行って利根川は今の流路となり、それによって小堀は千葉県側に取り残されてしまったのだ。かといって茨城県民である住民は対岸の学校や病院にも行かねばならず、そのためにこの渡し船は誕生したというわけ。運航開始してからすでに100年以上の歴史があるそうだ。

船は再び出航。次は終着桟橋である「取手ふれあい桟橋」。JR常磐線が利根川を渡る陸橋の下に位置する。到着した桟橋は四隅に巨大な鉄柱が打たれたものものしい造り。聞けばこの桟橋は半可動

やがて渡し船は終着の「取手ふれあい桟橋」に到着。四隅に巨大な柱が打たれたこの桟橋は、利根川が増水したときにも、それに対応して自動的に高さが変わるらしい

式で、たとえ増水しても、鉄柱に支えられて同じ場所で上下動できるそうだ。

この渡し船自体はもちろん、小堀集落のありかた、そしてこの桟橋と、よくも悪くも川辺の人々は川とは切っても切れない生活をしているのだなあと、再認識させてもらえた小さな船旅だった。

DATA

⦿モデルプラン：JR成田線湖北駅→小堀の渡し船着き場→取手ふれあい桟橋→JR常磐線取手駅
⦿歩行距離：約3.5km
⦿歩行時間：約1時間半
⦿アクセス：起点の湖北駅へは、上野駅から常磐線で我孫子駅まで約30分、成田線に乗り継いで約10分。終点の取手駅からは常磐線で上野駅まで約40分
⦿立ち寄りスポット情報：小堀の渡し＝℡0297-74-2141（取手市役所）。小堀発は9:00～16:00まで毎正時（12:00はなし）。水曜、年末年始、荒天時運休
（2018年2月探訪）

【それから】小堀の渡しには2020（令和2）年に三代目の新船「とりで号」が就航。つまりここの渡し船は当分安泰ということだろう

第3章

自然と里山を満喫する徒歩旅行

東京近郊にも残る豊かな自然、そしてそんな土地で暮らしてきた人々の暮らし。自然と人とが織りなす調和のなかを徘徊してみよう。

和田峠を越えて辿り着いた佐野川の集落では、そこかしこに白壁の蔵が目についた。ここはお茶の名産地。物流が今ほど便利になる前は、収穫したお茶をここに保存したのだろうか

国立天文台と神代植物公園

こくりつてんもんだいと
じんだいしょくぶつこうえん

宇宙の壮大なスケールと、植物の多様性をくらべる旅へ

東京都

子どものころから図鑑が好きで、本棚にはボロボロになって本の体裁をなさなくなった図鑑が何冊も並んでいた。なかでもボロボロ具合がひどかったのが植物図鑑と天文図鑑。植物図鑑は身近に生えている植物の素性を知ることができるのがうれしかったし、天文図鑑は、宇宙への憧れから図鑑に描かれた星々の絵を模写して、それでお手製の『宇宙の星カード』を作ったりもしていた。そんな僕にとって天文台と植物園をハシゴできる今回の徒歩旅行は、人並みならぬワクワク感にあふれるコースだ。

起点はJR中央線の武蔵境駅。駅から延びる「かえで通り」をまっすぐ南下していく。交通量の多い道だが、車道と歩道、そして自転車道もしっかり分離されていて歩きやすい。東八道路にぶつかったら右折して、そのまま天文台通りへ入ってもよいが、車道歩きも

ちょっと飽きたので、天文台通りと併走している手前の細い道を左へ。すると風景は一変。住宅街と畑がモザイクのように混在した街並みが続く。

地図を眺めながら、このへんだろうとあたりをつけて右に曲がってみると、正解。国立天文台の正面に飛び出した。緑に埋もれるように立つ正門。そしてその脇に建つ木造三角屋根の守衛室が歴史を感じさせる。

ありがたいことに見学は無料だ。守衛室で申し込みをすると見学者用のワッペンをくれるので、それをわかりやすいところに張っていざ天文台へ。

天文台といっても、ただ単に例のドーム型をした建物がポツンとあるわけではない。広い敷地内には、世界最先端の観測施設が整備されており、まさに日本の天文観測の中枢ともいえる場所なのだ。もちろんそのすべてを一般人が見学できるわけではないが、それでも見学可能な場所については僕たちにもわかりやすく解説をしてくれている。

まず向かったのは天文台最古の建造物にして、国の登録有形文化財にも指定されている「第一赤道儀室」。天文台のイメージそのままの形をしたこれは1914（大正3）年に完成、太陽黒点の観測に活躍したものだそう。ちなみに内部にある望遠鏡はドイツのカール・ツァイス製！　カール・ツァイスという響きにわけもなくグッとくるのは、僕だけか。

天文台といえばこのドーム状の建物が象徴的だ。1921（大正10）年に建設された第一赤道儀室は、口径20cmのカール・ツァイス製望遠鏡を内蔵し、60年にわたり太陽の黒点観測を行った

そこからは太陽系ウォークと呼ばれる、実際の太陽系の惑星間距離を140億分の1に縮尺、歩くことでその距離感を実感できる小径を通り、アインシュタイン塔と呼ばれる塔状の観測施設や、最新の観測結果がまとめられている展示室を巡っていく。132億光年先の銀河だとか、人間の視力に換算すると視力6000に匹敵する解像度を持った望遠鏡とか、あまりにも現実離れしたスケールに圧倒される。宇宙は好きだったけれど、そちら方面の仕事に就かなかったのは正解だった。そもそもそんな理系脳もないけど。

国立天文台を後にして、次は神代植物公園へ。この間は歩いて15分ほどの距離だが、こまごまとした住宅街を抜けるとあってちょっと迷いやすい。僕も道を少し行きすぎてしまい、地元の老夫婦に正しい道順を教えてもらった。

神代植物公園は、もともとは都内に植える街路樹などを育てるための苗園だったものを、1961（昭和36）年に唯一の都営植物公園として開園。園内には、バラ園やツツジ園、シャクナゲ園など、多種多様な植物がブロックごとに植えられている。お目当ての花があるのなら、開花状況を確認しておくのがお勧めだ。

今回僕が目指したのは、2016（平成28）年にリニューアルオープンしたばかりの大温室。ここには熱帯植物や食虫

なんというか、この怪獣的な姿が多肉植物やサボテンの魅力のひとつでもある。とくに写真左の植物は、「キソウテンガイ」というまさに奇想天外な標準和名をもつことで知られている

植物、多肉植物などが数多く育てられており、その異形ともいえる姿には目が釘づけだ。地球にはこんなにも多彩な植物がいるのか。先ほど国立天文台では宇宙における地球のちっぽけさを痛感したばかりだというのに、今度はそのちっぽけな地球にはこんなにも多くの植物が生きているというギャップに衝撃を受ける。

もうマクロだかミクロだかわからない状態でちょっと頭が混乱してくるが、そんなときでも腹は減る。神代植物公園から深大寺へ向かって、名物の蕎麦をいただくことにしよう。ダンドリのよいことに、神代植物公園には深大寺門と呼ばれる出口があり、そこから出るとすぐ目の

季節の花や温室だけでなく、広い雑木林を有するのも神代植物公園の魅力のひとつ。コナラやクヌギなどの森を抜けて、隣接する古刹·深大寺へ抜けることができる

奈良時代に開創されたと伝えられる深大寺。毎年3月に行われる「だるま市」には多くの人が訪れるほか、門前の店が供する深大寺そばも有名。神代植物公園も、もともとは深大寺の寺領だった

前が深大寺なのだ。

門前に並ぶ店の一軒に入り、まずは蕎麦を食べたうえでお参りへ。門前の店は閉まるのが早いので、この順番は間違ってない。深大寺は厄除け祈願でも知られている。ここからは三鷹通りを南下すれば、京王線布田駅まで30分ほどだ。

DATA

⦿モデルプラン：JR中央線武蔵境駅→国立天文台→神代植物公園→深大寺→京王線布田駅
⦿歩行距離：約9km
⦿歩行時間：約3時間
⦿アクセス：起点の武蔵境駅へは中央線快速で新宿駅より約22分。終点の布田駅からは、京王線を途中で急行に乗り換えて新宿駅へ約30分
⦿立ち寄りスポット情報：国立天文台＝三鷹市大沢2-21-1。☎0422-34-3600。10:00～17:00。年末年始休。神代植物公園＝調布市深大寺。☎042-483-2300。9:30～17:00。月曜（祝日の場合翌日）、年末年始休
（2018年4月探訪）

八国山緑地《はちこくやまりょくち》

ジブリアニメの原点ともいえる、小さな里山を訪ね歩く

東京都
埼玉県

『となりのトトロ』といえば、いわずと知れたジブリアニメの代表作。昭和30年代の日本の農村を舞台に、そこへ越してきたふたりの姉妹と「おばけ」との出会いと交流を描いた作品だ。この作品に登場する場所のモデルのひとつが、東京都と埼玉県の県境に位置する狭山丘陵周辺というのはよく知られている。なかでも八国山緑地はアクセスもよく、天気のよい午後にふらりと訪ねてみるのにぴったりだ。都心からほど近いこんな場所に、かくも深い雑木林が残されていることに驚くだろう。

出発は西武新宿線の東村山駅。駅の東口を出たら、まずは西武新宿線の線路からつかず離れずに北へ辿っていく。このとき通る道が、細いながらも緩やかにうねるように延びていて、なかなか趣のある道だなと思ったら看板を発見。なんと鎌倉街道の一部なのだそう

ありふれた住宅街の脇から細い小径に入っていくと、周囲はいきなり静かな雑木林に変わる。地元の人だろうか、ときどき散歩中の年輩のかたとすれ違い、挨拶を交わす

だ。鎌倉街道と呼ばれる古道、関東各地に見られるので不思議に思っていたのだが、実際にいくつも存在したようで、東国の各地から「いざ鎌倉!」と、板東武者が馳せ参じた道を総称してこう呼んでいるのだった。

やがて丁字路に突き当たったらそこを左へ。線路を渡って住宅街を抜けると道はいよいよ八国山緑地の山道となる。入口の直前には「久《く》米《め》川《がわ》古戦場跡」の石碑があり、これぞまさに新田義貞が鎌倉を目指して戦い進んだ史跡だ。

住宅脇からすぐに東京都と埼玉県を隔てる尾根道に入る。しばらくは登りが続くが、たいしたことはない。それよりも目を奪われるのは周囲の雑木林だ。新宿から40分ほどで着くバリバリのベッドタウンに、よくぞこれだけの緑が残っていたものだ。実際のところ、埼玉県側は尾根道のかなり近くまで住宅街が延びているのだが、ギリギリで食い止めた印象だ。周囲に生い茂る樹木はクヌギをはじめとする広葉落葉樹が多く、夏になればクワガタやカブトムシもいるだろう。それを証明するかのように木々の腰あたりが泥で汚れている。これはきっと、近所の子どもたちが樹上のクワガタを落とすために蹴飛ばしてついた跡に違いない。ハイ、僕も子どものころよくやりました。

尾根伝いから一度斜面を南へ向かうと、突然日差しが降り注ぐ広場が現れた。ここは「ほっこり広場」と呼ばれていて、森のなかの絶好の休憩ポイントになっている。ベンチ以外には余計な人工物がなにもないのもいい。こんなところでお弁当でも食べていたら、それこそ木陰からトトロが顔を出しそうだ。

ここからさらに下った斜面に建っている新山手病院、東白十字病院は、『となりのトトロ』の主役、さつきとメイのお母さんが入院していた七国山（！）病院のモデルになったといわれている。もちろん現在では近代的な建物になっているけれど。ちなみに八国山という名前の由来は、上野、下野、常陸、安房、相模、駿河、信濃、甲斐という八カ国を望める

尾根道から下っていくと、突然開けた場所に飛び出した。ここは「ほっこり広場」と呼ばれる場所で、樹木に囲まれた原っぱ。テーブルとベンチも用意されているので、ランチにも最適だろう

ほど眺望がよかったことから名づけられたらしい。

このあたりからはいくつもの道が錯綜しているが、あまり細かいことは気にせずに自由に歩いてみる。万が一迷ったところで、下っていけばすぐに住宅街に出るのだ。

周囲からはさまざまな野鳥の声が聞こえてくる。新緑の季節だったので、緑に隠れてその姿はあまり見ることができなかったが、ここにはコゲラ、アカハラ、ツグミ、シメなどが生息しているらしい。野鳥にくわしい人なら鳴き声だけでいろいろ判別できるんだろうな。残念ながら僕にわかったのは、「チョットコイ、チ

八国山緑地には池もいくつかあって、季節によっては周囲に湿性植物が育っている。見ている間にもさまざまな野鳥が飛来し、近くではトンボが産卵していた

ヨットコイ」のコジュケイだけだったけれど。

ここから、ちょっとした湿原を思わせる「ふたつ池」や、思わず寝そべりたくなる「ころころ広場」を抜けると、やがて八国山緑地の西側出口に至る。そこから西武西武園線の終着駅・西武園駅まではすぐの距離だ。電車に乗れば、ひと駅でスタートした東村山駅へ戻ることができる。

ここまで来たのならもう少し『となりのトトロ』的な出会いもしてみたかったなと思いつつ駅に向かったところ、どうやらこの日は西武園競輪の開催日だったようで、ぞろぞろと現れたのは、さつき

ひときわ鳥の大きな鳴き声が聞こえたので、そっとのぞいてみると、あまり見たことのない鳥がいた。帰宅後に図鑑で調べたところ、ガビチョウと判明。特定外来生物に指定されている鳥だった

やメイが見つけた「まっくろくろすけ」ではなく、ギャンブルでスッカラカンになったと思われる苦虫顔のおじさん軍団だった。

まあ、こちらも子どもではなく立派なおじさんなので、これはこれでしかたあるまい。

DATA

⦿モデルプラン：西武新宿線東村山駅→久米川古戦場跡→八国山緑地→西武西武園線西武園駅
⦿歩行距離：約5km
⦿歩行時間：約2時間
⦿アクセス：起点の東村山駅へは西武新宿線急行で高田馬場または西武新宿駅より約30分。終点の西武園駅からは、東村山駅で急行に乗り換えて高田馬場駅へ約35分
⦿立ち寄りスポット情報：八国山緑地＝東村山市諏訪町2～3、多摩湖町4。☏042-393-0154
（2018年4月探訪）

勝沼のブドウ畑

かつぬまのぶどうばたけ

山梨県

一面緑色に輝く丘陵地帯を抜けるカントリーウォーク

新宿を出発した中央本線が甲斐大和駅を過ぎ、トンネルを抜けると眼下には緩やかにうねる緑の丘陵地帯が広がっていた。太陽光を反射してキラキラと輝くそのさまは、一瞬、田んぼ？と勘違いしてしまいそうだが、もちろんそんな斜めの田んぼがあるわけはなく、それらはみんなブドウ畑なのだった。あのブドウ畑のなかをのんびりと歩いてみたい。この徒歩旅行はそんな思いつきから始まった。

起点となるのは中央本線の勝沼ぶどう郷駅。そのままずばりの駅名だ。ここは、もともとはシンプルに勝沼という駅だったが、１９９３（平成５）年に「名は体を表す」ためかどうかはわからないが現在の駅名に変更になった。

駅を出たら、まずは線路沿いに甲斐大和方面へ戻るように歩いてみよう。この駅は

数年前までは歩いて通ることができた大日影トンネル。全長1367mに及ぶ長いトンネルで、南側を出た先にはトンネルを転用してつくったワインカーヴもある

1968（昭和43）年までスイッチバックを備えた駅だったのだが、線路際には今も当時の遺構が残されている。

奥にある細い階段を登ると眼前に大きなトンネルが現れる。これは大日影トンネルと呼ばれ、1997（平成9）年、隣りに新大日影第二トンネルが開通したことで役目を終えた。実はこのトンネル、以前は遊歩道として整備され、トンネルの向こう側まで歩くことができたのだが、その後経年劣化が指摘されて、現在は入れなくなっている。鉄道のトンネルを歩くというのはなかなか新鮮な経験だけに、できるだけ早い再開を期待したい。

トンネル入口の手前に延びる道を入る

高台から遠くに目をやれば、彼方まで緑のじゅうたんのように広がるブドウ畑が見渡せ、その向こうには、雄大な南アルプスの山々がうっすらと視認できた

と、周囲にはいきなりブドウ畑が広がる。季節は初夏とあって、ブドウの葉っぱの新緑が美しい。元気よく伸びるブドウのツルが道端にまで広がっている。この道はすぐにフルーツラインと呼ばれるクルマや自転車で快適に飛ばしたくなるような舗装路にぶつかるのだが、心配無用。そのフルーツラインを縫うように細い農道が続いており、それを辿りながら古刹・大善寺まで歩くことができる。周囲は思い描いていた通り、一面のブドウ畑。高台からは広がる甲府盆地、そして天気がよければその向こうに聳える南アルプスの峰々も一望できる。唯一、フルーツラインを横断するときだけはクルマに気を

まだ小粒ながらも畑にはすでにブドウがしっかり実をつけていた。
僕にはどれも同じに見えたが、実際には生食用からワイン用まで、
何種類ものブドウが育てられている

つけよう。

大善寺は行基上人によって創設されたといわれる歴史あるお寺で、甲斐武田氏の庇護を受けたことでも知られている。数々の重要文化財も安置されているので、興味ある人は立ち寄ってみたい。

大善寺からは車道の反対側に渡って再びブドウ畑へ。途中、太郎橋で谷深い日川を渡り、清浄な水が流れる用水路とブドウ畑にはさまれた畦道を辿って、国道20号をガードでくぐる。趣のある小径があったので思わずカメラを向けていると、ブドウ畑で作業中だったおばあちゃんがいきなり「あらあら、写真ですか。ご苦労さまですねえ」と声をかけてきた。農

作業中のおばあちゃんのほうがよっぽどご苦労さまだと思うのだが、それはさておき、せっかくなのでブドウ畑について少し話を聞かせていただく。

「今の作業？　季節としてはもう剪定は終わっていて、伸びてきたツルを支柱に誘引させているの。これがステューベンという品種でとにかく甘いのね。こっちはベリーAで、それは甲州。どっちもワイン用。とくに甲州は、最近海外からも引き合いが多くて、品薄なんだって！」

おばあちゃんもワインを飲むのか尋ねると、「まあ、少しね」と恥ずかしそうに笑う。これは相当いける口とみたぞ。

「今度は9月に来てみて。そうしたらブドウをあげるから」というおばあちゃんにお礼をいって、再び歩き始める。

小径はやがて車道にぶつかり、そこからは祝橋を渡って甲州街道へ。ここからはどの道を通ってもずんずんと北上していけば、やがて勝沼ぶどう郷駅へ至るのだが、最後にもうひと頑張りして複合施設『ぶどうの丘』を目指そう。ここはその名の通り丘の上に位置し、最後の最後でこの登りはちょっと厳しいが、行けばすてきなご褒美が待っている。施設の地下に併設されているワインカーヴでは、タートヴァンと呼ばれる試飲用の容器を購入すれば、約200種類常備されている地元産のワインを自由に試飲できるのだ。自分の好みのものが見つかったら、上の階にあるショップで購入。酔い覚ましに駅までのんびり歩いて、電車に乗ったらあとは新宿まで爆睡。これにて勝沼の徒歩旅行、無事完結なり。

複合施設「ぶどうの丘」では、地元産のワインを思い切り試飲できる（写真上）。駅の近くには、駅名が「勝沼ぶどう郷」になる前の、「勝沼」時代の木製駅名標も保存されていた（写真下）

DATA

⦿モデルプラン：JR中央本線勝沼ぶどう郷駅→大日影トンネル→大善寺→ぶどうの丘→勝沼ぶどう郷駅
⦿歩行距離：約8km
⦿歩行時間：約3時間
⦿アクセス：起終点の勝沼ぶどう郷駅へは新宿駅から中央線快速で高尾へ、そこから中央本線に乗り継ぎ約2時間
⦿立ち寄りスポット情報：ぶどうの丘＝甲州市勝沼町菱山5093。☏0553-44-2111。ワインカーヴは9:00〜17:30。例年、1月第3週頃に1週間ほど休業
（2018年6月探訪）

【それから】通行が規制されていた大日影トンネルは2024（令和6）年3月24日に規制解除、再び通行が可能になった

子ノ権現《ねのごんげん》

足腰の健康に御利益ありの山寺で、徒歩旅行の安寧を祈る

埼玉県

徒歩旅行を愛する身としては、足腰の健康状態は気にかかる。年齢に応じて少しずつ体力が落ちつつあるのはやむをえないとはいえ、それでも少しでも歯止めはかけたい。そこで思いついたのが神頼み。奥武蔵の山中にある子ノ権現というお寺は足腰の守護に御利益ありと聞いて、ここぞとばかりに足を延ばした。

子ノ権現まではクルマでも行けるが、そこは足腰守護。最寄りの西武秩父線西吾野《にしあがの》駅から山道を歩いていきたい。とはいっても駅からたかだか1時間半ほどだ。駅から飯能方面に戻るように歩くと、15分ほどで右へ細い舗装路が分岐するのでそこを入る。

道沿いにはポツポツと古い家が散見するが、それがなくなると道も登山道に変わる。道は杉林のなかを少しずつ高度をあげていく。途中、若干傾斜がきついところもあるが、全

奥武蔵の山中にひっそりと建つ子ノ権現天龍寺。911（延喜11）年の創建。足腰の守護の神仏として知られ、スポーツ選手からハイカーまで、足腰勝負の人の信仰を集めている

体として緩やかな登り坂。もうそろそろかというところで、別方面から上がってきた舗装路に合流するので、そこからはそれを辿れば子ノ権現に到着だ。

立派な山門をくぐれば小規模ながら参道には売店も並び、最近ではほとんど見かけなくなった三角ペナントなども並んでいて、昭和生まれの心をわしづかみにする。

境内に入るとまず目に入るのが、重さ2トンともいわれる巨大な鉄のワラジ。これは御利益がありそうだ。また絵馬の代わりに、かわいらしいワラジを掛けるのもおもしろい。僕もここぞとばかりに、いつもよりお賽銭をちょっとだけ奮発。

子ノ権現を後にしたら、来るときに歩いた舗装路に戻り、すぐに現れる「吾野駅方面」の指導標に従って再び登山道へ。この登山道は往路にくらべるとやや傾斜が強いが、それほど長くは続かないので、あせらずじっくりと下ろう。

30分ほど歩くと下山口。そしてそこには一軒の茶屋が現れるので、本日のご褒美としてここでゆっくり大休止。浅見茶屋というこの茶屋の建物は、1855（安政2）年に建てられたものをそのまま今も用いているそうで、雰囲気は抜群だ。安政2年といえば今から160年以上も昔のこと。当時、江戸では桜田門外の変で井伊直弼が暗殺されたり、ペリーが来航したりと大騒ぎだったころだ。それから30年の後には、この奥武蔵の先、秩父で日本初の民主革命といわれる秩父事件が起きている。

昔は障子や襖で部屋分けされていたと思われる店内は、それらを取っ払って開放的な雰囲気だ。最近ではあまり見なくなった格子ガラスの窓が趣深い。名物は手打ちうどんとのことなので、肉汁釜揚げうどんを注文。

ここから先は車道が通っているとあって、ドライブのついでに寄っていると思われるお客さんも多い。やがて運ばれてきたうどんは、コシというよりはもはや歯ごたえといったほうが伝わりやすいのではと思うくらいしっかりとしたもの。噛むごとに小麦の香りが口

子ノ権現から吾野方面へ降りてくると、登山道が切れたところで現れるのがこの浅見茶屋。ここからは舗装道を歩くだけというダンドリ的立地のよさに、ついつい寄りたくなってしまう

西吾野から登山道に入ってしばらくしたところで出会った珍しいお地蔵様。六角柱のそれぞれの面にお地蔵様が彫られており、「六角地蔵尊」と呼ぶらしい。「宝暦」の文字がかすかに読めた

に広がる。足腰の願かけもすませ、美味しいものも食べ、なんだか妙に幸せな気分になり、思わず「ビール！」と声をかけそうになったが、よく考えたらここからゴールの吾野駅までは、まだ1時間半の車道歩きがあるのであった。自重自重と、まさにお茶でお茶を濁した。

DATA

⦿**モデルプラン**：西武秩父線西吾野駅→子ノ権現→浅見茶屋→西武秩父線西吾野駅
⦿**歩行距離**：約8km
⦿**歩行時間**：約3時間
⦿**アクセス**：起点の西吾野駅へは池袋駅から西武池袋線、西部秩父線を乗り継いで約1時間25分。終点の吾野駅から池袋駅までは約1時間20分
⦿**立ち寄りスポット情報**：子ノ権現＝飯能市大字南461。✆042-978-0050。浅見茶屋＝飯能市大字坂石1050。✆042-978-0789。11:00～14:00頃。日～水曜休
（2017年11月探訪）

弘法山《こうぼうやま》

ピクニック気分の山歩きに最適な、弘法大師由来のプチ三山

神奈川県

ちょっとだけ山を歩きたい、というときがある。どこか展望のよい尾根で、ピクニック気分でお弁当を広げたい。この弘法山はそんなときにうってつけだ。

起点となるのは小田急線の秦野《はだの》駅。駅を出ると目の前に大山《おおやま》の秀麗な山容が見える。神奈川県民の心の山ともいえるお馴染みの山だが、半日ではそれでさえちょっとハードルが高い。大山からズズッと視線を東に移せば、目に入ってくるのはこんもりと緑に覆われた小さな小さな山。それが弘法山だ。駅前を流れる水無川に沿って登山口を目指そう。途中、道をちょっとそれると「弘法の清水」と呼ばれる湧水があるので、そこで地下深くから湧いてくる冷たい水を水筒につめていくのもいいだろう。

登山道はいきなり階段状の道から始まる。この手の道を歩くとき、毎度「いったいこの

浅間山の山頂から秦野の町を振り返る。建物が建ち並ぶ市街地の向こうには丹沢山塊が迫っており、さらにその先には富士山が想像以上の大きさで聳えている

階段のピッチは誰の足の長さに合わせているんだろう」と愚痴りたくなるが、ここもその例にもれず、階段通りに歩けばけっこう脚に負荷がかかるし、二歩に分けて歩くにはピッチが短い。まあ、自然環境のなかに作っているのだから、駅の階段のようなわけにはいかないのだろう。

　そんな階段道を九十九折りに登っていくと、約20分でひとつ目の山である浅間《せんげん》山山頂に到着だ。そう、弘法山は単独の山ではなく、浅間山、権現山、そして弘法山という三つのピークを持つ山なのだ。浅間山の頂上からは、その名前に相応しく、天気がよければ富士山の雄大な姿を拝むことができる。

浅間山からは、樹木に囲まれた尾根状の道を行く。途中、鞍部を抜ける車道を渡るのがちょっと興ざめだが、市街地に近い環境なので、それもやむを得ないだろう。鞍部から少し登り返せば二つ目の山、権現山だ。浅間山からは10分ほどか。権現山頂上には立派な展望台があり、天候次第では、遠くに伊豆大島を望むこともできる。丹沢山塊が意外と海に近いことを知る一瞬だ。周辺はバードサンクチュアリにも指定されており、野鳥の水飲み場、そしてそれを観察するための観察小屋も設けられている。

権現山からは、尾根上にいきなりクルマも通れそうな広い道が延びていてちょっとびっくり。自動車は入ってこられない場所なのに、なんでこんな道が。実はこの道は、昔、在郷の農民たちが草競馬を楽しむためにつくられたのだとか。現在も「馬場道《ばばみち》」の名で親しまれ、春には桜の名所でもあるそうだ。

馬場道をしばらく辿ったところで、いよいよ弘法山への分岐が現れる。ここをエイヤと登りきれば山頂だ。これにて弘法山三山に無事完登。権現山からは15分ほどの距離だ。弘法山はその名の通り、弘法大師が修行をした場としても知られ、山頂には釈迦堂が建つほか、「乳の井戸」と呼ばれる井戸もあり、ハイカーの喉を潤してくれている。

山頂からは、先ほどの分岐まで戻って尾根の北に下ると、「めんようの里」という羊の

弘法山から北側に下ったところには「めんようの里」と呼ばれる施設があり、道沿いにヒツジの放牧場が広がっている。「ザ・草食」とでもいうべきこの表情に、こちらの顔も思わずゆるむ

放牧施設があり、のんびりと草をはむ羊たちの姿を眺めることができる。羊ってどうしてこうも和むのか。あ、隣にはジンギスカンを楽しめるレストランもあるので、食欲が先に立つ人はそちらへ寄るのもよい。そこからは、山麓を回り込むように車道を歩いて秦野駅を目指そう。

DATA

⊙モデルプラン：小田急小田原線秦野駅→弘法の清水→浅間山→権現山→弘法山→秦野駅
⊙歩行距離：約7.5km
⊙歩行時間：約2時間半
⊙アクセス：起終点の秦野駅へは新宿駅から小田急線急行で約1時間10分
⊙立ち寄りスポット情報：弘法の清水に代表される秦野盆地の湧水群は、環境省による全国名水百選にも選定されている
（2018年8月探訪）

東京港野鳥公園《とうきょうこうやちょうこうえん》

東京港の干潟を眺めつつ、即席バードウォッチャーになる

東京都

野鳥を見分けるのが苦手だ。魚類なら平均以上は知っていると思う。昆虫もそれぐらいは知っているはずだ。ところが野鳥ときたらてんで弱い。もちろんスズメやカラスといった日常でよく見るものや、メジロやヒヨドリのように特徴的なものならなんとかなるのだが、それ以上はさっぱり。その原因を考えるに、魚や虫は子どものころに「捕まえる」対象だったのに対し、鳥はそうではなかったことがあるのではないか。実際に自分の目で見て、手でふれたものは覚えられるのだ。ならば鳥も図鑑ばかり眺めていてもしかたがない。捕るのは無理としても、せめて実物を眺めて覚えられるようになろうではないか。そんな意志のもとに向かったのが東京港野鳥公園だった。

東京モノレールの流通センター駅で下車する。東京モノレール自体、羽田空港へ行くと

東京港野鳥公園正門から入り、東側の観察スペースを目指す。新緑の樹木、苔が育った地面、季節の花々など、周囲にトラックが走り回る東京港の物流拠点のイメージとはかけ離れた風景だ

き以外はあまり乗る機会がない。駅を出てすぐ先で交差する環七には、大型トラックや、トレーラーがひっきりなしに走っている。流通センターという駅名もそうだが、やはりこのへんは物流倉庫やトラックターミナルが集中しているのだろう。こんなところに果たして野鳥公園なんてあるのだろうかと、少々不安になりながら歩くことしばし。

やがて右手のフェンスに、近くから見るには大きすぎて字を追えないほどの「都立東京港野鳥公園」という巨大な看板が現れ、そのすぐ先が入口だった。

入場料を払いさっそく園内へ。園内は大きく東側と西側に分かれているが、野

水辺に訪れる野鳥を観察するための小屋。水辺側からは人の姿がわかりにくい構造になっている。椅子や望遠鏡も設置されているので、特別な道具なしでも野鳥観察を経験できる

鳥を観察するには干潟があるほうがよかろうとまずは東側を目指す。なかの小径は周囲を鬱蒼とした樹林に囲まれ、薄暗い曇りの日だったこともあって、いきなり深い森に迷い込んでしまったような錯覚に陥る。ときおり環七を走るトラックの走行音が響いてくるのが残念だ。

やがて前方に「潮入りの池」と呼ばれる、海水が出入りする池が現れたので、そこに設けられた観察小屋に潜り込んで野鳥探し開始。しばらくの間は視界には野鳥は現れず、「全然いないじゃないか」と憮然とした気持ちになったが、そのうち、どこからともなく彼らはやって来た。

白くて大きな翼を羽ばたかせて着水し

たのはシラサギ。ここまでは今まででもわかる。しかし今回は野鳥を見分けられることを目的に来たのだから、もうひと頑張り。受付でもらった「鳥ガイド」を参考に、さらに絞り込む。シラサギにはダイサギ、チュウサギ、コサギがいるそうだが、どうやらコサギではないようだ。しかし大と中のどちらかとなると難しい。大きさからいってダイサギかな？

次に現れたのが、手前の干潟をちょこまかと落ち着きなく歩き回る中型の鳥。これまでならまったく名前がわからない鳥だが、先ほどのガイドを参照するとコチドリと判明。「目のまわりの黄色いリングが特徴」とあるがまさに！　やはり

観察小屋に腰を落ち着けて待つことしばし。やがて大きな白い翼を広げながらサギが飛んできた。田んぼなどで出会うサギは警戒心が強く、すぐに飛んでいってしまうが、ここではじっくり観察できた

実学は大切だ。おそらく今後、コチドリについては見分けられることだろう。

さらにしばらくすると飛来したのが、姿は先ほどのダイサギに似ているが、羽の色が青灰色だ。一瞬、ダイサギの幼鳥かと思ったが、これもガイドで判明。アオサギだ。水辺を優雅に歩いているのは、水中のエサを探しているのだろうか。

これ以外にも遠くのほうに、カモのような鳥が集団で水面を泳いでいたのだが、残念ながら距離がありすぎて僕の鳥目（鳥を見分ける眼力）では判別不能。探鳥一年生にとっては、このぐらいが限界のようだ。実は園内の掲示板に、一週間ほど前にチョウゲンボウが観察できたという書き込みがあり、こっそり期待していたのだが、さすがにそんな強運は持っていなかった。ちなみにチョウゲンボウというのは、僕でも名前だけは知っているハヤブサの仲間だ。

一度入口付近まで戻って、今度は西側へ。1978（昭和53）年にこの公園ができたときには、この西側のみでの開園だったそうだ。こちらには淡水の池があって、日によってはカワセミやウグイスなども観察できるようだ。それ以外にも自然生態園と呼ばれる一角があり、小さいながらも田んぼ、そしてその傍らには小川が流れ、里山の光景が再現されている。もう少し季節が進めば、カエルやクワガタも現れるそうだ。

東京港野鳥公園の西側には、里山の環境を再現した一画があり、そこでは小さいながらも稲作も行われていた。東京港と田んぼというギャップがなんだか楽しい

ひととおり園内を歩いた後に外へ。まずまずの成果は得られたが、少しもの足りなくて隣の大井競馬場前駅まで歩くことにする。運河沿いに延びるそのエリアも公園になっているので、もしかしたらなにか新しい鳥を見つけることができるかもと、ささやかな期待を寄せながら。

DATA

⦿モデルプラン：東京モノレール流通センター駅→東京港野鳥公園→東京モノレール大井競馬場前駅
⦿歩行距離：約6.5km
⦿歩行時間：約2時間
⦿アクセス：起点の流通センター駅へは浜松町駅から東京モノレールで約10分。終点の大井競馬場前駅から浜松町駅までは約8分
⦿立ち寄りスポット情報：東京港野鳥公園＝大田区東海3-1。📞03-3799-5031。9:00～17:00(11～1月は～16:30)。月曜(祝日の場合翌日)、年末年始休
(2018年6月探訪)

真鶴の魚つき林《まなづるのうおつきりん》

神奈川県

海と森林の密接な関係。
先人が築いたそんな風景を歩く

海と森林の関係が語られるようになって久しい。簡単にいってしまえば、海と森林はそれぞれ単独で生態系をつくっているわけではなく、豊かな森林があってこそ、豊饒の海も維持されるというものだ。森から流れ出てくる窒素やリンが海藻やプランクトンを育て、それが魚介類のエサになる。また、海岸線まで張りだした樹林帯は海に陰をつくり、それが魚たちの居着き場になる。

こういったことが近年、少しずつ科学的に解明されてきたのだが、実は昔から漁師たちは経験的にそのことを知っていた。そして、自分たちの漁場に近い森林を「魚つき林」と呼んで、保護、手入れを続けてきていた。

そんな魚つき林のひとつが神奈川県の真鶴半島にある。都心からもほど近く、交通も至

巨木が広がる真鶴の魚つき林。天気は快晴だというのに、周囲は昼なお薄暗く、上を見上げれば樹木の枝同士が複雑に入り組んで生長し、太陽の光を遮っていた

便なこの森を訪ねてみた。

東海道本線の真鶴駅を降りバスへ。距離的には駅から歩いてもいけるのだが、それは帰りにとっておく。次第に眼前に広がる相模湾の光景に見とれているうちに、「岬入口」というバス停に着くのでそこで下車する。森はすぐにそこから始まっていた。

車道のまわりには巨樹と呼ぶのに相応しい木々が何本も連なっており、そのため、周囲は晴天であってもなお薄暗い。空を見上げてみれば、樹齢350年を越えるといわれるクスノキやスダジイの枝が、アーチを組むように複雑に覆い被さっている。

真鶴の魚つき林の歴史は古く、江戸時代にはすでに小田原藩によって植林が行われていたのだそうだ。明治に入ると正式に「魚つき保安林」に指定され、その後、1952（昭和27）年まで皇室所有の御料山として管理されていたのだという。ちなみバス停を降りてすぐに小さなお社があったのだが、これは「山の神」と呼ばれ、地元漁民から篤い信仰を受けているそうだ。海の民が山の神を信仰する。まさに海と森林の深い関係性だ。

真鶴岬の先端を目指すには、そのまま車道を歩くもよし、森のなかを歩く遊歩道も整備されているのでそちらに入るのもよし。両方をうまくミックスさせると、

「岬入口」バス停で降りると、すぐそばに小さなお社が建てられていた。お社自体は新しいが、石段や石積みはかなり歴史のあるものだということがうかがえる

真鶴半島の先端まで歩くと、そこには三ツ石海岸というゴロタ石の浜があり、その先には三ツ石と呼ばれる岩が海上に突き出ていた。ここは神奈川県の景勝50選にも指定されている

それぞれの異なった雰囲気を楽しめるだろう。

やがて日光が差し込むようになると、ケープ真鶴と呼ばれる観光施設が現れるので、その脇を下れば三ツ石海岸に降り立つことができる。ゴロタ浜の海辺の先には三ツ石と呼ばれる大岩が顔をのぞかせており、干潮時には岩礁を伝ってそこまで行くことも可能だそうだ。浜辺では親子が磯遊びに興じており、なんとものどか。右手には伊豆半島や初島も遠望できる。

三ツ石海岸からは海沿いの岩場に沿って、番場浦海岸まで歩こう。遊歩道が整備されているので安心だ。番場裏海岸は入り江状になっていて、海水浴を楽しんでいる人もいる。

そこからは遊歩道を上って駐車場へ。来るときにも通ったケープ真鶴をかすめるように車道を登っていき、今度は「お林遊歩道」に入って、内陸側を抜けていくことにする。ちなみに「お林」というのは、この真鶴半島の魚つき林を地元の人たちが愛情を込めて呼んでいる名前だ。

お林遊歩道は落ち葉が降り積もったなかを歩いていく、まさに森の道と呼ぶのに相応しい。さっきまで青い海沿いを歩いていたのがウソのようだ。途中には野鳥観察小屋が建てられているので、野鳥好きはここで休憩をとるのもいいだろう。

あちこちからの遊歩道が交差する高台を越えて北側に下り、中川一政美術館の脇に出れば遊歩道もおしまい。そこからは車道沿いに歩いて岬入口バス停を経由、来るときにはバスで来た道を歩いて戻ろう。周囲は森の香りに包まれ、バスで通ったときとはひと味もふた味も異なる。

ときとして、対向車線が離れ、道路が二分されているような場所があるが、そんなところはたいてい真ん中に大きな樹木が立っており、おそらくはその木を伐採することなく車道を通すための策なのだろう。

真鶴半島から相模湾方面を望む。海の向こうには小田原の街並み、その裏手に延びるのは曽我丘陵。そしてその背後には丹沢の大山の姿が見える

森を下りきって車道が海沿いを通るようになると、地元の海の幸を出す食堂がポツポツと現れる。刺身、キンメの煮つけ、サザエの壺焼き……。この日歩いてきた森が育てた地元産の食材を満喫してから、駅まで戻ることにしたい。あえて帰路を徒歩にした理由もここにあった。

DATA

⦿モデルプラン：JR東海道本線真鶴駅→岬入口バス停→三ツ石海岸→お林遊歩道→真鶴港→真鶴駅
⦿歩行距離：約5.5km
⦿歩行時間：約2時間
⦿アクセス：起終点の真鶴駅へは東京駅から東海道本線で約1時間45分。真鶴駅から岬入口まではケープ真鶴行きの伊豆箱根バスで約8分。日中は1時間に1本程度
⦿立ち寄りスポット情報：ケープ真鶴は、軽食コーナーや土産物売り場などもある。ケープ真鶴＝足柄下郡真鶴町真鶴1175-1。☎0465-68-1112。9:00～16:00（土日祝～17:00）。無休（臨時休館日あり）
（2018年6月探訪）

日向山《ひなたやま》

果樹園を抜けて茶屋でジビエを。そして日当たりのよい山頂へ

埼玉県

山のなかにひっそりと建っている飲食店、というのがある。たいていは最寄りの駅からそこそこ距離があって、マイカーで行くのが基本みたいな場所だ。けれども、その距離感も歩く楽しみだと考えると、そこは急に徒歩旅行の範疇に入ってくる。そんなことを考えながら目指したのは、奥武蔵にある日向山と、その肩にある茶屋だった。

起点となるのは西武秩父線の芦ヶ久保駅。正丸《しょうまる》峠をトンネルで抜けて、日当たりのよい南斜面が広がると到着だ。駅を降りたら「あしがくぼ果樹公園村」の指導標にしたがって歩く。道沿いには多くの果樹園が営まれている。九十九折りで少しずつ標高を上げる道は、あらかた車道。つまりクルマを利用しても頂上直下までは行けるのだが、そんななかにも部分的に果樹園のなかを抜けるように登山道が設けられているので、そういった小径は積

木枠の大きなガラス窓が入れられ、室内からも奥武蔵の山々を眺めることができる木の子茶屋の店内（写真上）。こんな風景を楽しみながらジビエの焼き肉を満喫できる（写真下）

極的に利用する。道沿いにキウイの木でアーケードが作られていたりして、農家の人のそんな心遣いがうれしい。もちろん、季節によってはブドウやプラム、イチゴなどの果物狩りも楽しめるので、プランに加えるのもいいだろう。

小一時間歩いたところで、登山道から再び車道に出ると右手に建物が一軒見える。ここが木の子茶屋。頂上へ向かう前にここで食事をしていくことにする。木造の小屋の南側には大きな木枠のガラス戸がはめられていて、店のなかからも武甲山をはじめ奥武蔵の山々を展望できる。

この茶屋の売りはなんといっても、シカやイノシシといったジビエの焼き肉。

テーブルにくり抜かれた穴に七輪を収め、その上で自分たちで焼くスタイルなので、グループだったらまずはお勧めだ。ひとり焼き肉に抵抗ある人は、「鹿飯」という炊き込みご飯風のものもあるので、こちらもいい。

お腹を満たしたらいよいよ頂上へ。とはいっても木の子茶屋からなら、時間にしてわずか10分ほど。標高627mの山頂は展望も良好で日差しがまぶしい。この山を日向山と名づけた人の気持ちがよくわかる。眼下には緩斜面に広がる果樹園がよく見える。

もうここまでで身も心も満腹という人は来た道をそのまま戻ってもよいが、今回はここからさらに横瀬駅方面を目指す。登ってきた道とは反対側の尾根道を下っていくと、やがて南への急な階段状の下りが現れる。このコースで一番急な下りといえるので、ここは慎重に下っていこう。山では登りより下りのほうが転倒などの事故が多いのだ。

琴平神社が現れたら、そこからは車道を歩く。しばらくすると左手に再び登山道が分岐しているのでそちらへ。途中、いきなり獣の声が響いてびっくりする。声が聞こえたほうへ目を向けると、そこには大小数頭のイノシシが。これはちょっと危険な状態なのではと思ったが、よく見るとイノシシたちの周囲には柵があったので、どうやら飼育されているものらしい。先ほど木の子茶屋で食べたイノシシも、もしかしたらこんなところからも出荷

日向山の山頂から南側斜面を望む。足元まで広がっている果樹畑と、奥武蔵の山々が美しい。山頂付近は刈り払われ、天気がよければ寒い季節でもポカポカの日差しが降り注ぐ

されているのかと想像してしまう。

やがて道が舗装路に変わると集落も近い。途中には卜雲寺《ぼくうん》など、秩父三十四ヶ所札所に数えられるお寺もある。交通量のある国道に出たら、国道沿いを西に向かえばやがて横瀬駅への分岐が現れる。

DATA

⦿モデルプラン：西武秩父線芦ヶ久保駅→木の子茶屋→日向山→琴平神社→卜雲寺→西武秩父線横瀬駅
⦿歩行距離：約8km
⦿歩行時間：約3時間
⦿アクセス：起点の芦ヶ久保駅へは池袋駅から西武池袋線、西武秩父線を乗り継いで約1時間35分。終点の横瀬駅から池袋駅までは約1時間45分
⦿立ち寄りスポット情報：木の子茶屋＝秩父郡横瀬町芦ヶ久保405。☎0494-24-5099。11:30〜16:30。木曜、年末年始休
（2017年12月探訪）

市ヶ谷の釣り堀から新宿御苑

いちがやのつりぼりからしんじゅくぎょえん

東京都

平日昼間の釣り堀は背徳の味!? 釣って眺めて歩く旅

午前中の通勤電車から街を眺める。そのなかにひときわうらやましく感じる風景があった。静かな水面に竿を出して、のんびりと浮子を見つめる太公望たち。そう、東京のど真ん中に今も続く釣り堀『市ヶ谷フィッシュセンター』だ。今日は会社をサボってここで釣りだ！　そんなことを何度も思いつつも小心者にはできるはずもなく、いつまでも憧れのままだった。フリーになった今ならいつでも行けるのに、そうなるとなかなか足が延びないのは、やはり若干の後ろめたさがスパイスになるからだろうか。そこで今回は「自分は会社員！」と思い込んで、あの当時の夢をかなえるという、若干歪んでいて、ちょっと背徳感を感じる徒歩旅行に出かけることにした。

目指すは、もちろん市ヶ谷フィッシュセンターだ。あえて通勤時間帯の電車に乗り、「今

東京在住者なら一度は目にしたことがあるであろう、市ヶ谷駅前の釣り堀「市ヶ谷フィッシュセンター」。気楽に楽しめ、しかもその奥はなかなか深い（に違いない）

日も仕事かあ」と独りごちてみたりして、気分を盛り上げる。そして市ヶ谷駅で満を持して下車。バカだ。

釣り堀では、受付であらかじめ仕掛けがセットされた竿と練りエサを受け取り、ビールケースを流用したような椅子に腰かける。エサを丸めてハリに刺し、そっと池に投入。背後を混み合った中央線が走り抜けていく。そうそう、これだよやりたかったのは。皆さん、うらやましいでしょうと悦に入る間もなく、浮子がピクピクと反応。おおっとばかりに竿を上げたものの残念ながら空振りだ。まあ、いきなり釣れたらできすぎだなと気を取り直して、再びエサを落とせば、すぐにアタリがくるものの空振りの連続。このころから、「あれっ、ちょっとそんなに甘くないかも」という気持ちがよぎる。早めに合わせてみたり、逆にじっくり待ってから合わせてみたりと、いろいろと試行錯誤を繰り返すうちに、ようやく一尾目がかかる。30㎝ほどの鯉だ。竿の長さが2mにも満たないこともあって寄せるのにちょっとまごつくが、なんとか玉網に収めることができた。

さあ、これからバンバン釣るぜと気ははやるものの、やはりアワセに苦労して、結局、二尾目を釣り上げたところでタイムアップ。始めてみれば、すっかり釣りに夢中になってしまい、当初イメージしていた背徳感はどこかへ消え去ってしまっていた。

ちなみにこの釣り堀。外堀に面しているのでてっきりその水を流用しているのかと思ったら、実は湧水を用いているとのこと。そのため年間を通して水温が一定で、魚たちの活性も変わらないのだそうだ。

さて、ここから新宿方面に向かって歩き出せば、曙橋に『釣り文化資料館』という施設があるので、釣り気分のままそこへ立ち寄る。ここは『週刊つりニュース』という専門紙の社屋1階に併設されたもので、和竿や魚籠といった日本の伝統的釣り具を見ることができる。展示物を眺めていると、江戸の時代からずいぶんと細分化された釣り道具が作られていたことがわかる。仕舞い寸法が30㎝にも満たない超小継ぎのタナゴ竿などは、もはや工芸品の世界だ。入場料が無料というのもうれしい。

ここまで歩いてくれれば、あとひと頑張りで新宿御苑。最後は御苑の豊かな緑のなかの散歩で締めるとしよう。

アワセのタイミングに手こずり、何度もエサを持っていかれた末に、ようやく釣れた30cmオーバーの鯉（写真上）。「釣り文化資料館」は、近年すっかり目にする機会が減ってしまった竹製の和竿を多数収蔵している（写真下）

DATA

⊙モデルプラン：JR中央線市ヶ谷駅→市ヶ谷フィッシュセンター→釣り文化資料館→新宿御苑→新宿駅
⊙歩行距離：約5km
⊙歩行時間：約2時間
⊙アクセス：起点の市ヶ谷駅へは新宿駅からJR総武線で約9分。都営新宿線や東京メトロ有楽町線なども利用可能
⊙立ち寄りスポット情報：市ヶ谷フィッシュセンター＝新宿区市谷田町1-1。☎03-3260-1324。11:00～18:00(土日祝日は9:00～19:00、季節によって変更あり)。荒天時、年始休。釣り文化資料館＝新宿区愛住町18-7。☎03-3355-6401。12:00～17:30。木金曜、年末年始休。新宿御苑＝新宿区内藤町11。☎03-3350-0151。9:00～16:00(季節により変更あり)。月曜(祝日の場合翌日)、年末年始休
(2018年8月探訪)

陣馬街道《じんばかいどう》と佐野川《さのがわ》の茶畑《ちゃばたけ》

「酷道」を歩いて峠越え。その先に広がる茶畑の集落へ

東京都
神奈川県

陣馬街道は、東京の八王子から神奈川の藤野方面を結ぶ国道だ。甲州街道の支線であることから、甲州裏街道なんていう呼ばれかたもしている。裏街道。ちょっとそそられる響き。「人生、裏街道ばかり歩いてきたぜ……」なんて一度くらい吐いてみたい科白《せりふ》だな。

とはいっても裏街道にはそれなりにキビシイものがあるわけで、この陣馬街道も狭い一車線の急坂道がウネウネとのたうつように峠を目指して延びている。車の待避スペースも少なく、途中で車同士が鉢合わせしたらすれ違いはなかなか大変そうだ。ちょっとした荒天で通行止めになることでも知られ、入口には「豪雨・豪雪・地震時は通行止め」と、半ばヤケクソのように大書きされている。いわゆる「酷道」だ。

そもそも東京から藤野や山梨方面へ抜けようと思ったら、たいていの人は中央道や甲州

陣馬街道を登り始めるとすぐに、道沿いに立派な石垣と黒塗りの板塀が続いていた。ここが単なる山越えの道ではなく、昔から人の往来が盛んだったことがうかがえる

街道を利用するはずで、ここを越えようというのは「あえて来る」人が多い。おかげで陣馬街道は車の往来も少なく、ハイカーやサイクリスト、ライダーたちに愛される道になっている。全線舗装されているので、山道歩きには自信がない人でも安心だ。

スタートは、JR中央線高尾駅からバスで40分ほど来たところにある終点・陣馬高原下バス停だ。このバスルートでさえ、後半は細い道をギリギリで上っていく。途中対向車が現れると先方がバックして待避。すれ違い時の誘導対策なのか、この日はバスにも運転士以外にもうひとり乗務していた。

停留所の向かいには、店を畳んで久しいと思われる「陣馬亭」の看板がノスタルジーを誘う。取り扱い品目に、こけしやゆずもちから、日用品、化粧品まで掲げられており、営業時は土産物屋兼地元のよろず屋だったのだろう。

道は案下《あんげ》川沿いに少しずつ標高を稼いでいく。案下というのはこの周辺の地名だ。しばらくは道沿いに黒塗りの木壁や古い石仏が点在し、ここが歴史ある集落であることを教えてくれる。周囲は針葉樹と広葉樹の混成林に囲まれ、そんななか、ときおり峠越えのサイクリストが息を切らせながら追い抜いていく。途中はあまり展望はないのだが、峠まであと少しというところで、ようやく東側の視界が開ける。遠くに白く見える丸いものは所沢の西武ドームだろうか。

やがて前方が明るくなり、人の気配も増えてくる。和田峠へ到着だ。標高690m。時間にして1時間。スタートした陣馬高原下バス停から約370mの標高差だ。ここから裏高尾の陣馬山までは往復小一時間とあって、峠までクルマで来て登る人も多い。峠の茶屋もあって、ハイカーやサイクリストが峠の心地よい風に吹かれながら休憩している。僕も茶屋でひと休み。飲み物を買って、持ってきたお弁当を広げる。

和田峠は古くから武蔵の国と相模の国を結ぶ交易の道として歩かれており、近代にはこ

登りきった和田峠では峠の茶屋が店を開けていた。陣馬山から下りてきたハイカー、峠越えのサイクリストやライダーで賑わっている。寒い時期は、おでんやカップ麺といったメニューがうれしい

の峠を越えた絹が横浜港まで運ばれていたそうだ。

峠を境にして東京都から神奈川県へ入る。東京側よりもやや道は広くなり、青い空が映えわたる。九十九折りの道を快適に下っていくと、前方になにか動くものが。目を凝らしてみると一匹のサルだ。その脇にもう一匹。まだあまり人にすれていないようで、こちらの姿に気づくとあわてて森のなかに消えていった。

下っていくにつれて、周囲にはポツポツと人家が現れるようになる。どの家にも立派な蔵が建てられていて、そしてその背後の斜面には、美しい茶畑が整然と並んでいる。

佐野川の集落には、しっかりと手入れされたお茶畑が整然と広がっていた。しかし、この急斜面を上ったり下ったりしながら農作業をするのかと想像すると、頭の下がる思いだ

実は、ここ佐野川の流域はお茶の産地として名高いのだ。昼夜の寒暖差が大きく、さらには、ときに発生する霧が上質の茶葉を産むのだとか。

聞けば例年GW明けには一番茶の茶摘みが行われるのだが、今年は5月に入ってから2回も霜が下りてしまい、おかげで収穫が少し遅れているそうだ。その時期には、一番茶を目当てにやってくるハイカーも多いという。

脇道から高台に入って、お茶畑が波のように連なる谷あいの風景を眺めていると、ちょっとした桃源郷のような雰囲気を醸し出しているが、実はここも後継者不足に悩んでいるという。近所の高齢者

陣馬高原側の峠道は終始樹林に覆われていたが、和田峠を越えると目の前に絶景が広がった。まだ山頂に雪を残した富士山、その手前に居並ぶのは道志の山々だろう

同士で協力して、なんとか茶畑を維持しているものの、それでも茶畑の面積は次第に減少しているそうだ。

やがて和田という集落まで下ってくれば、そこからは藤野行きのバスも出ているし、JR藤野駅まで歩いてもそこから1時間半はかからない。

DATA

⦿モデルプラン：JR中央線高尾駅→陣馬高原下バス停→和田峠→佐野川→和田バス停→JR中央本線藤野駅
⦿歩行距離：約7.5km
⦿歩行時間：約2時間半
⦿アクセス：起点の高尾駅へは、新宿駅からJR中央線または京王線で約45分。そこから陣馬高原下バス停へはバスで約40分。終点の藤野駅へは和田バス停からバスで約15分。藤野駅から新宿駅へは中央本線、中央線で約1時間
⦿立ち寄りスポット情報：峠の茶屋（和田峠）＝相模原市緑区佐野川4-イ。℡042-687-2882。9:00～17:00。天候などにより不定休
（2019年5月探訪）

守谷野鳥のみちと間宮林蔵記念館《もりややちょうのみちとまみやりんぞうきねんかん》

野鳥飛びかう里を渡り、江戸の大探検家が育った故郷を訪ねる

茨城県

守谷の地名は常磐道守谷ＳＡの名で聞くことはあったが、街自体を訪ねる機会はなかった。以前は関東鉄道常総線しか鉄道がなく、交通の便もよいとはいえなかった。それがつくばエクスプレスの開業で状況は一変。秋葉原から30分ちょっとの立地になったのだ。

そのいっぽう、今も多くの自然が残り、徒歩旅行を楽しむのにも格好のスポットとなっている。とくに行政や市民ボランティアが中心となって整備した「守谷野鳥のみち」は、湿地や森、農道を散策できるコースになっていてお勧めだ。

スタートはつくばエクスプレスの守谷駅。八坂口という出口から関東鉄道に沿いながら曲がりくねる街道を南下していくと、やがて郵便局が見えてくるので、そのひとつ前の道を左へ入る。周囲は新興住宅街だが、その先は突き当たりになっており、右へと野鳥の道

木道が整備された「守谷野鳥のみち」。森あり小川あり湿地あり。決して山深い場所ではないが、さまざまな生き物たちが生息する絶好のスポットになっている

が延びている。入ってすぐにいきなり道は分岐していてどちらに進むか迷うが、まずは湿地帯に木道が敷かれた気持ちのよさそうなコースへ。

周囲はヨシ原に囲まれ、その向こうには森が見える。どちらも野鳥が生息するには絶好の場所だろう。木道の脇には清冽な小川が流れ、のぞき込むとメダカが気持ちよさそうに泳いでいる。ところどころに現れるベンチでは、地元のかたなのだろう、ご婦人たちがお弁当を開いたり、絵描きのおじさんが美しい風景を写し取っている。

さて、せっかく「野鳥」の道に来たのだから、一羽や二羽は観察してみたいも

「守谷野鳥のみち」の一画にあるあずま屋には、黒板がいくつも設置されていて、訪れた人が出会った鳥の目撃情報を思い思いに書き込んでいた

の。しかし周囲からはさまざまな鳴き声が響いてくるものの、姿はなかなか現さない。もう少し植物が葉を落としてからのほうがよかったとちょっとあきらめモードに入ったところ、突然、目の前を「ケーン！」という鳴き声とともに大きな鳥が横切った。その姿は僕でも一目瞭然。キジだ。優雅な姿形はさすが日本の国鳥。ちなみにキジのこの行動は、メスを守るための囮《おとり》とも威嚇ともいわれている。どこかでメスが息を潜めているのかもしれない。

　野鳥の道はいくつも道が枝分かれして、現在位置がわかりにくくなることもあるが、指導標はしっかりしている。道迷いを怖れるより、いっそ迷うことを楽しむくらいの気持ちで歩いたほうが気楽だ。

豊かな自然を楽しんだところでもうひとつの目的地、間宮林蔵記念館を目指す。ご存じ間宮林蔵は江戸時代の探検家で、樺太を北端まで探索し、樺太が島であることを発見した人物だ。僕が子どものころに夢中で読んだ『なぜなにぼうけんと探検』という本では、長き無人島生活の末に帰還したジョン万次郎、日本人として初めて南極に上陸した白瀬中尉と並んで、この間宮林蔵が日本人探検家として紹介されていた記憶がある。

間宮林蔵記念館へ赴くには、南守谷からつくばみらい市方面へ向かう県道を辿る。ただ、クルマの往来が多い道をそのまま歩いても風情に欠けるので、なるべく並走する旧道や農道を伝っていく。途中には御殿のような立派な家が連なり、どの家にも同じ名字の表札が掲げられているのを見て、このへんの旧家なのかなと勝手に想像しながら進む。

やがて小貝川を橋で渡ると、そこから記念館まではあと少しの距離。途中、前方からやってきた見知らぬ男性に声をかけられる。「間宮林蔵記念館なら、角を右に入って道なりですよ。あ、これ現地でもらった地図なんでさしあげましょう」おお、同好の士のようだ。女性と違って、おじさん同士は声をかけづらいもの。ありがたくいただいて、先を目指す。

記念館の入口では間宮林蔵の銅像が迎えてくれる。館内では間宮林蔵の生涯を解説する動画や、彼の遺品なども展示してあり、樺太探検の苦難の様子がうかがえる。もっと大きな船で向かったのかと想像していたが、実際には10人も乗れない小舟で厳寒の間宮海峡を航海したと知って驚愕。たしかに小さな船でないと、陸沿いに進むのは難しいだろうし、そもそも間宮海峡は水深が極端に浅いという。敷地には少年時代の間宮林蔵が実際に暮らしていた生家も移築復元されている。

近くのお寺にある間宮林蔵のお墓もお参りしてみれば、そんな大探検家のそれとは思えないほど小さくて質素なもの。これは、樺太を目指す際に生きて帰れぬ可能性も高いことから、自ら生前に建て

小貝川の堰止め工事で、若き日にその才能を見いだされたという間宮林蔵。彼の記念館はその小貝川の畔に建つ。彼の銅像が手にしている鎖は、船上から水深を測る道具

間宮林蔵記念館からほど近い、専称寺というお寺に間宮林蔵は眠っている。享年65歳。幼少期の彼はここの住職から算術や地理などを学び、それが後々の偉業の礎となった

たものらしい。そこまでの覚悟で臨んだのか。

お寺を辞して目の前の畑の向こうに目を遣れば、幼いころの間宮林蔵も眺めていたに違いない、筑波山の特徴的な山容がくっきりとその姿を見せていた。

DATA

⦿モデルプラン：つくばエクスプレス守谷駅→守谷野鳥のみち→間宮林蔵記念館→専称寺（間宮林蔵墓地）→関東鉄道常総線南守谷駅
⦿歩行距離：約11km
⦿歩行時間：約4時間
⦿アクセス：起点の守谷駅へは秋葉原駅からつくばエクスプレスで約35分。終点の南守谷駅からは関東鉄道常総線で守谷駅へ約3分。そこからはつくばエクスプレスで秋葉原駅へ
⦿立ち寄りスポット情報：守谷野鳥のみち＝📞0297-45-1111（守谷市観光協会）。間宮林蔵記念館＝つくばみらい市上平柳64-6。📞0297-58-7701。9:00〜16:30。月曜（祝日の場合翌日）、年末年始休
（2019年10月探訪）

【それから】2024（令和6）年、「守谷野鳥のみち」には新たに守谷城址へ直結する「城址ルート」が整備された

嵐山渓谷と鬼の神社《らんざんけいこくと おにのじんじゃ》

鬼を祀る神社を詣で、一世を風靡した渓谷を歩く

埼玉県

埼玉県中部に位置する嵐山町は、もともとは菅谷村と呼ばれる村だった。それが昭和初期、林学博士の本多静六が村を流れる渓谷の風景を「京都嵐山によく似ている」「これは武蔵嵐山だ」と語ったことから評判になり、最盛期には年間100万人もの観光客が訪れるほどの賑わいを見せたという。それに伴い東武鉄道もそれまでの「菅谷駅」を「武蔵嵐山駅」に改称。さらには戦後、町制施行に伴い、自治体の名称も「菅谷村」から「嵐山町」となって今日に至るそうだ。読みかたが「あらしやま」ではなく「らんざん」なのは、本家へのリスペクトだろうか。

嵐山町のそんな歴史を知って、たしか相模湖畔の嵐山でも、時代こそ異なるものの似たような話を聞いたなと思い出す。やはり、かくもさように東人《あずまびと》の京都へ対する憧れは強か

鬼鎮神社に奉納されている数々の金棒。それぞれにさまざまな意匠が凝らされており、作り手のこだわりが感じられる。で、どこにお願いしたら作ってもらえるんだろう

ったのだろうか。

ならば、この町の由来ともなった渓谷を訪れてみようではないかと嵐山町を目指したのだが、駅に着いたところでいきなり道を反れる。この町には日本でもきわめて珍しい、鬼を祀っている神社があるのだ。

比較的新しい住宅街を抜けること約10分。空が開けたところにその神社はあった。神社の名前はそのものずばり鬼鎮神社。鳥居をくぐって社殿を見上げれば、そこにはいくつもの鬼瓦がこちらを睥睨《へいげい》している。そして軒下にはユーモラスな赤鬼青鬼が描かれた額が飾られ、絵馬の絵ももちろん鬼。そして一番興味深いの

が、賽銭箱の隣りに奉納されている数々の金棒。実はこの鬼鎮神社、鬼を祀っているだけに武運長久に御利益ありとされ、見事大願成就の際には金棒を奉納する習慣があるそうだ。

しかし、ずらりと並んだ金棒は大きさ、デザインともにさまざまで、どれも一点ものの受注品であることが想像される。ハリボテではなく、ずっしりと重量感のある金属製でまさに武具。いったいどこにお願いすると金棒を作ってくれるのだろうか。ちなみにこの神社の節分では、「福は内、鬼は内、悪魔外」と声を上げながら豆をまくそうだ。

さて、鬼を満喫したところで嵐山渓谷へ。駅の反対側に回り、車道をしばらく歩いていくと、やがて道は薄暗い杉林へと続く。道幅は一車線ほどあるが、入口には鎖がかかっていたので、歩行者専用の遊歩道ということだろう。まだ残暑が残る季節だったが、林のなかはひんやりとして気持ちいい。杉の樹間にチラリチラリと顔をのぞかせているのが嵐山渓谷を流れる槻川だ。

やがて道は次第に川と並走し、冠水橋で川を渡る。冠水橋というのは沈下橋とも呼ばれ、橋に欄干を設けずに、増水時などに流失しにくい構造の橋のこと。橋の上から川を眺めれば左右に山が迫り、たしかに風光明媚。そして京都嵐山に似ているかに思いを巡らせたときに、自分が京都嵐山に行ったことがないのに気づく。この件は今後の宿題だ。

冠水橋で嵐山渓谷の核心部を渡る。このくらいの高度差なら欄干がなくてもなんということもないが、もっと高くなると、橋の幅は十分あるとわかっていてもちょっと怖くなる

嵐山渓谷を抜けたら、のどかな農村風景のなかを南東へ。途中でクルマの往来が盛んな県道に出そうになるので、その手前に並走する旧道らしき道を歩く。緩やかに曲がりくねった好ましい道。道沿いに点在するお地蔵様や石碑が歴史を感じさせてくれる。

県道越しに「嵐山幼稚園」の看板が見えたらそちらへ渡ると、そこにはこれまた見事な木造近代建築が。これは1905（明治38）年に浦和に建てられた旧日本赤十字社埼玉支部の社屋で、1983（昭和58）年にこの地に移築されたらしい。木造平屋のコロニアル様式の洋館だ。嵐山幼稚園の敷地内にあるの

浦和からこの地に移築保存された旧日本赤十字社埼玉支部の建物。県の有形文化財に指定されている。この建物を設計した山下啓次郎は、ジャズピアニスト・山下洋輔さんの祖父にあたるらしい

も特徴で、園児たちは、今はなんとも思わなくても、大人になったときにちょっと誇らしい気持ちになるのではないか。

嵐山幼稚園の裏手を回り込むように坂を下っていくと、鎌形八幡神社が現れる。ここには、この地で生まれたとされる木曽義仲が産湯に用いたという清水があり、今もこんこんと湧きだして手水鉢にも利用されている。

ここまで来たら、あとは近くを流れる都幾川沿いに武蔵嵐山駅へ戻ろう。都幾川桜堤と呼ばれるこの道は、春には見事なサクラを咲かせるし、その先にもこの町に生息する国蝶・オオムラサキを観察できる「オオムラサキの森活動センター」

鎌形八幡神社には木曽義仲が産湯にしたという清水が残り、それは今も手水鉢を満たしている。木曽義仲の父・源義賢が現在の嵐山町に館を構えていたのだそうだ

や、かつてこの地を治めていた畠山重忠の居城であった菅谷館跡など、まだまだ見どころも多い。興味に応じて立ち寄りながら帰路につこう。

DATA

⊙モデルプラン：東武東上線武蔵嵐山駅→鬼鎮神社→嵐山渓谷→旧日本赤十字社埼玉支部社屋→鎌形八幡神社→武蔵嵐山駅
⊙歩行距離：約10km
⊙歩行時間：約3時間半
⊙アクセス：起終点の武蔵嵐山駅へは、池袋駅から東武東上線で約1時間
⊙立ち寄りスポット情報：鬼鎮神社＝比企郡嵐山町大字川島1898。℡0493-62-2131。嵐山渓谷＝℡0493-81-4511（嵐山町観光協会）。旧日本赤十字社埼玉支部社屋＝比企郡嵐山町大字鎌形2230-2（2019年9月探訪）

塩山と干し柿《えんざんとほしがき》

果樹園の小径を抜けて、干し柿作りに勤しむ里山へ

山梨県

子どものころ、干し柿が好きだった。たぶんどこからかのもらいものだろう。別に甘いものに不自由した世代ではないが、初めて食べたときは驚いた。濃密な甘さ、ネットリとした食感、考えようによっては洋菓子のような美味しさだった。

しかし、大人になるということは、ああいう幼少期の感動をひとつずつどこかに落としてくることでもある。今となっては、「干し柿～？　甘いものはちょっと」なんて、『さるかに合戦』よろしく、樹上のサルに渋柿を投げつけられんばかりの変貌ぶり。これではいかん。あのころの感動よいま一度と、干し柿が有名な塩山を巡る旅に出た。

ＪＲ中央本線の塩山駅北口を出ると、駅前に鎮座しているのが甲州の雄である武田信玄公の座像。そしてその向こう側には重厚な古民家が建っている。これは甘草《かんぞう》屋敷と呼ばれ

塩山駅を下車してすぐ目の前に建っている甘草屋敷。その大きさにまず驚かされる。季節は初冬とあって、ここの軒下にもずらりと干し柿が吊るされていた

る建物で、国の重要文化財にも指定されている。建てられたのは江戸後期。ここでは代々、幕府に納めるカンゾウを栽培していたことからこう呼ばれるそうだ。切り妻屋根の中央に、二段になった突き上げ屋根が乗っている姿も独特で、聞けば「甲州民家」と呼ばれる、この地方独自の建築様式らしい。

内部を見学させていただくと、その広さに驚かされる。そして1993（平成5）年まで、この屋敷に所有者の女性がひとりで暮らしていたと聞いて二度びっくり。掃除、大変だっただろうな。庭では現在もカンゾウが栽培されており、見学後にいただいた甘草茶はそれを用いた

もの。口に含めばほんのりと甘さを感じる優しい味だった。

　駅前でいきなり道草（いや甘草か）を食ってしまったが、ここからは細い道をつないで北西へ。眼前には、「塩山」という地名の由来ともいわれる塩ノ山が大きい。

　天気のよい秋の一日。農家の軒先を歩けば、案の定どこのおうちでも干し柿作りのまっ最中だ。ある一軒で写真を撮らせてもらいつつ、作業工程を尋ねてみると、これがなかなか大変。平台にずらりと並べてある柿は毎夜室内に取り込み、朝にはまた外で干すの繰り返し。しかもひとつずつていねいにひっくり返し

歩き始めるとすぐに塩ノ山が右手の視界に入ってくる。小さな山なのでわざわざ遠方から登りにくる人は少ないが、地元の人にはちょうどいいお散歩コースになっているようだ

岩波農園の見事な干し柿づくりの風景。冬枯れの水墨画のような里山風景に、干し柿のオレンジ色がことさら引き立つ。わざわざ観光バスも訪れるスポットだ

て、まんべんなく乾燥させなくてはならず、さらには、これまたひとつずつ優しくもんでやることが、柔らかい干し柿作りには必須なのだそうだ。以前、我流で干し柿を作ったことがあったが、あのときの干し柿がみんなカチンコチンになってしまったのも道理だ。

少しずつ笛吹川に近づくように北上していくと、やがて恵林寺というお寺が現れる。ここは武田氏の菩提寺でもあり、地元の人からも篤い信仰を受けている。ここから県道を挟んだ西側には、岩波農園という干し柿の生産農家があるので、もちろん寄ってみる。ここは見学も快く受け入れてくれるし、干し柿の直販

も行っているのだ。「ゆっくり見てってくださーい」という声に迎えられながら入ってみると、家も軒先も、そして庭も干し柿だらけ。まさに満艦飾というに相応しい。訪れた12月初旬は干し柿作りの最盛期とのこと。11月の中旬から始まる作業は12月半ばすぎまで続けられ、そこからは出荷手続きに入り、年末年始の贈答品として重宝される。塩山の干し柿は「ころ柿」と呼ばれる高級品なのだ。

農場をあとにしたら、あちこちの果樹園を抜ける小径を歩きながら塩ノ山へ。駅側、つまり南側から見た塩ノ山は、平たいピラミッドのような山容をしていたのに、北側から望むと前方後円墳のようなシルエットに見えるのがちょっと不思議。なかにはスフィンクスに見えるという人もいるので、まあ人の見立てはさまざまだ。

ちなみに、もし本当に前方後円墳だったらとその大きさを調べてみると、長さは1100m以上。世界最大の墳墓といわれる仁徳天皇陵ですらその墳丘長は525mなので、倍以上ある。そうだとしたら世紀の大発見だが、いやいや、まさかね。

そんな塩ノ山は標高も553mあるが、麓の標高がすでに400m以上あるので、実際に登るのは150mほど。頂上まで30分もかからない。頂上からは御坂山塊越しに頭をのぞかせる富士山、そして甲府盆地の東端にあたる塩山の町並みが一望できる。足元には塩

果樹園のなかを曲がりくねるように抜ける農道を歩く。目の前に見えるのは塩ノ山。反対側から観たときとは（292頁）、まるで山容が異なるのがおもしろい

山の駅もくっきりと。下ればすぐの距離だが、その直前、山麓には塩山温泉郷があるので、どこかでひと風呂浴びていくことにしよう。そんなダンドリのよさも塩山の魅力だなあとひとり悦に入っていたら、干し柿を食べそびれたことに気がついた。

DATA

⦿モデルプラン：JR中央本線塩山駅→甘草屋敷→恵林寺→岩波農園→塩ノ山→塩山駅
⦿歩行距離：約10km
⦿歩行時間：約4時間
⦿アクセス：起終点の塩山駅へは、新宿駅から中央線、中央本線を乗り継いで約2時間15分
⦿立ち寄りスポット情報：甘草屋敷＝甲州市塩山上於曽1651。℡0553-33-5910。9:00～16:30。火曜（祝日の場合開館）、祝日の翌日、年末年始休。恵林寺＝甲州市塩山小屋敷2280。℡0553-33-3011。岩波農園＝甲州市塩山小屋敷1579-1。℡0553-33-9585。8:00～17:00。無休
（2019年12月探訪）

寄居と風布のミカン畑

よりいとふうぷのみかんばたけ

埼玉県

小さな源流を遡り、日当たり良好のミカン山を目指す

埼玉県寄居町の西端に「風布」という集落がある。「ふうぷ（「ふっぷ」「ふうっぷ」とも）」と読むそうで、語源は定かではないようだが、なんとなくミステリアスな響きを持っている。また、アイヌ語由来ではないかという説もあり、そういわれるとそんな気もしてくる。「風のみち歩道」と呼ばれる小径を通ってこの風布を訪ねてみた。

起点となるのは秩父鉄道の波久礼駅。「はぐれ」という地名もちょっと気になるところだが、それはまたの機会にして風布を目指す。荒川を車道で渡ってしばらく行くと丁字路につきあたる。これを左に入ると、やがて風布川が荒川に注ぎ込むところに「風のみち歩道」入口の看板が現れたのでそちらへ。

集落内を少し歩いてから川沿いの山道へ入る。周囲は杉林に囲まれちょっと薄暗い。入

風布川（釜伏川とも）を遡って、風布の集落を目指す。流れる水は清冽そのもの。上流部には、環境省の名水百選にも選ばれた「日本水」の源泉もある

口には「熊目撃情報あり！」なんていう看板も立っていてちょっとびびるが、川の対岸には舗装路が延び、ときどきクルマの往来もあるので大丈夫だろうと自分を励まして先へ進む。道はアップダウンを繰り返しつつ、川面に寄ったり離れたりしながら続いていく。途中、飛び石伝いに川を渡る場所があり、これがちょっとスリリングで楽しい。まあ、うっかり川に足を踏み込んでも水深はせいぜい15cmほどしかなかったけれど。

川の流れは清らか。底の石がくっきりと見通せ、ヤマメやカジカ、サンショウウオなども生息しているそうだ。僕もなんとか見つけられないものかと、必死に

風布集落の入口に祀られている姥宮神社。神使は巨大なカエルだ。このアングルからだと見えにくいが、カエルの背中には小さな子ガエル？が３匹も乗っている

目を凝らしてみたが、そう簡単に見つかるようでは生き抜くことも難しいようで、発見ならず。

川を何度か渡り、そのまま車道に出たところで歩道はおしまい。どうやら目的地に到着したようだ。集落の入口には姥宮神社という神社があり、ここの神使はなんとカエル。通常なら狛犬が立つ位置で二匹のカエルが迎えてくれる。さらに社殿の裏手には、大岩の隙間を巡る「胎内くぐり」もあってなかなか興味深い。ちなみに祀られているのは石凝姥命《いしこりどめのみこと》という、鏡作りの神様だそうだ。

風布の集落は川の西側斜面に家が点在しており、それらの家の間を埋めている

風布川の西側斜面には、一面にミカンの木が植えられていた。集落には10軒以上のミカン農園があり、それぞれの農園が掲げる手描きの看板がまた味わい深かったりする

のは一面のミカン畑。風布はミカン栽培を生業にしている農家が多く、毎年11～12月ころにはどこの農家もミカン狩りを催して、多くの人がやってくるのだ。訪れたのは10月上旬とあってミカンはまだ青々としていたが、あとひと月もすれば食べごろになるのだろう。

　そんなミカン畑の間を縫うように坂道を登っていくと、やがて道端に現れるのが、「日本水《やまとみず》」と呼ばれる銘水の採水場だ。これは全国名水百選にも選ばれたもので、源泉から導水管で引いているそうだ。日本水という名は、日本武尊《やまとたけるのみこと》の東征時の伝説によるものらしい。ちなみに集落近くの川辺には食事やバーベキューを楽しめ

る観光施設もあるので、そこで休憩していくのもいいだろう。

風布からは同じ道を戻ってもおもしろくない。地図を見ると往路とはV字状に分かれて東の寄居方面へ向かう道が伸びていたので、そちらを歩いてみることにする。小さな尾根をひとつ越えることになるのでしばらくは登りが続くが、思いがけないところに牛舎があったり、舗装されているのにクルマの姿はほとんど見かけなかったりと、なかなか趣深い道だ。

途中、切り通しで尾根を抜けて下り始めたところで、道端でなにかを拾っているおじさんと出会う。挨拶がてら拾っているものを見せてもらうと、なんとシバグリだ。もう、そんな季節なんだなあ。おじさんは地元のかた++ただそうで、自転車のフレームパックいっぱいに拾っていたが、「虫に喰われているのも多くてね。ただ食べるだけなら買ったほうが安いかも」と笑う。つまりは拾うという行為が楽しいんだな。わかります。

この道を荒川のたもとまで下りきり、そこから荒川と並走するように東へ向かえば、やがて鉢形城公園に至る。ここは日本百名城にも数えられる鉢形城址を公園にしたもので、堀や土塁、曲輪跡などが今も確認できる。

当時、この城を構えていたのは北条氏邦。実は彼が相模からこの地に赴いた際に持ちこ

鉢形城を目指す道すがら、一面に白い花が咲き誇る畑が現れた。おお、これはソバの花ではないか。そうだった。秩父地方はソバの名産地としても知られているのだった

んだミカンの苗が、先ほど歩いた風布のミカンの始まりなのだとか。城とミカン。一見無関係に見えるものにも、そんな物語が秘められているのだった。

鉢形城址公園からは荒川を橋で渡って北上すれば、寄居駅までは歩いて10分ほどの距離だ。

DATA

⦿**モデルプラン**：秩父鉄道波久礼駅→風布→日本水→鉢形城公園→東武東上線寄居駅

⦿**歩行距離**：約13km

⦿**歩行時間**：約4時間半

⦿**アクセス**：起点の波久礼駅へは、池袋駅から東武東上線で寄居駅へ。そこから秩父鉄道に乗り継いで約2時間。終点の寄居駅からは東武東上線で池袋駅へ約1時間半

⦿**立ち寄りスポット情報**：日本水＝大里郡寄居町風布。車道脇まで水が引かれている。源泉地は現在崩落の危険があり立ち入り禁止。鉢形城公園＝大里郡寄居町大字鉢形2692-2。℡048-586-0315（鉢形城歴史館）

（2019年10月探訪）

小野路《おのじ》

古道を辿っていにしえの宿場町へ、都内に残る貴重な谷戸を歩く

東京都

現在、多摩ニュータウンが広がる一帯は、もともとは多摩丘陵と呼ばれる穏やかな丘陵地帯で、周辺にはいくつもの農村が点在していた。しかし１９６６（昭和41）年から段階的に始まったニュータウンの開発により丘陵は次第に減少、今では開発地の隙間にほそぼそと残るのみになってしまった。

開発の様子については、ジブリアニメ『平成狸合戦ぽんぽこ』などのモチーフにもなっているので、なんとなく知っている人もいるだろう。

そんな現在の多摩丘陵だが、それでもまだ部分的には当時の面影を偲ばせる道がわずかに残っている。そういった小径を歩きつないで、宿場の雰囲気を今に残す小野路周辺を目指してみよう。

布田道を歩いていくと、やがて現れるのが「関屋の切り通し」。昔からあまり変わっていないんだろうなと思わせる風景だ

スタート地点となるのは多摩センター駅。この界隈は多摩丘陵のなかでも比較的初期に開発が行われたエリアで、駅を出てみればいかにもゼロから造りあげました感あふれる人工的な街並が広がっていて、かつての農村が数十年でここまで変貌を遂げるのかということに驚かされる。

駅からは多摩中央公園や住宅街を抜けて南へ。やがて南多摩尾根幹線道路を渡ると恵泉女学園大学が現れるので、その東の端、妙櫻寺というお寺との間から丘陵へ入る。

ここからは三本の細い道が延びていて、また指導標もないので間違えやすいところ。実はどの道を歩いても途中から軌道修正は可能なのだが、ここではせっかくなので三本のうちの真ん中にあたる登りの山道を登っていこう。

道は赤土がしっかり踏み固められていて、昔からたくさんの人に歩かれてきたことがうかがえる。ときおり樹林が切れて畑が広がるあたりはいかにも多摩丘陵らしい。道が次第に細くなり、完全に登山道状態になってちょっと不安を感じはじめるころ、森に囲まれた田んぼに降り立つ。

そこからは田んぼ脇の畦道を辿っていくと、やがて「布田道」と書かれた道標のある分岐に出るのでこれを右へ。布田道は調布の布田宿と、これから目指す小野路宿を結んでい

万松寺谷戸へ向かうと、水田がポツポツと現れてきた（写真右）。小野路城址には小さな祠があり、なかには奥多摩は御嶽神社の護符が納められていた。信仰の伝播が興味深い（写真左）

た古道だ。調布に生まれた新撰組の近藤勇らが、この道を歩いて小野路の小島道場へ出稽古に赴いていたことでも知られている。

この道をしばらく歩くと、周囲を竹林に囲まれた迫力のある切り通しが眼前に現れる。ここは関屋の切り通しと呼ばれ、過去には関所も設けられていたという。切り通しを越えると再び分岐が現れるので、道標にしたがって左へ入れば小野路はまもなくだ。

小野路は古くは鎌倉古道や大山街道の要衝として栄え、最近では昔ながらの面影を残す宿場として人気も高い。小野神社をお参りするのもいいし、その隣にはかつて旅籠として使われていた旧家を改修した「小野路宿里山交流館」もある。ここでは農産物の直売や飲み物、軽食なども楽しめるので、ひと休みしていくのもいいだろう。

小野路からは、小野神社の先で分岐する細い道を右に入っていくと、目の前に万松寺《ばんしょうじ》谷戸が広がってくる。谷戸は水が豊富なことから稲作などに利用されることが多いが、ここもその例にもれず水田として利用されている。

万松寺谷戸を抜けて正面にある小さな山を登れば、その頂上が小野路城址。小野路城は12世紀にこの地に勢力を持っていた小山田氏によって築城された平山城で、15世紀には落城。その後は改修されることもなく、現在、当時を思い起こさせるような遺構は何も残っていない。

ちなみに小野路城址へ登る山道の脇には、「小町井戸」と呼ばれる湧き水があり、平安時代に眼病を患った小野小町が、ここの水で目を洗ったところ全快したという伝承を持っている。

小野路城址からは、小野路方面とは逆の西へ延びる山道を下っていくと、やがて辿り着くのが奈良ばい谷戸。ここの谷戸もやはり水が豊かで、山麓の斜面からは澄んだ湧水が田んぼ脇の用水路に流れ込んでいる。もちろんここでも、稲作をはじめとしてさまざまな作

絵に描いたような谷戸地形の風景を見せる奈良ばい谷戸。東京都内にもまだこんな光景が残っているのかと思うと、なんだかうれしくなってしまう

物が栽培されていた。

奈良ばい谷戸を下りきると車道に飛び出すので、それを左折してしばらく歩くと、町田バスセンター（町田駅）行きのバスがやって来る日大三高東バス停に辿り着く。このあたりで今日の徒歩旅行の仕上げとしよう。

DATA

⦿モデルプラン：多摩センター駅→妙櫻寺分岐→関屋の切り通し→小野路→万松寺谷戸→小野路城址→奈良ばい谷戸→日大三高東バス停→町田駅
⦿歩行距離：約7km
⦿歩行時間：約2時間半
⦿アクセス：起点の多摩センター駅へは、新宿駅から小田急小田原線または京王線で約40分。終点の町田駅へは日大三高東バス停からバスで約30分。そこから新宿駅へは小田急小田原線で約35分
⦿立ち寄りスポット情報：小野路宿里山交流館＝町田市小野路町888-1。℡042-860-4835。9:00～17:00。年末年始休
（2019年9月探訪）

横瀬の棚田と秩父《よこぜのたなだとちちぶ》

背後に武甲山をしたがえた、美しい棚田の風景を眺めに

埼玉県

西武秩父線の終点である西武秩父駅のひとつ手前、横瀬駅で下車する。改札を抜けて駅舎を振り返れば、その向こうには武甲山がどかんと腰を下ろしている。セメントの原料として欠かせない石灰石の膨大な鉱床を有していることから、明治時代より採掘が行われ、今日では当時の姿とは似ても似つかぬまでその山容を変えてしまった。それでも秩父人にとって心の山であることには変わらぬようで、秩父の街を歩けば四季折々に撮影された武甲山の写真があちこちに飾られている。

西武秩父線沿線は山歩きのベースとして利用することが多いが、今回はちょっと違う。秩父地方でもすっかり珍しくなってしまった、棚田の風景を見にやってきたのだ。棚田というのはご存じの通り、傾斜地で稲作をするために階段状に水平な田んぼを何枚も作った

もので、かつては平地が少ない山里の象徴的存在だった。

しかし米の減反が進んだのに加えて、農耕機械を入れにくかったり、山間部にあることから水不足に陥りやすいといった事情から、棚田は次第と耕作放棄されていったのだが、そんななか、横瀬にはまだ残っているのだった。ちなみに、横瀬というとつい秩父市と一緒にしてしまいがちだが、ここは横瀬町という独立した行政区分。1984(昭和59)年までは横瀬「村」だった。

駅から延びる道を下り、国道299号をクランク状に越えて北上する道へ入る。途中で渡る横瀬川には澄んだ水が流れ、川原では親子連れが川遊びに興じている。季節は盛夏。標高が高いとはいえここは秩父盆地に含まれ、日中は非常に蒸し暑い。僕も川に脚を浸したいという気持ちを抑えつつさらに歩くと、やがて目の前に棚田が現れてきた。

寺坂棚田と呼ばれるこの棚田は、面積約5・2ヘクタール、現在はそのうちの4ヘクタールが水田になっている。棚田を眺めるにはやはり高台から。汗をかきかき林道を上り、一番高いところから振り返れば、目の前には一面の棚田が広がっている。ときおり山から吹く風が稲穂をやさしく揺らし、そのときばかりは暑さも忘れる。そして棚田の向こうにはやはり武甲山。

汗をかきつつ、高台まで登って寺坂の棚田を俯瞰する。田んぼの稲は、ちょうど白い花をつける季節だった。そして背後には秩父人の心の山・武甲山がそびえる

田んぼ脇の水路をのぞいてみれば、先ほどの横瀬川同様、ここにも美しい水が流れている。標高を考えるとこれは沢水なのだろう。そしてこの湧水が上から順番に棚田を潤しているわけだ。

実はこの寺坂棚田、後継者不足などが原因で一時は大半が耕作放棄地になってしまったらしい。それを平成の時代に入ってから、地元農家と都市の住民が、稲作体験やオーナー制度などによって復活させたのだという。

里山の風景がどんどん失われゆくことをただ嘆くばかりでなく、自分たちでやれることもあるのだという好例だ。

棚田を満喫したところで、たっぷりか

金昌寺は別名「石仏の寺」と呼ばれている。境内はもちろん、参道や山門の上にまで、大小さまざまな石仏がびっしりと配されている。山門にかけられた巨大な草鞋も印象的だ

いた汗をなんとかしたい。ならば温泉だ。ここまで歩いた道をさらに進めば丸山鉱泉、横瀬駅近くまで戻れば武甲温泉。このあたりは意外と温泉が豊富なのだが、まだそれほど歩いていないし、どうせなら初めての温泉へ行ってみたい。ということで寺坂棚田からさらに北へ。横瀬町から秩父市へ入ったところにある新木鉱泉を目指す。

新木鉱泉への道すがらにも、棚田でこそないものの水田が広がっていてなんだかホッとする。

途中には、秩父札所三十四カ所巡りの四番札所にあたる金昌寺があったので寄ってみる。ここは別名『石仏の寺』とし

新木鉱泉で旅の汗を流す。まだ早い時間とあってかひとり独占状態だった。泉質は「含硫黄アルカリ泉」。「卵水」とも呼ばれる滑らかな肌ざわりが特徴だ

ても知られ、境内にはおよそ1300体もの石仏が並んでいる。これらの多くは天明の大飢饉の供養として祀られたものだそうで、かつては3800体もあったそうだ。

お待ちかねの新木鉱泉は秩父七湯のひとつに数えられる歴史ある温泉。文政年間、この地に住んでいたきくさんというお婆さんの夢枕に、鎮守の森の神様が立ったことで発見に至ったという伝説を持つ。つるりとしたその湯ざわりは「卵水」の異名をもち、すべすべのお肌になるのだそうだ。

おじさんにとっての「すべすべのお肌」はどうなのかはともかく、それでも湯上

秩父の街に辿り着いたところで秩父神社を参拝。有名な「秩父夜祭」はこの神社の例祭だ。最近ではアニメ作品の舞台にもなったことから、いわゆる「聖地巡礼」の若者の姿も多い

がりは気分爽快。ここから西武秩父駅までは歩いて小一時間というところか。あそこまで出れば食堂もあるだろう。せっかくだから秩父神社にも寄っていこうかな。山の幸をいただいて、秩父の地酒を飲み、たまには特急に乗って東京に戻ることにしようか。

DATA

⦿モデルプラン：西武秩父線横瀬駅→寺坂棚田→金昌寺→新木鉱泉→西武秩父線西武秩父駅
⦿歩行距離：約9km
⦿歩行時間：約3時間
⦿アクセス：起点の横瀬駅へは、池袋駅から西武池袋線、西武秩父線を乗り継いで約1時間40分。終点の西武秩父駅からは西武秩父線、西武池袋線を乗り継いで池袋駅まで約1時間50分。特急を利用すれば約1時間20分
⦿立ち寄りスポット情報：寺坂棚田＝横瀬町大字横瀬。金昌寺＝秩父市山田1803。℡0494-23-1758。新木鉱泉＝秩父市山田1538。℡0494-23-2641。12:00～21:00。木曜休、不定期休あり
（2019年8月探訪）

高崎と達磨寺

たかさきとだるまじ

群馬県

ダルマさんのお寺から、高崎の丘陵地帯を縦走する

古くから中山道の宿場町として知られ、今日では上越新幹線と北陸新幹線の分岐点でもある高崎市。この街の名産品といえば、縁起だるまとも呼ばれる「高崎だるま」だ。毎年、正月に催される高崎だるま市は、新年早々の福を願う人たちで大賑わいになるという。その高崎だるまの原点ともいえるお寺から、高崎のもうひとつのランドマーク・高崎観音へと続く徒歩コースがあると知り、歩いてみることにした。

起点となるのは、JR信越本線で高崎駅からふたつ目の群馬八幡駅。駅を出たら少し先にある踏切を渡って南下。しばらく歩くとクルマの往来が盛んな中山道、そして碓氷川を越えると、ダルマがニュッと手を伸ばして方向を示す看板が現れるので、それにしたがえば目指す少林山達磨寺はすぐだ。

達磨寺の本堂に山と積まれたダルマの数々。ダルマに書かれた文字を見ると、いわゆる招福祈願に始まって、受験生の合格祈願、部活動の必勝祈願など、その願いもさまざまだ

山門から続く階段を上ると、目の前に霊符堂と呼ばれる本堂が現れる。本堂の濡れ縁には拳サイズのものからひと抱えもあるような大きなものまで、ダルマが山積みだ。どれも両目が入れられてあるので、大願成就して奉納されたものだろう。本堂の裏手には高いネットが張られ、これはもしかしたら山と積まれたダルマの山体崩壊を防ぐためのものか。

ここでダルマの基礎知識をおさらい。日頃、縁起物の玩具としてしか認識していないダルマだけれども、そもそもこれは禅宗の始祖とされる達磨大師の姿を模したもの。彼が壁に向かって手足を失うまで座禅を続けた、いわゆる「面壁九年」

の不撓不屈の精神にあやかる縁起ものとして広まった。ちなみにこちらのお寺では、天明の大飢饉の際に、農民救済のための副業として張り子のダルマを作らせたのが始まりだという。

本堂の隣りにある達磨堂では、夜道で遭遇したら腰を抜かしそうな、人より大きなダルマが迎えてくれ、内部は全国各地で作られるダルマのコレクションが並べられている。

さて、いよいよここから歩きだそう。「高崎自然歩道」と名づけられたその道は達磨寺の裏手から延びるらしいが、入口がわかりづらく、お坊さんに教えていただいて足を踏み入れる。しばらくは雑木林や竹林のなかの登山道を登るが、やがて前方に明るい光が差し込むのが見えると、そこからは舗装路だ。周囲には畑や原っぱが広がる里山風景。ところどころ、路傍に古い石の道標が建っているので、もともと歴史のある道なのだろう。

道は丘陵地帯を通るため、両側の視界は広く、空も大きい。ときどき分岐があるが、その前後には道標があることが多いので見逃さぬように。

県道と合流すると、道はさながら高原道路のような様相だ。周囲には「牧場」の看板を掲げた牛舎や、ブルーベリーやさくらんぼ狩りの看板も目につくようになる。途中、西の方角には、妙義のゴツゴツした稜線が遠望できる。いつも新幹線で高崎駅を通過するとき

達磨寺の裏手から高崎自然歩道に入る。台風の後とあって最初のうちは道も荒れ気味でちょっと不安になったが、やがて陽光が差し込む明るい農道に飛び出した

は、駅周辺の都市部しか目に入らないが、ちょっと郊外に出るとこんな光景が広がっているのかとあらためて驚く。

しばらくすると、「白衣大観音（高崎観音のこと）」の道標とともに東へ延びる林道が現れるので、ここを入って高崎観音を目指す。道は先ほどより細くなるが、周囲は雑木林に囲まれ、ときには切り通しで抜ける場所もあってなかなかにワイルドだ。途中、道と並走するようにイノシシの群れが走り去る。鉢合わせしなくてよかった。

道は何度もカーブしながら高度を下げて、やがて集落に降り立ったのだが、どうも地図と現地の様子が異なる。まじま

途中で道を間違えるという失態を演じたものの、なんとか高崎観音に到着。最近は海外からの参拝客も多いようで、境内からはさまざまな言語が聞こえてきた

じと確認したところ、なんと予定より一本南側の林道を降りてきてしまったらしい。どこかで分岐を見過ごしたのか。しかし、その道をそのまま下れば再び高崎観音方面への道と合流することがわかったので、それを利用してリカバリー。つまり本来なら三角形の一辺だけ歩けばよかったものの、二辺を歩くことになってしまった。カッコ悪い。

ようやく辿りついた高崎観音は、そんな僕をも慈愛にあふれる眼差しで迎えてくれる。足元に座り、高崎駅の乗り継ぎ時に買っておいただるま弁当を開いて遅い昼食だ。観音像の先からは高崎の街並みを見渡せる。

高崎観音まで来て、ようやくお昼用に買っておいただるま弁当を開く。食べ終わったパッケージは、そのまま貯金箱に流用可能というギミックは昔のままだ

さて、この先どうするか。ここからは1時間に1本程度、高崎駅行きのバスもあるが、それに乗ってしまうとさっきの失敗に負けたようで悔しい。駅までは歩いても小一時間といったところ。ここは最後にもうひと歩き。駅を目指して坂を下り始めた。

DATA

⦿モデルプラン：JR信越本線群馬八幡駅→少林山達磨寺→白衣大観音→JR高崎駅
⦿歩行距離：約11.5km
⦿歩行時間：約4時間（当初の予定コースを歩いた場合）
⦿アクセス：起点の群馬八幡駅へは、新宿駅から湘南新宿ラインで高崎へ。そこから信越本線に乗り継ぎ約2時間10分。終点の高崎駅からは湘南新宿ラインで新宿駅まで約1時間45分
⦿立ち寄りスポット情報：達磨寺＝高崎市鼻高町296。📞027-322-8800。白衣大観音＝高崎市石原町2710-1。📞027-322-2269（慈眼院）
（2019年10月探訪）

三富新田と《さんとめしんでんと》所沢航空記念公園《ところざわこうくうきねんこうえん》

埼玉県

江戸の地割りを今に残す農村と航空発祥の地をつなぐ

西武新宿線航空公園駅を出ると、目の前に旅客機が一機停まっている。戦後禁じられていた日本の航空機開発が再開された際に、国家主導で初めて製造されたYS-11だ。現在、成田や羽田に居並ぶ旅客機を見慣れていると、ちょっとかわいらしいサイズのこの機体。国内での運航は2006（平成18）年を最後に終了してしまったが、それでも今から15年ほど前までは日本の空を飛んでいたのかと思うと、乗りそびれたのが残念だ。

このYS-11の先に広がるのが、駅名にもなっている航空公園。所沢航空記念公園だ。約50ヘクタールという広大な敷地を持つこの公園を散策し、そこからは所沢市と三芳町の境に今も江戸時代そのままの地割が残っているという農村集落、三富新田を目指して歩いてみよう。

航空公園駅の駅前に展示されているYS-11。もともとはエアーニッポンが使用していた機体で、1997（平成9）年、伊豆大島から羽田へのフライトを最後に退役、この地にやってきた

もともと航空公園のあった場所は、日本で初めて飛行場が造られ、日本で初めて航空機が飛んだ場所でもあった。その後、陸軍が使用して戦後は米軍が接収。やがてそのうちの6割が返還、一部がこの公園に生まれ変わった。

公園の中央に延びる「沈床茶園」と呼ばれる花壇は、当時の滑走路跡地だそうだ。ほかにも航空発祥記念館には、戦前から今日までの歴代航空機が展示されていて、間近で見るそれは想像よりずいぶんと大きく感じる。とくにメインローターがふたつついた輸送ヘリは、こんなに巨大なのかと驚く。

それ以外にも園内には雑木林が多く残

所沢航空発祥記念館内に展示されるバートルV-44ヘリコプター。ヘリコプターには乗る機会自体少ないが、タンデムローター、つまりメインローターが2つあるヘリに乗るのはさらにレアだろう

されていて、地元民や遠足にきた幼稚園児たちの絶好の散策スポットになっているようだ。

航空公園からは三富新田を目指して北東へ歩く。このあたりは古くからの住宅街や街道、そして広大な霊園などが点在し、道の選びかたによってずいぶんと印象が変わりそうだ。多少遠回りになろうとも、なるべくクルマの往来が少ない道を選んで進んでいくと、やがて中富や上富といった地名が目につくようになり、目的地が近いことを知らせてくれる。このふたつに下富という地名を併せて三富と呼ぶのだそうだ。

そもそも三富新田とはいかなる場所か。

極端に細長いスペースが続く三富新田の地割。縦方向には延々と農道が何本も並行して通っているのに、それらと交差する横への道はほとんどないのが特徴的だ。水に恵まれず、稲作は難しいらしい

この一帯は江戸時代に至るまで長らく所有権が争われていて、元禄時代に入ってようやく川越藩の領地であることが決定。それによってそれまでは一面の湿地帯で、屋根に葺く萱や馬の飼料採取程度しか用途のなかったこの土地の本格的な開拓が始まったのだった。

興味深いのがそのときの地割。一軒あたりに割り当てられた土地が、間口約72m、奥行きが約675mと、極端に細長い区画だったのだ。そしてその地割は今日もそのまま引き継がれており、畑に入ると向こうが霞んでしまうような長い農道が縦に延びるいっぽう、横方向へ入る農道はほとんど見あたらない。

三富新田のもうひとつの特徴は、その細長い区画内の構成だ。街道沿いにまず屋敷が建てられ、その周りには屋敷林。裏手に畑。そして一番奥には雑木林を設けた。この構成には理由があって、もともと痩せていてあまり農作向きではなかった土を改良するために、雑木林の落ち葉を毎年堆肥化して畑にすき込み、樹木は薪や炭として使用していたのだという。

またこの地域はもともと水に苦労したようで、一時は多摩川から用水路を引こうとしたもののそれも失敗。風が吹くと巻き起こる土混じりの風を防ぐために、竹や杉を屋敷林として植え、それらの材は防風目的だけでなく、竹は日用品などの細工に、杉は建材に用いていたという。

つまりこの細長い敷地では、当時から自給自足による高度な循環型消費生活が営まれていたわけで、さまざまな資源やゴミ問題に悩む現代から見ると、僕たちは本当に進歩をしてきたのか考え込んでしまう。

農道脇の畑で作業をしている女性に話をうかがうと、やはり今でも江戸時代の地割のまま生活を営んでいる農家が多いそうだが、雑木林の役割は次第に低くなったのか、物流倉庫や資材置き場に転用されているところも増えているという。

旧島田家住宅は三富新田を象徴する建物だ。文化文政時代に建てられたとされ、現在は三芳町指定の文化財として内部も見学できる。お風呂がないのは、やはり水に苦労した土地柄だからか

何百年も続いてきたこの風景。これからも存続してほしいものだと思ういっぽう、当事者にはそれなりの事情もあるだろう。誰もが納得のいく落としどころとはないものかと考えつつ、次第に住宅が増えていく道を東武東上線鶴瀬駅へ向かって歩いていった。

DATA

⦿モデルプラン：西武新宿線航空公園駅→所沢航空記念公園→三富新田→東武東上線鶴瀬駅
⦿歩行距離：約12km
⦿歩行時間：約4時間
⦿アクセス：起点の航空公園駅へは、高田馬場駅より西武新宿線で約40分。終点の鶴瀬駅からは東武東上線で池袋駅まで約30分
⦿立ち寄りスポット情報：所沢航空発祥記念館＝所沢市並木1-13。📞04-2996-2225。9:30～17:00。原則月曜(祝日の場合翌日)、年末年始休。旧島田家住宅＝三芳町上富1279-3。📞049-258-0220。9:00～16:00。月、国民の祝日、年末年始休
(2019年5月探訪)

黒川の分校跡と小さな尾根道

くろかわのぶんこうあとと
ちいさなおねみち

神奈川県

100年以上の歴史を持った分校跡と、その背後にひかえる尾根道を歩く

神奈川県川崎市と東京都町田市を分ける県境に、ひっそりと延びる小さな尾根がある。多摩センターをはじめ開発が著しい多摩丘陵にあって、今も里山の面影を残すこの尾根を歩いてみよう。

起点となるのは小田急線の黒川駅。駅の少し先を通る県道を渡り、東へ歩くとすぐ先の斜面に「黒川青少年野外活動センター」という指導標が掲げられている。ここを入っていくのが今回のルートなのだが、そこでちょっと気になることがあった。斜面の下にバス停があるのだが、その停留所の名前が「黒川分校下」というのである。分校とは、またなかなか懐かしい響きを持った言葉である。分校下というからには、この上には分校があるのだろうか。

「黒川分校下」というバス停の名前にひかれるものがあり訪ねてみた施設は、やはり過去には分校だった（写真上）。元校庭にはジャングルジムをはじめ、当時の遊具が今も残っている（写真下）

あらためて先ほどの道を登っていくと、すぐに黒川青少年野外活動センターという建物が現れた。もしやと思ってこのセンターの人にお話をうかがうと、やはりここは、以前は分校だったのだそうだ。正しくは柿生小学校黒川分校といい、１９８３（昭和58）年にその幕を閉じるまで、１０９年もの長い歴史を持つ分校だったとのこと。もちろん川崎市に残っていた最後の分校だった。

現在も当時の様子はよく残されていて、校庭跡には鉄棒やジャングルジム、雲梯など、当時の子どもたちが遊んだであろう遊具がそのまま残されていた。きっとこの周囲も、もっと豊富な雑木林や丘陵

神奈川県川崎市と東京都町田市の間に、ひっそりと残された小さな尾根道。尾根とはいえそれほどのアップダウンはない、のんびりとした散歩道。木々の間からの木漏れ日が美しい

に囲まれていたのだろう。図らずも、スタートからいきなり里山の記憶をのぞかせてもらうこととなった。

尾根道を歩くには、この野外活動センターの裏手から延びる小径に入る。しばらく歩くと道は二手に分かれ、センターのおじさんが「右へ行くと、芝生が広がるきれいな公園ですよ」と教えてくれた町田市の真光寺公園へと続くが、今回は尾根道歩きに終始したかったので左へ。

周囲はあっというまにさまざまな樹木に囲まれる。尾根は高いところでも標高100mちょっとだろうか。そして、幅も100mほどしかないのではなかろうか。左手の川崎市には、枝越しに工場や

学校、右手の町田市側には住宅が広がっているのがわかる。周囲の開発が進むなか、よくもまあこんな空間がひっそりと残っていたものである。

おそらくは県境であるこの尾根を境にして、東京都と神奈川県はそれぞれ独自の立場で開発を続けたのだろう。そしてどちらもこの尾根自体には手をつけることなく今に至るのだろう。実際、ひとつの尾根を歩いているのに、町田市側では「真光寺緑地」、川崎市側では「栗木緑地」と別々の名前で呼んでいるのが興味深い。尾根筋にはときどき県境を示すと思われる標柱が埋め込まれているので、お互いに「そこまではうちの公園」といったスタンスなのだろう。

途中、町田市側の視界が開けた。足元には広大な住宅街が広がっており、その向こうには丹沢山塊が、そしてさらにその向こうには、富士山が頭だけのぞかせている。

そんな光景を眺めながら歩いていたら、スリップして危うくコケかけた。この尾根道の足元はどこも完全な赤土なので、斜面では滑りやすい。とくに雨後などは気をつけたほうがいいだろう。

尾根は次第に標高を下げ、ついには尾根上まで住宅街がせり上がってきたところで、小さな尾根歩きの旅はおしまいだ。そこからは、町田側から尾根を越えてきた細い舗装路を

町田市側の展望が開ける場所があった。眼下に目をやれば、尾根のギリギリまで住宅街は迫ってきているのがわかる。このままここが緑地として残され続けることを願う

ゴールの栗平駅に向かって下っていこう。この道すがらにも、周囲には果樹畑をはじめとするさまざまな畑が広がっており、昔のこのあたりはどこもこんな感じだったんだろうなと、遠い日の多摩丘陵の面影を彷彿とさせてくれる。

DATA

⦿モデルプラン：小田急多摩線黒川駅→黒川青少年野外活動センター→栗木緑地（真光寺緑地）→小田急多摩線栗平駅

⦿歩行距離：約4km

⦿歩行時間：約1時間半

⦿アクセス：起点の黒川駅へは新宿駅小田急小田原線、多摩線を乗り継いで約40分。終点の栗平駅から新宿駅へは約35分

⦿立ち寄りスポット情報：黒川分校跡は、現在は黒川青少年野外活動センターという川崎市の施設になっている

（2018年5月探訪）

第4章 地形を体感する徒歩旅行

江戸時代に掘られた水路、発祥不明の謎の飛び地、都市の地下に生きる川。地形を辿ってのウロウロ旅は、まさに徒歩旅行がうってつけ。

日原鍾乳洞の奥深くには、こんなに広大な空間が隠されていた。入口の狭さからはちょっと想像がつかない。初めてこの空間を発見した人は、さぞかし驚いたことだろう

奥多摩むかし道《おくたまむかしみち》

明治初期まで甲州との物流を担っていた、いにしえの道を歩く

東京都

奥多摩駅からさらに奥多摩湖方面に向かうには、今では青梅街道を抜けるのが一般的だが、実はこの道と併走するように走るもう一本の旧道がある。これは現在の青梅街道ができる以前、甲州との物流に用いられていた道で、１８７８（明治11）年に青梅街道が完成するまで、多くの人や馬に歩かれていた。

この道をハイカーに歩きやすいように再整備したのが「奥多摩むかし道」。全長約９㎞。時間にして約３～４時間というところか。果たしてどんな道が待っているのだろう。

奥多摩駅からいきなりスタートすることもできるが、そうするとゴールの奥多摩湖に着いたときに帰りのバス時刻を意識しておかなければならなくなる。今回はまずはバスで奥多摩湖へ。そこから奥多摩駅を目指すことにした。そこには、このほうが全体に下り基調

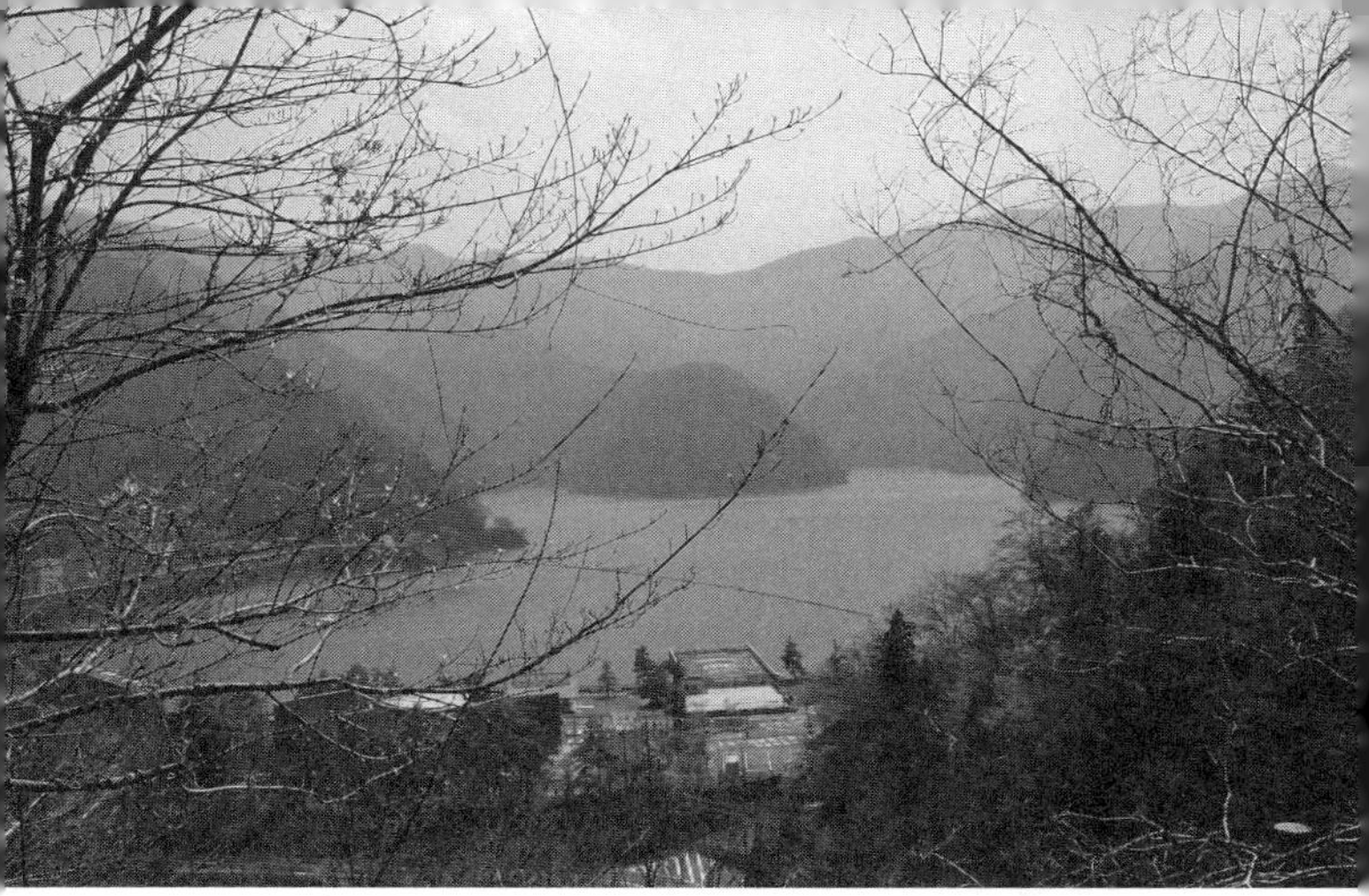

小河内ダム、そして奥多摩湖を俯瞰する。奥多摩湖周辺の山を歩くことは少なくないが、小河内ダムを下流側から眺める機会というのはあまりないような気がする

になるだろうというちょっとずるい算段もあった。

奥多摩湖バス停のひとつ前、水根バス停で下車。ここがむかし道入口への最短バス停だ。しばらくは水根沢沿いの舗装路を登っていく。分岐にはたいていしっかり道標がつけられているのであまり不安はない。やがて人しか通れない道に入り、山の南側をトラバースしながら進む。右手には巨大な小河内ダムがせり上がっていて迫力がある。

タキノリ沢を越えると、道の左側は露岩の崖が続く。右側には手すりが延びているが、油断なく通過しよう。

ときおり、思いついたように道沿いに

ポツンポツンと民家が建っている。クルマも入って来られないような山間部での生活に思いを寄せる。

中山集落を抜けるとしばらく下りの山道が続き、下りきったところで舗装された林道に飛び出す。気がつけば、スタート時には右手を走っていた青梅街道がいつのまにか左手に見える。どうやら途中、山道でトンネル上を越えてきたらしい。代わりに右手に見えるのは多摩川だ。川面とは距離があるが、それでも樹間から見える水は青く透き通っているのがよくわかる。

このあたりからは道沿いに「馬の水のみ場」と呼ばれる昔の茶屋跡や、耳が病気になったときには、穴の空いた小石を探してきて供えれば治るという「耳神様」など、この道が現役で使われていた時代の面影がポツポツと現れてきて興味深い。

途中には現役の茶屋も一軒あった。店の女性に話をうかがえば、開店してまだ半年ほどとのこと。シーズン中はいいが、厳冬期は大変だろうな。この先にはいくつか青梅街道へエスケープできる道もあるので、途中で疲れてしまったときや、思いのほか時間がかかってしまったときは、それを利用してバスで奥多摩駅まで戻るのもありだ。ただし本数は少なめなので、時刻はちゃんと確認しておきたい。

山中の、こんな自動車も入れないような道沿いにも家はある。かなうことならば、お茶でも飲みながらこの家での暮らしぶりなどをうかがってみたいものだ

途中、境の集落手前で道は一度青梅街道を横断して反対側へと渡る。そして渡ってみたところ、なんと立入禁止の札が。ガーン！というのはウソで、実は奥多摩駅に着いたときに、ビジターセンターでここが落石で通行禁止になっている情報は得ていた。スタッフの話では復旧まではまだしばらくかかりそうだったが、その代わりに青梅街道を歩いての迂回路を教えてくれた。今回にかぎらず、最新の路面状況を知るためにも、出発前にビジターセンターに寄るのをお勧めする。

桧村《ひむら》集落を抜けてしばらく標高を上げていくと到着するのが槐木《さいかちぎ》集落。ここには一本のサイカチの巨木が今も残り、この木の下は古来から旅人たちの休憩場所だったそうだ。
槐木からは再び、細い道に入る。ここからは古い鉄道の廃線跡を越えたり併走したりして歩くことになる。この廃線は通称「奥多摩水根線」と呼ばれる鉄道の遺構。これは小河内ダムを造るにあたって、資材搬入のためだけに敷設された鉄道だ。ダムを造るために、まずは鉄道……。当時のダム界隈がいかに険峻な地形だったかうかがえる。また、山中に突如現れるレールやトンネルは、映画『スタンド・バイ・ミー』的な雰囲気に憧れる人にはたまらないポイントでもあるだろう。かくいう僕もそのひとり。

「耳神様」には、実際に穴の空いた石が数多く供えられていた。なかには最近のものと思われるものも。穴の空いた石を見つけるのって、簡単なことではないようにも思うのだが

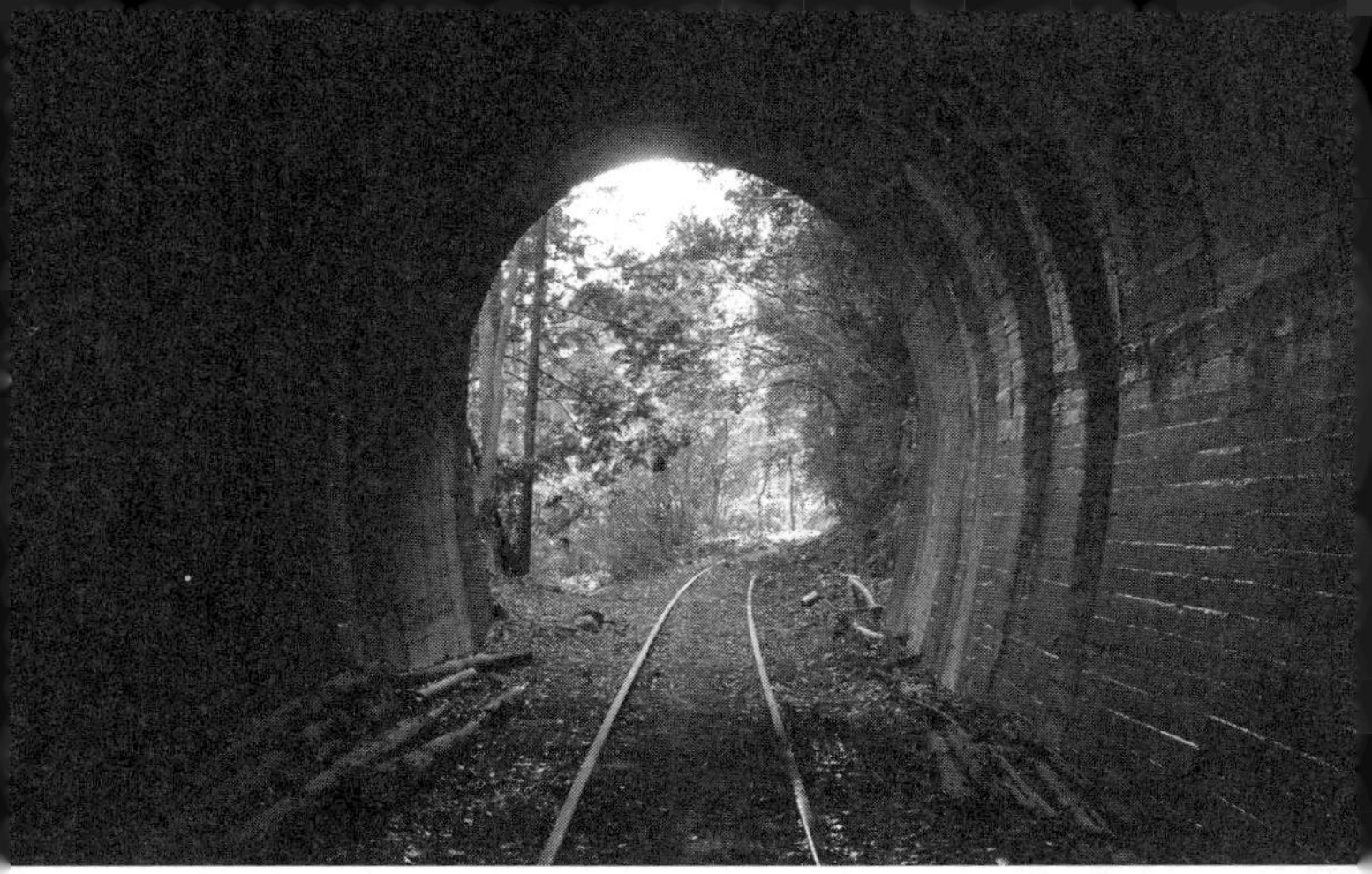

奥多摩むかし道の終盤になって現れた旧・奥多摩水根線のレンガ積み廃トンネル。レールも残されたままになっていた。ここ以外にも、むかし道沿いのそこかしこに奥多摩水根線の遺構は残る

廃線跡区間を抜けて坂道を下り、左手に羽黒三田神社を眺めればむかし道はゴール。そこから奥多摩駅までは歩いて10分ほど。途中には東京都最西端の飲み屋街といわれる「柳小路」もある。帰りの電車の時刻と相談しながら、思い思いの余韻にひたるのもいいだろう。

DATA

⦿モデルプラン：JR青梅線奥多摩駅→水根バス停→タキノリ沢→茶屋→惣岳渓谷→槐木集落→奥多摩駅
⦿歩行距離：約9km
⦿歩行時間：約4時間
⦿アクセス：起終点の奥多摩駅へは、新宿駅から青梅特快で青梅駅へ。そこから青梅線に乗り継いで約1時間40分。奥多摩駅から水根バス停までの西東京バスは1時間に1本程度
⦿立ち寄りスポット情報：奥多摩ビジターセンター＝西多摩郡奥多摩町氷川171-1。☎0428-83-2037。9:00～16:30。月曜(祝日の場合翌日)、年末年始休業
(2018年4月探訪)

【それから】このとき通行禁止になっていた区間はすでに解消されているが、実際歩く場合は事前に奥多摩ビジターセンターで確認することをお勧めする。また当時あった茶屋は、現在は暖簾を下ろしてしまった。残念

二ヶ領用水と久地円筒分水《にかりょうようすいとくじえんとうぶんすい》

徳川家康の命によって築かれた、神奈川県最古の用水路を遡る

神奈川県

二ヶ領用水は多摩川から分水し、川崎市を縦断していく全長32㎞にわたる用水路だ。その歴史は古く、徳川家康の指示によって着工されたのは１５９７（慶長２）年というから、なんと関ヶ原の戦いより以前だ。完成したのは１６１１（慶長16）年。つまり14年の年月をかけたことになる。これにより周辺の新田開発も急速に進み、このあたりは「稲毛米」と呼ばれる米の産地として知られることになった。「二ヶ領」の名前も、この用水路が川崎領と稲毛領にわたっていたことからつけられたのだそうだ。この32㎞のうち、半日コースで楽しめ、見どころも多い上流部をのんびり遡ってみよう。

起点となるのはＪＲ南武線の武蔵溝ノ口駅、または東急田園都市線の溝の口駅。隣接している駅なので、便利なほうを利用すればよいだろう。溝の口駅の西口を出て、渋谷方面

二ヶ領用水は、徳川家康の命でつくられた神奈川県内最古の用水路だ。溝の口駅からもほど近いこの大石橋から、多摩川を目指して遡上していこう

に戻るように5分ほど歩くと、きれいに整備された小さな川が現れる。これが二ヶ領用水だ。ここからこの用水路を遡るようにして多摩川を目指す。

周囲は護岸化されフェンスに囲われているものの、部分的には川面まで降りられるように石段がつけられている。川を危険視するだけでなく、こういった水と接する場所を設けるのも大切だ。用水路内には、ときおり大きなコイがのんびりと泳いでいる。

やがて二ヶ領用水は厚木街道と交差するが、ここでは歩道橋が用水路上に沿うように設置されているので、下るときにはそのまま用水路に入ってしまうかのような錯覚に陥る。

そこからさらに進んでいくと、正面に巨大な円形状の構造物が現れる。二ヶ領用水最大の見物ともいえる久地の「円筒分水」だ。これは多摩川からここまで流れてきた水を、周辺の各農地に厳密かつ平等に分配するための施設で、ここで用水を一度地下まで潜らせ、サイフォンの原理で円筒から噴出、これを外側の仕切り壁によって4つに分けてそれぞれに流下させるというもの。ちなみにその分配はそれぞれ4分の1ではなく、各流域の耕地面積に対応して厳密に分けられているというから驚きだ。農業にあまり馴染みがない人間からすると、「水なんていくらでも流れてくるのに、なんでこんな大がかりな施設をつくってまで……」と思ってしまうが、そうではないのだ。農家にとって水は命。江戸時代には水の奪い合いで、村同士で血を見るような争いも起こったと聞く。

そこまで荒々しくはないが、僕が毎年田植えと稲刈りの手伝いをさせてもらっている埼玉県の田んぼでも、やはり用水路の水の管理、利用は非常に厳しいとのこと。そんな水争いを解消するために、この久地円筒分水はつくられたのだろう。1941（昭和16）年に完成したこの円筒分水は、1998（平成10）年には国の有形文化財にも指定されている。中央からあふれてきた水が外側の円の壁を伝うように滑り落ちていく光景は、なんだか現

多摩川からの水を、周辺の農地に向けて平等かつ厳密に分けるためにつくられた久地の円筒分水。現在では農業用水としての役目は終わりつつあるが、その中心部からは今もなめらかに水が流下する

代美術の作品のようにも見えてくる。

円筒分水から上流は水量も一気に増える。道は用水沿いに続き、ＪＲ南武線の久地駅周辺では、右から宿河原用水が合流してくるのが見える。この用水も多摩川からやってきているものだが、ここではそれをやりすごしさらに上流へ。

この先しばらく、二ヶ領用水はクルマの往来の多い府中街道沿いを流れていく。姿は三面護岸張りの都市型河川に変わり単調な歩きになってくるところだが、しばしの我慢。左手に『藤子・Ｆ・不二雄ミュージアム』が見える手前あたりからは、府中街道とは用水路を挟んだ反対側に歩きやすい遊歩道が続くようになる。

玉網を片手に二ヶ領用水に入る子どもたち。用水は川面に近づきやすい設計になり、周囲には緑も増えていい雰囲気だ。さあ、果たして何が捕れるのか

小田急線の線路を陸橋で渡り、なおも用水路を辿って世田谷通りを渡ると、これまでつかず離れずいた府中街道にようやく別れを告げ、静かな住宅街のなかに流れる二ヶ領用水をのんびりと楽しめる。このあたりになると用水路自体も親水を意識した姿になり、周囲には緑も増え、ときには玉網を片手に生き物を探している子どもたちの姿も見かけるようになって微笑ましい。川面には清流の女王とも称される、カワセミが飛翔する姿を目にすることも。

JR南武線の踏切りを渡り、二ヶ領用水が三沢川と川同士で立体交差するという、ちょっと珍しい光景をすぎれば多摩

川との合流点は近い。多摩川沿いに走る車道を渡ると、目の前に川幅いっぱいに延びた二ヶ領上河原堰堤の巨大な構造物が見えてくる。昔は自然に二ヶ領用水に分水していたのだが、多摩川が浅くなったことなどもあって、この堰堤を使って水を流しているのだとか。

ちなみにここまで歩き終えてしまってからいうのもなんなのだが、今回のように川沿いを歩くときにはふたつのスタイルがある。ひとつは上流から下流へ水とともに進むもので、もうひとつは下流から上流へと遡るもの。いずれも「この川は、いったいどこへ続いているのだろう」とか、「この川の水は、果たしてどこか

用水路脇の岩に突然、鳥が飛来した。見てみるとなんとカワセミだ。大きさからしてまだ幼鳥かもしれない。ここには彼女らのエサとなるものもいるということだろう

多摩川に合流するのと同時に、眼前に飛び込んできたのは二ヶ領上河原堰堤。二ヶ領用水を辿る旅もここでおしまい。ここからは多摩川を遡って、最後のお楽しみを目指す

ら発しているのだろう」という素朴な気持ちが前提となり、どちらも捨てがたいものがある。

ならばなぜ今回は下流から上流へというコースを選んだのか。それはこの合流地点から土手をしばし歩いたところにある『たぬきや』に寄りたかったから。たぬきやは多摩川、稲田堤の土手にポツンと建つ、あまりにもシブイ茶屋。まるで古きよき、昭和の時代の海の家のような趣だ。店のかたの話によると、この店を始めたのは1935（昭和10）年とのこと。それから今日までの間に、この店の前を往来していた渡し船は廃止になり、有名だった土手沿いの桜並木が車道をつ

多摩川の河川敷に店を構える「たぬきや」は、散歩者はもちろん、川沿いを走るランナーやサイクリストにも人気だ。ここだけを目指して遠くから訪れる人もいる

くるために伐採されてしまっても、ずっとこの地でお店を続けているのだそうだ。

店の前に並べられたテラス席（？）に座り、川から流れてくる爽やかな風を感じながら、満開の桜の下を渡し船が往来していた当時に思いを馳せてみた。

DATA

⦿モデルプラン：東急田園都市線溝の口駅→二ヶ領用水→久地円筒分水→小田急線陸橋→JR南武線踏切り→多摩川→たぬきや→京王線京王稲田堤駅
⦿歩行距離：約11km
⦿歩行時間：約4時間
⦿アクセス：起点の溝の口駅へは渋谷駅から東急田園都市線で約18分。終点の京王線稲田堤駅から新宿駅までは京王線で約22分。南武線稲田堤駅も利用可
⦿立ち寄りスポット情報：久地円筒分水＝川崎市高津区久地1-34。℡044-200-2903（川崎市建設緑政局）
（2018年6月探訪）

【それから】「たぬきや」は惜しまれつつも、2018（平成30）年に営業を終えてしまった

盤州干潟と実験浸透池《ばんずひがたとじっけんしんとういけ》

——千葉県——

干潟に潜む「巨大魚の目玉」は、果たしてウインクをくれるか

年々開発が進む東京湾にも、今もいくつかの自然干潟が残っている。干潟は潮干狩りやノリの養殖など人間の暮らしにも密着した存在であるいっぽう、魚類や甲殻類、そしてそれらをエサとする鳥類などにとっても重要な生活環境だ。なかでも三番瀬が知られているが、今回は都心からはやや離れるものの、東京湾でも最大級の面積を誇る木更津の盤州干潟を訪れてみたい。なぜならそこには前述の自然環境以外にも、前から気になっていた謎地形「巨大魚の目玉」があるから……。

まずはJR内房線の巌根《いわね》駅へ。木更津のひとつ手前にあたる小さな駅だ。駅からは西、つまり海を目指す。交差した県道を右へ入ると、すぐに橋で小櫃《おびつかわ》川を渡る。この小櫃川の河口が今回目指す盤州干潟だ。次の交差点を左へ入り、なるべく小櫃川と離れないように

人の背の高さまで伸びた植物の間に延びる一本の白い道。この光景だけ見ていたら、この先に広がるのが東京湾とはにわかには思えない。沖縄の島のようだ

しながら河口を目指す。

このあたりまで来ると周囲はすっかり田園風景で、海からの風に稲穂が爽やかに揺れている。

小さな集落を抜けると、やがて盤州干潟の入口を発見。入口には鉄のゲートが閉められていて、一瞬、立入禁止なのかとドキッとしたが、「ようこそ小櫃川河口干潟へ！」という案内板が掲げられているのを見てひと安心。どうやらこのゲートは、干潟にクルマでゴミの不法投棄に来る輩への対策らしい。

ゲートの先には細い小径が続いているのでさっそくそれを辿っていくが、やがて左右から覆い茂る植物が進路をふさぐ。

干潟に群がるあまたのカニたち。子どものころからの習性なのか、カニを見ると思わず捕まえたくなってしまうのだが、ところがどっこい、カニもそんなに甘くはなく、すごいスピードで逃げ去る

季節は盛夏。植物たちの生長著しい時期だ。ちょっとイヤな予感がしたが、地質の影響だろうか、すぐに草は少なくなり目の前に細く白い道が続く。周囲にはところどころに干潟が顔を見せ、そこではあまたのカニたちが食事中だ。もうちょっと近くで見たいと思ったが、彼らも野生。なかなか距離はつめさせてくれない。

それまでの踏み固められていた地面がふかふかの砂へ変わると、いきなり目の前に海が現れた。いや、その表現は正しいのか。海水が完全に引いた海である。この日は中潮とあってまずまず干満がはっきりしており、しかも干潮時間に近かったこともあるのだろうが、それにして

潮が引ききった東京湾。遠くに神奈川の工業地帯が見える。モノクロなのでわかりづらいが、手前に広がる白っぽい部分はすべてノリの仲間が干上がったもの。いい香りが漂っているんだ、これが

も激しい潮の引きかただ。遠くに後退した海はほとんど見えず、このまま神奈川県側まで歩けてしまえそうだ（そんなわけはない）。さすがは東京湾最大級干潟の面目躍如。手前にできている緑色の帯は、ノリの仲間が強い日差しによって干からびたもの。おかげで周囲をノリの香ばしい匂いが漂ってる。

そんな風景にしばし圧倒されていたところで、もうひとつの目的を思い出す。そう、「巨大魚の目玉」だ。正しくは浸透実験池と呼ばれるこの遺構。地形図を見ると、干潟に唐突に真円をした不思議な池があるのだ。周囲の地形とセットで見ると、あたかも巨大な魚の目玉のよう。

この浸透実験池。もともとは八幡製鐵（現・新日本製鐵）が、製鉄時に使用する冷却用水確保のために作った施設なのだそうだ。高度経済成長のさなか、増えつつある需要に応えるためには工業用水が必須ということで作られたものの、その後のオイルショックなどで需要は冷え込み、結局は正式に運用されず放置されているというのが現状らしい。

さあ、ここまで来たからには浸透実験池も見に行かねばなるまい。がしかし。池に行く道がないのである。入口に掲げられていた地図にはしっかり描かれている道が。あるべきところには、僕の背丈を越える濃密なヨシ林が広がるのみ。まさか、ここが!? このヨシ林を越えていけということか。覚悟を決め、極力皮膚の露出を避けて突入。足元にはかすかに踏み跡は残っているが、とにかくそこに覆い被さるヨシがすごい。ヨシだけでなく、なかにはノイバラもあるようだ。パンツ越しにもトゲがチクチクと刺さってくる。

この先に本当にあるのかと不安になったところで、ちょっとした高台を越えた。すると、あった。おそらくこれが浸透実験池だろう。ヨシ林に囲まれているうえに、そもそも地表からでは俯瞰できないので、完全な円としては確認できないが、それでも半分に切ったドーナツ状の様子だけは確認できた。ヨタヨタと水辺に降り立つと、数多くの水鳥たちがいっせいに飛び立ってビックリ。いや、驚かせたのはこちらなのだが。

どうやら来る時期をしくじったようだ。冬枯れの時期に訪れるのが正解なのだろう。工業用に作られたこの池は、今では野鳥たちのオアシスらしい。そのことを知っただけでも今回はよしとして、少ししょっぱい達成感（汗と潮風）を感じながら、再びヤブの突破準備を始めた。

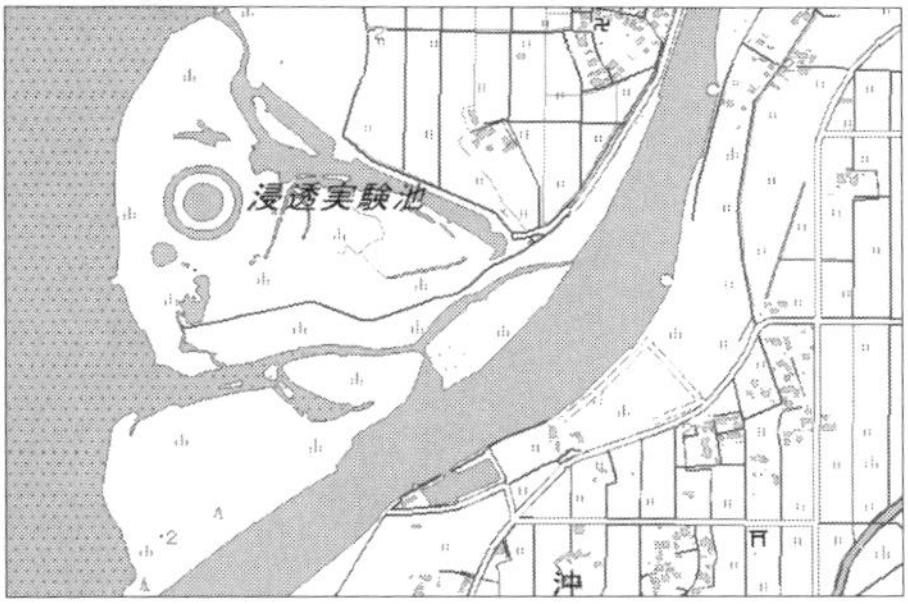

強烈なヤブ漕ぎのなか、ようやく辿りついた実験浸透池は、水鳥たちのよき休息場所になっていた（写真上）。国土地理院の地形図を見ると、巨大魚の目のような池の地形がよくわかる（写真下）

DATA

⦿モデルプラン：JR内房線巌根駅→金木橋→盤州干潟→浸透実験池→金木橋→巌根駅
⦿歩行距離：約9km
⦿歩行時間：約3時間
⦿アクセス：起終点の巌根駅へは東京駅から総武線、内房線を乗り継いで約1時間15分
⦿立ち寄りスポット情報：盤州干潟にかぎらず、干潟へ出かけるときはあらかじめ干潮時間を確認しておきたい。本文にもあるように真夏はヤブが激しい
（2018年7月探訪）

飛び地「西大泉町」

周囲をぐるりと埼玉県に囲まれた、東京の極小飛び地を訪ねて

とびち「にしおおいずみまち」

東京都
埼玉県

東京都との県境近くの埼玉県側に、東京の「飛び地」があるという話を聞いたのはいつのときだったか。ご存じのように飛び地というのは、行政区画などの一部が本体？とは離れて存在している部分のことだ。市町村レベルはもちろん、ときには国家単位でも存在する飛び地。日本でも河川改修によって流路が変わり、一部が対岸に取り残されてしまったという例はときおり聞くが、この東京都と埼玉県の飛び地付近には川はない。いったいなぜそんなことになってしまったのか、直接現地を歩いてみることにした。

スタートとなるのは西武池袋線の保谷駅。駅から北に延びる福泉寺通りを歩いていく。道は真新しく、周囲には住宅街が広がるいっぽう、ところどころに畑や温室、農家と思われる大きな家が点在し、このあたりは比較的最近に宅地化されたことがわかる。

練馬区から県境をまたいで新座市に入った瞬間、目の前に麦畑が現れて驚いた。埼玉北部は麦の生産が盛んなことは知っていたが、こんな南でもつくっていたのか

埼玉県との県境が近づいてきたあたりから、あらかじめ地図であたりをつけておいた路地に入り、いよいよ飛び地に切り込む。道端の電柱や町内掲示板、そして民家の玄関に掲げられた住所表示を注意深くチェックしながら慎重に進むと、やがて、ここここそ境界であろう地点に到着。細い道路を挟んでこちら側に立っているカーブミラーには「練馬区」、向こう側のには「新座市」と記されている。新座市へ越境である。そしてその先に広がっていたのは、なんと一面の麦畑というドラマチックな光景だった。もちろん、境界を境にある程度風景が変わるのは予想できていたが、住宅街から一変、麦畑

が現れようとは。

　これにはちょっと感動してしまったが、今回の目的は県境を徒歩で越えることではない。その先にある「東京都」の発見である。再び、注意深く住居表示を確認しながら進むと、何軒か「新座市片山」という住所が続いたところで、唐突に「練馬区西大泉町（練馬区「西大泉」とは別）」という表示が現れた。ここだ。ここが埼玉県に囲まれた東京都だ。

　どうやらこの筋が東京都らしい。そこを歩きながら、家々を眺めていく。ガレージに停められているクルマもみんな練馬ナンバーだ。この並びがすべて東京都なのだなと納得ししつつ歩いていたら、

この新座市にあるなんということのない住宅街の一角が、突然東京都になる驚き。それも直線でぶった切られているのではなく、デコボコと東京都になったり埼玉県になったりする

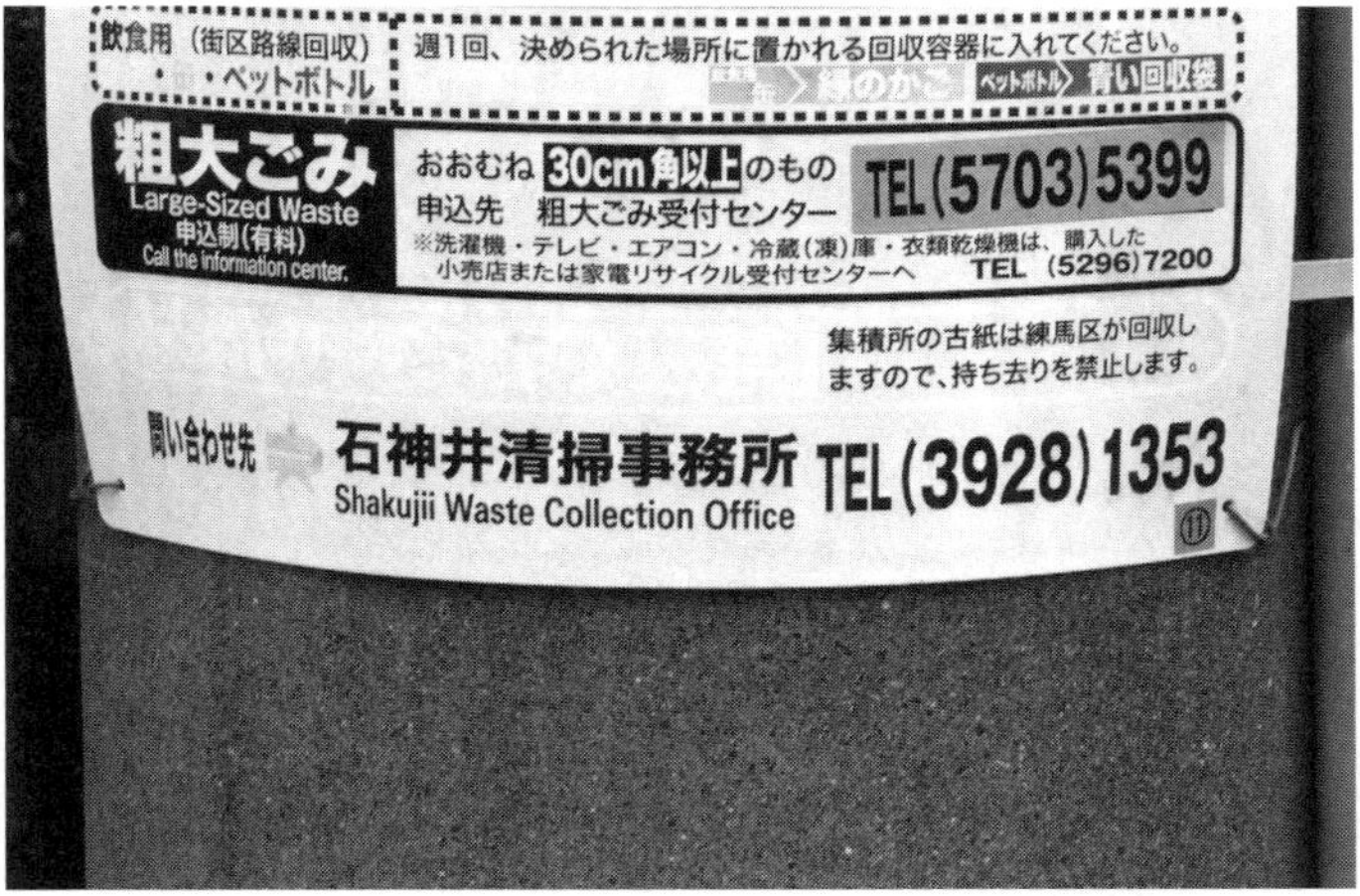

周囲は完全に埼玉県新座市なのに、この一角だけ東京都なのでゴミの収集車も練馬区のものがわざわざ県境を越えてやってくる。どうしてこんなことになったのか

最後の一軒だけが新座市。いったいなんでこんなことが。試しにひとつ先の筋も歩いてみると、こちらはすでに新座市のようだったが、この通りに掲げられていた地元自治会の住宅案内図を見てまたもやびっくり。これによると、先ほどの筋の最後の一軒以外が東京都で、こちらの筋は歯抜け状に二軒だけ東京都に組み込まれている。ちなみに「畑」と書かれている場所には、現在新しい家が建てられ、ここも東京都なのだそう。

　住宅街をぐるりと回ってきて一周すると、ある東京都の家の前で、ご主人がなにか作業をしていたので、話をうかがってみる。

「ああ、そうだね。うちとこの周囲の数軒だけ、東京都なんだよね。ここのためだけに練馬区のゴミ収集車が来るし、税金も東京都へ納めるんだよ。とくにうちなんかは、玄関までが東京都で、前の道は新座市。25年ほど前に越してきたときに、契約書のなかには『将来的にここは新座市になるかもしれない』という条項があったんだけど、それは断固拒否したからね。だってそうでしょ。練馬区と新座市じゃあ土地の単価だって違うしね」

現在、練馬区と新座市では、いずれこの「西大泉町」を新座市に編入することで話はついているらしい。たしかにこんな飛び地は、行政上もいろいろやりにくいだろう。ただしそこには「全住民の同意の上で」という前提があり、先ほどのご主人の話にもあるように、それはなかなか簡単なことではないようだ。

そもそも、なんでこんなところに、こんな変則的な飛び地が存在するのか。あまりにも古くからのことで、行政も把握できていないらしい。先ほどのご主人によれば、「ずーっと昔、荒地を耕しちまえば自分のもの、みたいな時代に勝手にそうやって占有しちゃったのがいたんじゃないかなー」とのこと。僕の根拠のない説としては、その昔、ここは練馬区側の藩の隠し田があったのではと想像してみるのだが、果たして真相はいかに。

さて、飛び地の謎を確認したところで帰路につく。来た道をそのまま戻るのももちろん

豊富な湧き水が流れ出す妙音沢特別緑地保全区。斜面林からの水は黒目川へと流れ込み、都市近郊河川には珍しい清浄な川になっている。見つけられなかったが、サワガニもいるらしい

ありだが、せっかくここまで歩いたのだから、さらに歩いて東武東上線の和光市駅を目指してみよう。途中には『平成の名水百選』にも選ばれている新座市の妙音沢特別緑地保全区や、和光樹林公園など自然にふれあえるスポットも点在している。

DATA

⦿モデルプラン：西武池袋線保谷駅→東京埼玉県境→西大泉町（飛び地）→妙音沢特別緑地保全区→和光市樹林公園→東武東上線和光市駅
⦿歩行距離：約9km
⦿歩行時間：約3時間
⦿アクセス：起点の保谷駅へは西武池袋線準急で約15分。終点の和光市駅からは、東武東上線準急で池袋駅へ約15分
⦿立ち寄りスポット情報：妙音沢特別緑地保全区＝新座市栄1。℡048-477-2950（新座市役所みどりと公園課）。和光樹林公園＝和光市広沢3。℡048-468-0837。飛び地の西大泉町はあくまでも一般の住宅地。地元の人の迷惑にならないように良識ある行動を
（2018年5月探訪）

桃園川暗渠《ももぞのがわあんきょ》

静かに地下を潜りながらも、今もたしかに流れ続ける川の面影

東京都

かつて杉並区から端を発し、中野区へと抜けていく川があった。その名は桃園川。正しくは現在も桃園川はあるのだが、ほぼすべてが暗渠化され、川面を眺めることはできない。昔は周辺農地への水源にもなっていて、地元の子どもたちの絶好の遊び場にもなっていたそうだが、周辺が宅地化されるにつれて生活排水が流入してドブ川化、フタをされて暗渠化というちょっと悲しい歴史を持っている川だ。今日、その暗渠部は歩道や緑道、ときには猫ぐらいしか歩かなそうなキャットストリート化しており、なかなか興味深いルートになっている。この桃園川を源流から神田川との合流点まで歩いてみることにする。

桃園川の水源は荻窪にある天沼《あまぬま》弁天池公園。まずはそこまでJR荻窪駅から歩く。駅を出て青梅街道を少し行ったところ、りそな銀行の脇に歩行者専用道路が分岐しているので

杉並区荻窪にある天沼弁天池公園。桃園川の源流のひとつとされる。今日も池は水を湛えているが、残念ながらこの池は後年になって新しくできたものらしい

ここを入っていく。実はこの道もすでに桃園川にゆかりがある。かつて水量が少なかった桃園川へ、千川上水から水を供給していた水路の名残なのだそうだ。道には「自転車駐輪禁止」の看板が目立つ。たしかに駅から近いし、道幅的には自転車を停めたくなる空間だ。

大きなカーブを描くように延びる道をたどると、やがて左手に八幡神社が見えてきたのでこれを目印に左折。八幡神社の隣が天沼弁天池公園だ。公園には現在も池があるが、これは近年になって再建されたものだそうで、もともと桃園川の水源になっていた池はもはや失われてしまっている。

公園には杉並区郷土博物館の分館があるので、なにか桃園川に関する資料はないかと訪ねてみると、「あまり見やすくなくて申しわけないんだけど……」と「杉並区歴史散歩地図」というものをくれた。これは寺社仏閣をはじめ、杉並区内のさまざまな歴史遺産を記したもので、ちょっとわかりにくくはあるが、かつての桃園川の流路も記されていた。

「水源はここだけではなくてね、少し先の日大二高あたりにあった小さな池からも水は入っていたらしいんですよ。そのあたりは支流もたくさんあったみたいで……」

いきなり貴重な情報をいただいた。お礼をいってその地図を見ながら流路をたどると、ちょっと歩いたところに「藤乃湯」という銭湯が現れ、以前なにかで読んだ話を思い出す。暗渠マニアの人たち（そういうコアな人々もいるのだ）は、地下に潜り込んで所在が不明になっている暗渠を探す際に、銭湯をヒントにすることがあるのだそうだ。たしかに下水道が整備される以前は、毎日大量のお湯を処分するには近隣に川の存在が不可欠だったのかもしれない。

住宅の間を抜けるように通っていた道は、やがて両側から車道に挟まれるような状態になった。広い車道スペースの中央になぜ遊歩道がとも思うが、これももともとは川の両岸に車道が沿っていたのかと考えれば納得だ。道はやがて再び住宅街に入る。ときどき、周

車道のど真ん中に遊歩道が延びているという、なんとも奇妙な風景。これも、もともとはこの遊歩道が川だったと考えれば合点がいくのだが、果たして……

囲の家の入口が少し高くなっていて、段差で上がるようになっているのは、そこが川だったころの名残だろうか。

ほどなく阿佐ヶ谷駅から延びる中杉通りを渡る。道の反対側にはそれらしき細道があったのでそこを入ると、道はすぐに広くなって「これが桃園川の跡?」と、ちょっと違和感がある。しかしその道も歩行者スペースが不必要に広かったりするなど怪しさもなくはない。うーん、どうするか。資料館の女性がいっていた「いくつもの支流があった場所」というのは、このあたりだろうか。どうやら今回の旅の核心部になりそうだ。

「迷ったときは、確実な場所まで戻れ」。

道はやがて人がすれ違うのがやっという幅にまで狭くなった。周囲にはさまざまな植物が繁茂して、昼だというのに薄暗く、ちょっと不思議な空間になっている

JR中央線のガードの先からは、きれいに整備された「桃園川緑道」が続いていた。この先はもう迷うこともないだろうが、同時にワクワク感もなくなってしまう

僕はときどき山雑誌などで、初心者向けのハウツー記事を偉そうに書かせていただくことがあるのだが、そんなとき、梅干しを10粒放り込んだくらいに口を酸っぱくして書いているのが、この心得なのだ。そのハウツーは山歩きならずとも通用するだろう。一度戻ってみることにする。

もし間違えているとしたら、考えられるのは先ほどの大通りを渡ったときだ。渡りきったときの取り付きを間違えたのかもしれないと、大通りへ戻って少し北に歩いてみたところ、あった。その道筋は奥まったところにあって、路地をのぞいただけでは気づきにくいのだが、たしかに暗渠化された細い道が現れた。

その道を辿っていく。道は次第に細くなり、周囲にはさまざまな植物が生い茂って歩きにくい。すぐ脇の家からはお昼のテレビ番組の音声が大きく聞こえてくる。こんなところを歩いていて不審者に思われないかしらと早々に歩き去ると、目の前が急に明るくなり、車道につながった。つながったのはいいのだが、またもやそこには川だったころの気配はない。そもそも今歩いてきた道が桃園川だという確証もない。不安を感じながら周囲をうろうろしていると、歴史のありそうな豆腐屋さんの前で、ご主人と思われる人が作業をしているのを発見。豆腐屋といえば銭湯と並んで水に縁のあるお仕事。思いきってこのおじいちゃんに昔の桃園川の場所を尋ねてみると、まさに今僕が歩いてきたところがそうだとわかってひと安心。

「このあたりはもう川の跡はないけれど、もう少しいったらわかるよ」

そのことばにしたがい、先ほどの道の続きを歩いて、JR中央線のガードをくぐると、そこには桃園川緑道と書かれた立派な入口がつくられ、整備された緑道が延々と延びていた。これだけ整備されていれば、ここから先は迷う心配もなく、のんびり歩けるだろう。歩けるだろうが、若干の物足りなさも感じてしまう。

桃園川緑道はここからまっすぐ東へ向かって高円寺を越え、環七を渡り、中野

緑道化されてからも、過去に使われていた橋の遺構は残されていることが多い。この三味線橋は、もともと新井薬師への参詣道にあたり、周囲には三味線の音が絶えなかったことから命名されたとか

緑道は神田川の手前で唐突に終わった。神田川の対岸から緑道側を眺めてみると、そこには桃園川の合流部が黒い口を広げて神田川にわずかな水を注いでいた

通りからは大久保通りと併走するように延び、目前を手すりでふさがれていきなり終わる。手すりの先には神田川。神田川を橋で渡り、反対側から振り返ってみると、これまでずっと地下を流れてきた水流が、ようやく太陽の光を浴びて神田川に流れ込んでいるのが見えた。

DATA

⦿モデルプラン：JR中央線荻窪駅→杉並区立郷土博物館分館→中杉通り→中央線高架下→桃園川緑道入口→環七→中野通り→山手通り→神田川→JR中央線東中野駅
⦿歩行距離：約8.5km
⦿歩行時間：約3時間
⦿アクセス：起点の荻窪駅へは新宿駅から中央線快速で約10分。終点の東中野駅からは総武線で新宿駅まで約4分
⦿立ち寄りスポット情報：杉並区立郷土博物館分館＝杉並区天沼3-23-1。℡03-5347-9801。9:00～17:00。月、第3木曜（休日の場合翌日）、年末年始休館
（2018年6月探訪）

日原鐘乳洞《にっぱらしょうにゅうどう》

東京都

東京の奥地にひっそりと
その口を開ける鐘乳洞に潜る

奥多摩の日原集落は、雲取山や鷹ノ巣山などの登山口としてハイカーには知られているが、一般的には日原鐘乳洞のほうが有名ではないか。鎌倉時代にはすでに修験道者の参拝があったというこの鐘乳洞は、現在は観光鐘乳洞として人気が高く、週末などは駐車場の空き待ちで渋滞が続くことも少なくない。そんな、クルマではちょっと敬遠したくなってしまう場所こそ徒歩旅行。公共交通機関と少しの徒歩でこの鐘乳洞に出かけてみよう。

起点となるのはJR青梅線の終点・奥多摩駅。そこから日原鐘乳洞行き（平日のみ）か東日原行き（全日）の西東京バスに乗り換える。日原鐘乳洞行きが平日のみというのも、週末は一般車による渋滞で身動きがとれなくなるというのが原因らしい。しかし、東日原から歩いても片道およそ30分といったところ。鐘乳洞までただバスで往復するだけという

日原鐘乳洞の入口。真夏だというのに、中からはひんやりとした空気が漂い出てくる。寒がりの人は、夏でも長袖のウェアを用意しておいたほうがいいかもしれない

のも、この深い山懐ではちょっと味気ない。ここはあえて歩く道を選んでみよう。

バスに乗ること30分ほどで東日原に到着。あとは先へと延びる舗装路に沿って歩くだけだ。やがて正面に稲村岩と呼ばれる巨大な岩峰が現れ、気分も盛り上がる。杉の樹林だった周囲の森に次第にブナなどの広葉樹林が増えてくる。

小川谷橋を渡り、日原渓流釣り場への分岐を左に分かつと日原鐘乳洞に到着だ。料金を払って対岸へ渡ると、そこには鍾乳洞が黒い口を開けて待っている。入口に近づいてすぐに感じるのは、内部から漂い出してくるひんやりとした冷気。洞内は年間を通じて気温は11℃で安定して

鍾乳洞の奥には、小さな入口からは想像できないような大空間が広がっていた。むきだしの荒々しい岩肌に迫力を感じるのと同時に、これが自然の造形物だということに驚く

おり、つまり夏は涼しく冬は暖かい。

入口を入るとすぐに頭がぶつかりそうな狭い穴が続きちょっと不安だが、次第に洞内は大きく広がる。あちこちに岩を諸仏に見立てた名前が掲げられている。

やがて洞内には広大な空間が現れる。死出の山と名づけられたその界隈は、天井は見上げるほど高く、まるでヨーロッパの教会のよう。やってくる人たちも「こりゃあ、すごい！」と驚きを隠せない。関東地方最大級の鍾乳洞にして、都の天然記念物としての面目躍如である。ライトアップもされている。

ここから洞内を一度引き返し、途中で新洞と呼ばれる分岐を入る。こちらは

日原鍾乳洞への道沿いに聳えている巨岩・稲村岩（写真中央）。鍾乳洞にいる間に夕立が降ったようで、周囲には雲がもうもうと漂っていた。上空からは再び日の光が注ぎ始める

1962（昭和37）年に新たに発見されたものだそうで、アップダウンが多いのが特徴だ。何度も急階段を登り、途中で鍾乳洞の定番ともいえる石筍なども眺めたあとは、下って旧洞へ戻ってくる。再び狭い洞内を抜けて入口へ出てみれば、むっと感じる蒸し暑さが日常世界への帰還を教えてくれた。

DATA

⦿モデルプラン：JR青梅線奥多摩駅→東日原バス停→日原鍾乳洞→東日原バス停→奥多摩駅
⦿歩行距離：約4.5km
⦿歩行時間：約1時間半
⦿アクセス：起終点の奥多摩駅へは、新宿駅から青梅特快で青梅駅へ。そこから青梅線に乗り継いで約1時間40分。奥多摩駅から東日原バス停までの西東京バスは1時間に1本程度
⦿立ち寄りスポット情報：日原鍾乳洞＝奥多摩町日原1052。℡0428-83-8491。9:00～17:00（12～3月は～16:30）。年末年始休
（2018年7月探訪）

玉川上水《たまがわじょうすい》

東京都

江戸時代より続く東京の上水道。
玉川兄弟の苦労に思いをはせつつ

玉川上水は多摩川上流部・羽村から分水して、四谷まで上水を流すために築かれた水路だ。江戸の慢性的な水不足を解消するため、1653（承応2）年に幕府の命によって行われたこの工事は、全長43kmにわたる距離を、重機もない時代にわずか1年ほどで完成させたと伝えられている。杉並区より下流はほぼ暗渠化されてしまったが、そこまでは当時の様子をよく残し、上水沿いの道も一部を除いて整備されており、2003（平成15）年には土木遺産として国の史跡にも指定された。この玉川上水沿いを歩いてみよう。

JR青梅線羽村駅から南へ延びる道を下っていくと、やがて多摩川の広い河川敷が現れる。そのすぐ手前から分流しているのが玉川上水の起点だ。当初は水量も多く、これだけの水深、水流があればかの太宰治が入水自殺を図ったというのも理解できるが、彼が飛び

玉川上水の起点近くには、難工事を成し遂げた庄右衛門・清右衛門兄弟の像が立っている。ふたりはこの功績を認められて、幕府から「玉川」の姓を名乗ることを許された

込んだ場所とされるのはもっとずっと下流、三鷹付近といわれている。起点ではこれだけある水量も、そこから数百メートルほど下ったところにある水門からさらに狭山湖・多摩湖へと分水され、すぐに水深も30㎝もないような穏やかな流れになる。当時は玉川上水自体の水量がもっと多かったのだろうか。

分水近くには、玉川上水の工事を請け負った庄右衛門・清右衛門兄弟の像が建てられている。羽村から四谷までの標高差はわずかに100m。当時の知識と道具で、よくぞ途中で水を滞らせることなく開通させたものである。僕だったら絶対途中で行き詰まり、どんどん地下深く

多摩川から分水してすぐの玉川上水は、川幅も広く水量も豊富。ここにかぎらず流域にはサクラの木が多く植えられ、江戸時代から花見の名所だった場所も多いらしい

に潜行してしまったことだろう。

遊歩道として整備され、周囲を雑木林に囲まれた上水沿いの道は、歩いていて気持ちがいい。15分ほど歩いたころ、道を挟んで上水とは反対側にちょっとした尾根状の起伏が現れた。尾根沿いには踏み跡もついている。いったいこれはなんだと思って登ってみると、やがてなにもないピークに至り、そしてなにごともなく下って遊歩道に戻ってしまった。

キツネに化かされような気持ちで再び歩き始めると、今度は古民家が現れて、そこから見知らぬおじさんが「寄っていってください」と声をかけてくる。これはいよいよキツネの仕業かと勘ぐったの

誘われるがままに玉川上水沿いの古民家に立ち寄ってみれば、そこは地元のボランティアの人たちが運営するビジターセンターだった。玉川上水の歴史にもくわしい

だが、話をうかがって納得。ここは2年ほど前にオープンした玉川上水のビジターセンターなのだそうだ。『福生加美上水公園ビジターセンター』と呼ばれるこの古民家は、当初は別荘として建てられ、その後は尼寺として使われていたのだという。室内には懐かしい昭和の日常用品が展示されている。

よい機会と先ほどの謎尾根についても尋ねてみると、そこからは玉川上水の意外な歴史が現れてきた。開通当時、多摩川上水のこの部分は、現在よりも多摩川本流沿いに湾曲するように流れていたのだそうだ。しかし大雨が降るとその流域に洪水が絶えず、やむなく開通から90年近く後に流路を変更、そのとき掘り返した残土があの小尾根として残っているとのこと。小尾根はビジターセンターの先にもしばらく続き、当時の上水跡も確認できた。

ビジターセンターを後にしてしばらく歩くと、遊歩道は途切れる。そこからは奥多摩街道を辿り、さらには縫うように上水とつきつ離れつしつつ車道を歩くことになってちょっと残念だが、この部分についてもビジターセンターで教わっていた。

「せっかくの上水沿いを宅地化したかと思う人もいるようですが、あの部分は実は上水を造るときにすでに人家があって、それを避けるように流路が決められたようなのです」

なるほど。強制立ち退きみたいなことはさせなかったのだな。たしかに流域には歴史のありそうな住居が建ち、そこにはその家専用と思われる石橋が架かっていたりもする。

下流に向かうにつれて次第に周囲には新興住宅街が広がるようになり、そろそろ拝島駅も近いかなと思ったところでもうひとつ興味深いポイントが現れた。その名は「水喰土《みずくらいど》公園」。ここは上水掘削当時、異常に水はけのよい砂礫層にぶち当たってしまい、やむなく流路を変更せざるを得なかった工事上の難所。工事に関わった人たちが恨み辛みを込めて「水を喰らう土」と呼んだのが地名として残ったのだという。

この公園を避けるように上水は続き、遊歩道も復活する。しばらく歩けば拝島駅へはあ

苔むした石積みとそこを流れる玉川上水の対比が美しい。個人宅へのプロムナードなのだろうか、歴史を感じさせる小さな石橋がひっそりとかけられていた

と少し。半日徒歩旅行としては、このぐらいがちょうどよいが、遊歩道自体はさらには続く。西武線の玉川上水駅まで歩こうとすれば、拝島駅からはさらに約7㎞。西武拝島線が併走するように走っているので、体力に合わせて途中駅へのエスケープも可能だ。

DATA

⦿モデルプラン：JR青梅線羽村駅→玉川上水起点→福生加美上水公園ビジターセンター→奥多摩街道→水喰土公園→JR青梅線拝島駅
⦿歩行距離：約6km
⦿歩行時間：約2時間
⦿アクセス：起点の羽村駅へはJR中央線、青梅線で新宿より約50分。終点の拝島駅からは新宿まで約40分。西武拝島線、JR八高線も利用可能
⦿立ち寄りスポット情報：福生加美上水公園ビジターセンター＝福生市大字福生1773。10:00～14:00（土日のみ開館）
（2018年4月探訪）

【それから】現在、住民や研究者が中心となって玉川上水の世界遺産登録を目指す活動が活発になっている

国分寺史跡とお鷹の道

こくぶんじしせきとおたかのみち

日本史を彩る数々の史跡と国分寺崖線由来の湧水を辿る小径

東京都

天平時代、日本各地に国分寺を建てたことは歴史の時間に習ったが、東京に住んでいると、そのことと中央線沿線の「国分寺市」がいまひとつリンクしなくなる。しかし、国分寺市の地名由来はもちろん国分寺があったからで、その遺跡を見にいくことに。訪ねてみれば、そこには国分寺のみならず日本の歴史を感じさせるさまざまな遺構があった。

出発はJR中央線の西国分寺駅。南口から延びる道をしばらく南下すると、史跡通りと呼ばれる小径に出る。当然、国分寺史跡に由来する名前だと思ったのだが、通りを紹介するレリーフにはなぜか縄文式土器が。不思議に思いながら歩いていくと、疑問はやがて解決。通りが突き当たったところにあったのは武蔵台遺跡という公園で、ここは、付近で都営アパート建設の際に発掘された縄文時代中期の住居跡を移設したものだそうだ。

それまでに発掘された多くの住居跡は、ただ地面を掘りこんだだけだったのに対し、ここは床に丸い石を敷き詰めてあるのが特徴らしい。僕が山でキャンプをするとき、デコボコを整えて少しでも快適な平地を作ろうとするが、縄文人も似たことをやっていたのだな。遺跡公園に続いて現れたのは旧鎌倉街道と伝えられる細道。東国の武士団が鎌倉へ赴く際に通った道だそうだ。先ほどの縄文遺跡から時代は一気に5000年ほど遡った計算だ。鎌倉街道を抜けて、空が広がるところに現れたのが国分尼寺跡。国分寺が男性対象だったのに対し、こちらはその名の通り女性のためのお寺だ。国分寺とセットでこれも授業で教わった。もちろん建物はなにも残っていないが、縦横にきっちりと並べられた柱の礎石が、その規模を伺わせる。

ここから武蔵野線のガードを潜ってしばらく歩くと、いよいよ最大のお目当てである国分寺史跡だ。国分尼寺も大きかったがこちらはそれをさらに上回るスケール。全国各地に点在する国分寺史跡のなかでも、とりわけその規模は大きいらしい。広々とした空間には金堂跡をはじめ、七重塔跡や講堂跡なども残っている。いにしえの時代にここで多くの僧が国家の平安を祈っていたのだと思うと、なんだか自分も歴史の生き証人になったようだ。ちなみにここの史跡は、1922（大正11）年に国の指定史跡に指定されている。

東西156m、南北に132mという規模を持つ武蔵国分寺跡。完成したのは8世紀半ばと考えられている。背後に湧水が豊富な国分寺崖線を擁していることも、この地に建てられた理由のひとつらしい

国分寺跡からは「お鷹の道」と呼ばれる小径を辿る。ここは国分寺崖線からしみ出た湧水が流れ出す小川沿いを歩く遊歩道。この付近は江戸時代、徳川家の御鷹場に指定されており、そこからこの名がついたそうだ。その水源は「真姿の池湧水群」と呼ばれ、まさに崖線直下に位置している。ホタルの復活を願ってだろう、ホタルの幼虫のエサとなるカワニナを放つ活動が行われているようだ。

ここからしばらくは小川沿いの道を歩くが、やがて両側に民家が建ち並び、道は小川から離れる。それでも小川沿いには人ひとりが歩くくらいのスペースがあり、子ども時代なら躊躇なく攻めるとこ

国分寺崖線からしみ出す湧水を集めて、野川へ注ぐ小川沿いに整備された「お鷹の道」。水は透明で小さな魚たちも泳いでいる。地元の人たちにとって絶好の散歩道だ

ろだが、大人がそれをやると、ヘタをすると通報騒ぎになるので泣く泣く断念。

国分寺街道に出る手前あたりで再び小川と出合うが、そこにはすでに先ほどの趣はなく、用水路となってやがて野川に合流する。国分寺街道を北上すれば、ゴールの国分寺駅は近い。

DATA

⦿モデルプラン：JR中央線西国分寺駅→武蔵台遺跡公園→旧鎌倉街道→国分尼寺跡→国分寺跡→お鷹の道→JR中央線国分寺駅

⦿歩行距離：約4km

⦿歩行時間：約1時間半

⦿アクセス：起点の西国分寺駅へは中央線で新宿駅から約30分。武蔵野線も利用可能。終点の国分寺駅から新宿駅へは中央線特別快速を利用すれば約20分。西武国分寺線、多摩湖線も利用可

⦿立ち寄りスポット情報：武蔵国分寺跡＝国分寺市西元町1～4丁目付近。✆042-300-0073(国分寺市ふるさと文化財課)

(2018年4月探訪)

三県境と谷中村跡

日本で唯一!? 平地に交わる、三つの県の境目を見にいく

さんけんきょうと
やなかむらあと

埼玉県　群馬県　栃木県

渡良瀬遊水池は、群馬、栃木、埼玉、茨城が接する広大な遊水池だ。以前、この周辺を歩いて旅するコースを考えられないものかと周辺の地形図を広げたことがあった。そして、じっくりと地形図を眺めているうちにある種の違和感を持った。なにかいつもとは違う感覚。なんだろうと思い、地形図上にその理由を探したところ、やがて判明。その理由は県境にあった。なんていうことのない田んぼのなかに、いきなり栃木、群馬、埼玉の三県県境があったのである。通常、県境といえば、川や山の尾根など自然の地形に沿って設定されることが多い。それがなんでこんなところに。

地形図をもとにさっそく現地へ行ってみる。東武日光線の柳生《やぎゅう》駅から歩いて10分もかからないところに、それはあった。本当になんていうことのない田んぼだ。車道から田んぼ

の畦道をやや入ったところに、手作り感あふれる「三県境」の立て札が立てられていて、その下には「基点」と刻印された標柱が設置されていた。正直、この立て札がなければ、見つけるのは困難だっただろう。おそらく、僕と同様にこの場所に興味を持った人がときどき現れて、田んぼの持ち主にあれやこれやと質問したのだろう。そして質問されるほうも立て札を立てておけば、みんな納得してくれると考えたのだろう。そんな経緯があったのではないだろうか。地図上に見つけた珍スポットが実在し、そして自分以外にも訪ねる人がいることを知り、ちょっとうれしくなってこの地をあとにしたのは2015年のことだった。

ところが最近、この三県境に異変が起きているという噂を聞き、再訪してみることにした。前述の通り、起点となるのは柳生駅。小さな駅を出て、踏み切りを渡るとすぐに異変に気がついた。道路端のあちこちに「三県境」と記された道標が点々と立てられているのである。これに従っていけば、地図なしでも到着できるだろう。しかし肝心の三県境があの質素さでは、ちょっとバランスが取れないなあと思いながら歩いていったところ、それは杞憂であった。3年前には畦道でしかなかった入口が、なんと舗装された立派な遊歩道になっている。この舗装道は県境までしか延びていないので、三県境のために造成されたのは明らかだ。古い標柱が一本あっただけの現場には、「三県境界」と刻印された新しい標柱が打ち直され、その周囲には栃木、群馬、埼玉の領土?をわかりやすく表示。手前には写真撮影用台も設置されている。ここから写真を撮れば「三県を股にかけるオレ」が撮れるのだろう。ベンチも設置されている。新設されていた説明板(やはり手書きだが)には、ここが日本で唯一の平地三県境であることが記されている。これはもはや珍スポットではなく、ちょっとした観光地といってよいかもしれない。僕が現地にいる間にも、ここ目当ての夫婦と思しき人がやってきて、しげしげと眺めていた。

田んぼのなかに忽然と現れる埼玉県・群馬県・栃木県の県境。右の写真が2015(平成27)年のもので、左の写真が2018(平成30)年。わずか3年の間にずいぶん整備されていることがわかる

水路を境に、どこの所属かわかりやすく表示された県境。周囲はどの県もお米の収穫が間近の田んぼ。こうやってみると、「県」っていったいなんなんだろうなと思ってしまう

そもそも、なぜここが日本唯一といわれる平地の三県境となったのか。実はそこには渡良瀬遊水池の歴史が関係していた。渡良瀬遊水池はもともと、足尾鉱毒事件で発生した鉱毒を沈澱させるために作られた人工の池だ。この池ができる以前には、この三県境地点は旧渡良瀬川と旧矢田川との合流地点にあたり、まさに自然の地形に沿って設定された県境だったのだ。それが遊水池造成のために流路を変えられ、さらに耕作地として整備されて現在に至ったのだという。２０１６(平成28)年にはあらためて三県境を確定する測量が行われ、本当に観光スポットとして期待されているようだった。

渡良瀬遊水池の一画にひっそりと残る谷中村跡。ただ一面の草原で、ところどころに「大野孫衛門屋敷跡」や「大野音次郎屋敷跡」といった標柱がポツンポツンと立っているのみ

ちなみに、この三県境から渡良瀬遊水池方面に向かえば、遊水池造成のために強制的に立ち退かされ、廃村とされた旧谷中村跡を訪ねることもできる。明治にも、国家的事業に端を発した人災で故郷を追われた人々がいたことを再認識するのも、悪いことではないだろう。

DATA

⦿モデルプラン：東武日光線柳生駅→三県境→渡良瀬遊水池→谷中村跡→東武日光線板倉東洋大前駅
⦿歩行距離：約6.5km
⦿歩行時間：約2時間半
⦿アクセス：起点の柳生駅へは東京駅からJR上野東京ラインで栗橋駅まで約1時間5分。栗橋駅から東武日光線で約10分。終点の板倉東洋大前駅からは栗橋駅まで約12分
⦿立ち寄りスポット情報：渡良瀬遊水池＝📞0280-62-2420（国土交通省利根川上流河川事務所）。9:30～17:00（11月は～16:30、12～2月は～16:00）。月曜（休日の場合翌日）、年末年始休
（2018年8月探訪）

第5章 旧道・旧線を辿る徒歩旅行

かつての旅人が辿った峠道、赤く錆びた廃線跡、そして戦車の走行実験コース跡……。そんないにしえの道を追いかけてみよう。

東京の中心をひたすら直線で切り裂くように抜けている「荒玉水道道路」。道沿いの地元では普通の生活道になっているこの道を、起点の多摩川から歩いてみた

箱根旧街道と関所

はこねきゅうかいどうとせきしょ

神奈川県

石畳の道を歩きつつ、江戸時代の旅人に思いを寄せて

「箱根の山は天下の険」と唄われるように、江戸時代に整備が進んだ東海道では、大井川と並んで箱根越えが一番の難所とされていた。芦ノ湖の湖畔には関所が置かれたこともあって、当時の旅人にとってここが東海道中の核心部でもあったのだろう。今日では舗装された国道が抜け、さらには箱根新道も開通、クルマを利用すれば難なく通過できてしまう。

しかしそのいっぽう、これらの車道につかず離れず並走する旧街道も現存していて、こちらは石畳など当時の面影を強く残している。そんないにしえの道を歩いて旅してみよう。

起点となるのは箱根登山鉄道の箱根湯本駅だ。ここからいきなり歩き始めてもよいのだが、しばらくは車道歩きが続くうえ、歩道スペースも狭かったりする。駅からバスで10分ほど乗ったところにある、須雲川バス停をスタート地点にしたい。

箱根旧街道には昔ながらの石畳の道が残っている。途中で立ち寄る畑宿集落は寄木細工で有名だが、その寄木細工の一番最初のモチーフはこの石畳模様だったそうだ

バスを降りて道なりに進むと、左手に山道が現れる。ここが旧街道の入口だ。須雲川沿いの緩やかな道が続くが、やがて指導標が川の対岸を指している。川岸まで下りると、なんと丸木橋が破損。おそらくは2019（令和元）年秋の台風被害だろう。もともとここには「増水しているときは通れません」という注意書きもあって、気をつけたいところ。このときは、水量自体はさほどでもなく、飛び石伝いに渡ることができた。

川を渡ると車道が現れ、旧道はその向こうに続く。足元は苔むした石畳となり、雰囲気もグッと高まる。ときどき「これより江戸時代の石畳」という道標もあり、

近年再整備されたところでうかつに感動しないように忠告?してくれている。

そもそもこの道は、当初はただの土道で、雨や雪の後は膝まで浸かる泥道となって、旅人は大変難儀したらしい。しかし、参勤交代にも用いられる道だったことから少しずつ整備が進み、今では石畳といえば箱根旧道の象徴的存在になった。

そうはいってもこの石畳、雨に濡れれば滑るのはもちろん、表面を覆う苔もまたスリップの原因になる。たとえ石畳になったとしても、旅の苦労はあまり変わらなかったのではと思ったところで、はたと気がついた。当時の足まわりは草鞋《わらじ》じゃないか。草鞋は濡れた石や苔にめっぽう強いのだ。なんでおまえがそんなこと知っているのかというと、実際に草鞋で濡れた場所を歩いた経験があるからである。

山歩きのジャンルに「沢登り」というものがある。これは川の源流部を遡行し、ときには滝をよじ登ったりして源頭を目指すもので、ひと昔前までは草鞋を履くのが普通だったのだ。そのとき、草鞋は濡れた石や苔を踏んでもしっかりとグリップを効かせてくれた。あの感覚を思い出すに、草鞋ならこの石畳もずいぶん楽だろう。そのいっぽう、草鞋は耐久性が低く、沢登りでも長いコースの場合には予備を用意していた。当時、東海道を歩いた人も何足もの草鞋を履き潰したことだろう。

「諸大名休息処」の看板も晴れがましい、甘酒茶屋の店先。旧街道を歩いてくる人はもちろん、自動車でここまでやってきて立ち寄る人も多い。注文するのはもちろん、甘酒と力餅

寄木細工で有名な畑宿集落を抜け、さらには当時も難所だった「七曲がり」と呼ばれる九十九折りの道を越える。途中、いくつかのカーブをショートカットするのに長い階段が続くところがあって、体力的にはここが一番の難所かもしれない。

その先で「猿滑坂」や「追込坂」といった、いかにもいわくありげな坂を越えると現れるのが甘酒茶屋。この茶屋、創業は江戸初期というからまさに箱根越えの生き証人だ。ご挨拶をさせていただいた若旦那はなんと十三代目。『ルパン三世』の石川五ェ門並みである。

実は箱根湯本からここに辿り着くまで、あえて飲まず食わずでやってきた。そう

することで、当時の人の心持ちを少しでも追体験できるのではと思ったのだ。入口脇に座り、注文するのはもちろん看板メニューの力餅と甘酒。力餅は空腹をじんわり満たしてくれ、なによりも驚いたのは甘酒の滋味。疲労を感じているとき、甘酒というのはこんなに美味しく感じるのか。江戸の旅人も、これには助けられたことだろう。

　甘酒茶屋で元気をもらえば、芦ノ湖まではもうひと頑張り。登り基調だった道が急激に下り始めると、樹林の隙間から芦ノ湖の輝く湖面が見えてくる。湖に下り立ったら、湖畔を南下。当時のままの杉並木を抜ければ、現れるのが箱根の関

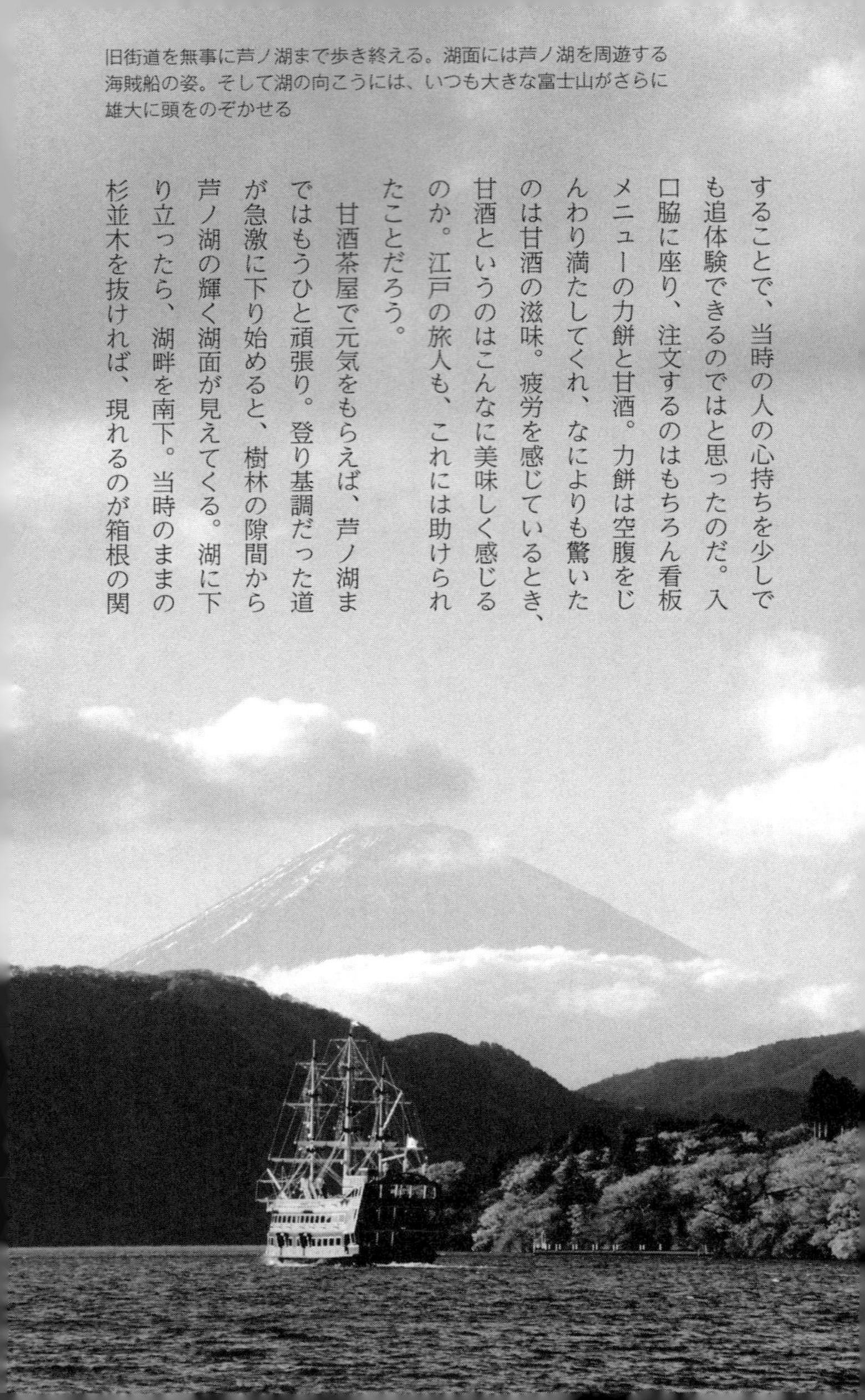

旧街道を無事に芦ノ湖まで歩き終える。湖面には芦ノ湖を周遊する海賊船の姿。そして湖の向こうには、いつも大きな富士山がさらに雄大に頭をのぞかせる

箱根関所は当時の様子を再現されている。関所というと反射的に関所破りということばが浮かんでしまうが、実際ここにはそんな関所破りを捕まえるための、さまざまな捕縛道具も展示されている

所だ。もちろんこれは復元されたものだが、それでも当時の雰囲気は伝わってくる。ここを西国からやってくる参勤交代の大名行列や、お伊勢参りに向かう江戸町人も通っていたのかと思うと、旅の趣もひときわである。

DATA

⦿モデルプラン：箱根登山鉄道箱根湯本駅→須雲川バス停→箱根旧道→畑宿→甘酒茶屋→芦ノ湖→箱根関所→箱根湯本駅
⦿歩行距離：約7.5km
⦿歩行時間：約3時間
⦿アクセス：起終点の箱根湯本駅へは新宿駅から小田急小田原線、箱根登山鉄道を乗り継いで約2時間。特急を利用すれば約1時間半。そこから須雲川バス停まではバスで約10分。箱根関所から箱根湯本駅まではバスで約40分
⦿立ち寄りスポット情報：甘酒茶屋＝箱根町畑宿二子山395-28。☏0460-83-6418。7:00-17:30。無休。箱根関所＝箱根町箱根1。☏0460-83-6635。9:00～17:00(12～2月は～16:30)。無休
(2019年11月探訪)

青梅鉄道福生支線跡と草花丘陵

おうめてつどうふっさしせんあとと くさばなきゅうりょう

廃線跡を追いながら、対岸に広がる丘を目指す

東京都

日本の近代化から高度経済成長にかけて、各地には「砂利鉄道」と呼ばれるものが走っていた。これはコンクリートの建造物を建てるのに必須である砂利を採掘運搬するために敷設されたもので、河川敷の採掘地から鉄道幹線などに接続させていた。しかし、膨大な量の砂利採掘によって、水質汚染や堤防の破壊など河川環境が悪化、１９６０年代には川砂利の採掘は全面的に禁止。その後、ＪＲ南武線のように貨客路線へ転用されたものもあったが、多くの砂利鉄道は姿を消した。

そんな砂利鉄道の痕跡が都内にも残っている。福生市にあった砂利鉄道の正式名称は青梅鉄道福生支線。多摩川の河川敷で採掘した砂利を青梅線まで運ぶため、１９２７（昭和２）年に敷設。当時、八王子の大正天皇陵墓造営に大量の砂利が必要になったのが、敷設

福生駅から多摩川方面に向かって延びていた支線は、ここで玉川上水を渡っていた。この人道橋ももともとは支線が通っていた鉄橋を転用して造られたという

の理由だそうだ。

福生駅西口を出てしばらく線路沿いを青梅方面に歩くと、やがて道は緩やかなカーブを描いて多摩川方面へ向かっていく。このいかにも線路っぽいカーブが最初のヒントだ。こうして青梅線に合流していたのだろう。その先で細い道、さらに新奥多摩街道と交差するところで一度道は途切れてしまっているが、よく見ると新奥多摩街道の向こうにまっすぐに延びている道を発見。あれがこの続きに違いない。

道すがら、ここが以前線路だったことを示すものはとくに見あたらないが、不自然な区割で残る駐車場や畑との段差は、

多摩川近くまで来たところで緩やかなカーブを描く築堤が現れた。昭和30年代半ばまでここにはレールが敷かれ、砂利を積んだ貨車を機関車が牽引してたのかと思うと、グッとくるものがある

もしかしたらその名残なのかもしれない。

やがて橋で玉川上水を渡るところで、「加美上水橋の歴史」と書かれた説明板を発見。そこには、かつてこの橋が砂利運搬専用鉄道の鉄橋として造られたことが紹介されていた。その先の樹林を抜けたところで、道は一気に線路跡の様相を呈してくる。多摩川の河原へ向かって道は盛り土が施され、いかにも線路が敷かれていたことが想像できる。先ほどの説明板によると、ここを1日2本、4～5輛の貨車を牽いた電気機関車が走っていたのだそうだ。

道はやがて多摩川と並走するように進む。河川敷が市営競技場になっているあたりで砂利を採掘していたというので、線路もそこまでは延びていたのだろう。現在この川沿いの道は、ランナーやサイクリストでおおいに賑わっているが、いったいどれだけの人が、かつてこの場所に鉄道が走っていたことを知っているだろうか。

さて、ここまで来たらちょいと山歩きも楽しみたい。多摩川を望むと、対岸に緩やかな丘陵地帯が延びているのが見える。あれが草花丘陵だ。正面に見える大《だい》澄《とう》山は標高わずかに200m足らずで、気楽に登るのにうってつけ。河川敷をそのまま歩き、羽村大橋で多摩川を越える。季節柄、多摩川には鮎釣り師が立ち込ん

大澄山へのプロムナードは静かな竹林のなかを行く。山とはいっても標高194mしかないので、急登は少ない。息を切らせることもなく、静かな里山歩きを楽しめる

でいる。

橋を渡りきったところで車道の分岐が現れ、そこに「大澄山」という指導標があるが、これはスルー。その少し先にいきなり登山道に入れるポイントがあるのだ。道はのんびりとした登り坂で、やがて周囲が竹林に囲まれてしっとりと美しい。

落ち葉を踏みしめながら歩き進むと、右手に小さな山頂部が現れ、そこへ向かってやや荒れた道が延びている。はて、大澄山の山頂はもう少し先のはずだがと思いながらも、探検気分でその道を辿ってみると、現れたのは三角形の謎のコンクリート構造物だった。高さ4mほどで内部は礼拝所のようになっているが、荒れ果てていてもともとなんだったのかはまるでわからない。完全に廃墟物件だ。家に戻ってから調べてみると、これは地元の人が平和祈念のために建てた世界平和観音堂というものらしい。当時はここには観音像が納められていたが、今では山麓のお寺に移されているとのことで、廃墟マニアにはそこそこ知られた存在なのだとか。

廃墟物件を下れば大澄山山頂はすぐそこだ。山頂には地元のご老人が散歩に訪れていて、挨拶を交わす。なんでも数十年ぶりに登ってみたそうで、「昔は木がもっと小さくてね。ここから東京タワーがよく見えたんだよ」とのこと。そして、これから僕が下山して永田

大澄山の一画にあった謎の構造物。なんだろうと思って立ち寄ってみたが、その場では正体がわかるものはなかった。子どもたちの肝試しにでも使われているようで、なかは荒れ放題

橋を渡って福生駅へ向かうというと、「あの橋も昔はまだなくてねー、渡し船を使ったんだ。対岸に屠畜場があって、飼っていたブタをそれに乗せて売りにいったもんだよ」。当時の様子を懐かしそうに語ってくれたのだった。

DATA

⊙**モデルプラン**：JR青梅線福生駅→福生支線跡→玉川上水→草花丘陵→永田橋→福生駅
⊙**歩行距離**：約6km
⊙**歩行時間**：約2時間
⊙**アクセス**：起終点の福生駅へは、新宿駅からJR中央線、青梅線を乗り継いで約50分
⊙**立ち寄りスポット情報**：福生駅界隈から離れると、途中にコンビニ等はない
（2019年6月探訪）

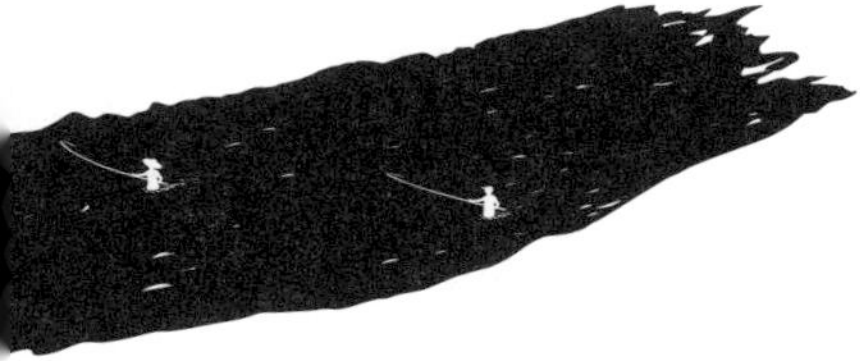

笹子峠と矢立の杉《ささごとうげとやだてのすぎ》

歴史の片隅に置き去りになった、ありし日の峠道を越える

山梨県

笹子峠は昔から甲州街道の要衝だった。江戸を発ち、この峠を越えることでようやく甲府盆地へ抜けられたのだ。１９３８（昭和13）年、峠直下に笹子隧道が開通して自動車の往来が可能になったが、その後、新笹子隧道や中央自動車道が峠の東側に開通したことで多くの自動車はそちらへ。おかげで今日では車道ながら静かな峠越えを楽しめる。

出発点はＪＲ中央本線の甲斐大和駅。あまり聞き慣れない駅名だなと思ったら、以前は初鹿野という駅だったのだ。ここから国道20号、日川を渡り、さらに中央道をくぐって、笹子峠を目指す県道へ。入ってすぐに趣のある家屋が並んでいるが、ここはかつて駒飼宿と呼ばれた宿場。笹子峠を越えてきた旅人で賑わったそうだ。

駒飼宿を抜けて笹子沢川を橋で渡る直前、地形図を見ると川沿いに破線の道（幅１・５

急に心細くなった細道をそれでもなんとかつめていくと、突然、打ち捨てられた五右衛門風呂の残骸が現れた。周囲は過去に伐開、整地されたような様子があり、生活の気配がうかがえた

m未満の意）が延びている。道の入口には柵がかかっていたがこれは獣害防止のもので、とくに立入制限はないようだ。道は思ったより明瞭で、すぐに「駒飼一里塚跡」という史跡表示があったりもして、「このまま峠まで辿れるかも」と楽観的に進んでいくと、やがて眼前に大きな堰堤が現れていきなり道が途切れる。

脇の斜面には踏み跡とも獣道ともとれる道があったので、これを詰めてみると、何段にも連なった段々畑状の土地に飛び出した。昔はここに畑や住居があったのかもと思いつつ周囲を探索すれば、底が抜けた五右衛門風呂の残骸を発見。やはり誰かが暮らしていたようだ。

そこから先の道は不明瞭で、対岸を走る県道とはどんどん高度差が広がってしまう。このまま斜面を尾根までつめてしまおうかとも考えたが、なんだか取り返しのつかないことになりそうだったので、ここは分岐点まで戻っておとなしく県道を上り直す。

前述の通り、舗装されているとはいえ、歴史の片隅へ置き去りになったような道なので、クルマの往来がほとんどなく快適な歩き旅を楽しめる。

途中、県道脇のスペースでバーベキューを楽しんでいる地元のご家族がいたので、先ほどの道について尋ねてみた。すると、あの道は以前、堰堤の先までも行けたのだが、何年か前に発生した土砂崩れで埋まってしまったとのこと。どうやら強行突破しなかったのは正解だったようだ。

道はクネクネとヘアピンカーブを重ねて、少しずつ標高を上げていく。地形図上では、峠まで残り半分ほどのところから再び破線の道が峠直前へと延びている。しかし、先ほどの状況を鑑みると、こっちも期待薄かなと半分あきらめていたのだが、今度はよいほうに裏切られた。入口には「甲州街道峠道」という指導標が立てられ、道も整備されている。道幅もある程度あり、傾斜もそれほどきつい場所はない。往年の峠道を再整備したものだとすれば、これは人だけでなく牛馬も通過するための配慮だろう。何度か沢を渡り、次第

笹子峠を目指す車道の途中から、「甲州街道峠道」という指導標が掲げられた道が分岐していた。この道を辿ってみるとそこそこの道幅があり、傾斜も緩く、いかにも昔の峠道を思わせた

に標高が高くなるなかを快適に歩く。途中には「馬頭観世音菩薩」とか「甘酒茶屋跡」と書かれた史跡表示も立っている。

最後にちょっと急な斜面を登りきると再び県道に飛び出し、そのすぐ先には、笹子峠直下に掘られた笹子隧道が口を広げていた。奥には向こう側出口の光が見えていて、思わず入って行きたくなるが、それをやると昔ながらの笹子峠を越えられなくなってしまう。

あらためて県道の反対側へと延びる旧道を登っていく。ちなみにこの笹子隧道は、入口に洋風の支柱装飾が施されていてカッコイイ。文化庁の登録有形文化財にも指定されているそうだ。

少しの登りで辿り着いた笹子峠は、人影もなく静かなもの。指導標には尾根沿いに目指す山名が記されている。ハイキングの途中で通過はしても、笹子峠越えのためだけにやって来るハイカーは少ないのかもしれない。

笹子峠から反対側に降りたったら、しばらくは県道沿いを下っていき、途中「矢立の杉」の指導標が出たらそこから再び登山道へ入っていこう。これは笹子峠自然遊歩道と呼ばれる道で、途中で現れる矢立の杉は、樹齢1000年を越えるとされる見事なもの。根回りは15m近くにも及び、その姿は、かの葛飾北斎にも描かれている。

左右に洋風建築の柱のような装飾が施された笹子隧道の入口。1938（昭和13）年に完成したこのトンネルは、1958（昭和33）年に新笹子トンネルが開通するまでは山梨と東京を結ぶ動脈だった

笹子駅からも近い「みどりや」で、笹子餅を購入。経木と紙の包装紙に包まれた、昔ながらの笹子名物だ（写真上）。ちょっと寄り道してでも見ていきたい「矢立の杉」。戦国時代の武士が必勝を祈って矢を射ったことから、この名がつけられたという（写真左）

遊歩道はやがて県道に合流し、そこからは県道を歩いてＪＲ笹子駅を目指す。駅に着いたら、まずは名物「笹子餅」をお土産に買って、その先にある笹一酒造でお酒をいくつか試飲しつつ、お気に入りの一本を探して帰るとしようかな。

DATA

⦿モデルプラン：ＪＲ中央本線甲斐大和駅→駒飼宿→甲州街道峠道入口→笹子峠→矢立の杉→ＪＲ中央本線笹子駅

⦿歩行距離：約12.5km

⦿歩行時間：約4時間半

⦿アクセス：起点の甲斐大和駅へは、新宿駅からJR中央線、中央本線を乗り継いで約2時間。終点の笹子駅から新宿駅へもJR中央線、中央本線を乗り継いで約2時間

⦿立ち寄りスポット情報：矢立の杉＝大月市笹子町黒野田1924-1。✆0554-22-2942（大月市観光協会）。みどりや（笹子餅）＝大月市笹子町黒野田1332。✆0554-25-2121。7:00～19:00（売り切れ次第閉店）。無休。笹一酒造＝大月市笹子町吉久保26。✆0554-25-2008（酒遊館＝ショップ）。9:30～18:00。無休

（2019年5月探訪）

荒玉水道道路

あらたますいどうどうろ

東京都

まっすぐ延びる道をどこまでも!
水道水の道を追いかけて

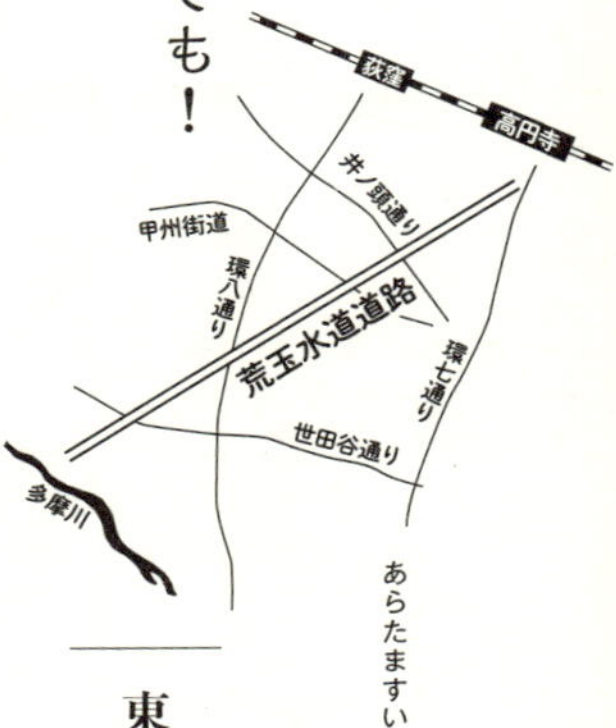

昔、小田急線の経堂駅近くで飲んでいて終電をロスト、タクシーで高円寺まで帰ることがあった。経堂からのタクシー帰宅はそれまでにもあったので、道はわかる。というか、たいていは環七に出てそれを北上というルートを取る。

しかし、そのときのドライバーは違った。「お客さん、水道道路通ってもいいですか?」たまたま環七が渋滞していたのか、それとも彼が「抜け道の鬼」だったのかはわからない。僕も「高速道路はやだけど、水道道路ならいいすよ」とか、しょうもない反応をした気がする。結果、とくに滞ることなく、いつもより早いくらいに高円寺に到着したのだった。

さて水道道路である。翌朝、二日酔いの頭をおさえながら「水道道路」ってなんだ?と地図を開いたところ。ありましたよ。多摩川の河畔から高円寺に向かって延びる水道道路が。まずひと目見て思ったのは「なんてまっすぐなんだ!」ということ。途中、世田谷通りや環八、小田急線や京王線、井の頭線もあるのに、そんなもの無視するかのようにひたすら直線で延びている。まるで東京区部西側を袈裟斬りにしたかのような切れ味の鋭さだ。これは歩いてみたい。なんでこんな道が存在するのだろう。

ここで悩むのはどちら側を起点にするか。自宅のある高円寺から歩いて多摩川でゴールを迎えるのもなかなかドラマチックだが、今回はあえて逆をとる。裏テーマは『歩いて帰ろう』だ。

まずは起点に一番近そうな小田急線の和泉多摩川駅を目指し、そこから多摩川の堤防に沿って歩く。堤防沿いの遊歩道はイヌ連れの散歩者やランナーなどで賑わっている。やがて左手に砧《きぬた》の浄水場が見えてきたので、そこから川を離れる。そう、水道道路の起点は砧浄水場だったのだ。

そもそもこの水道道路は、大正から昭和にかけて激増した東京西部の人口に対応するために、多摩川の水を中野区野方、および板橋区大谷口の配水塔に送水するために地下水道管を敷設。その上を道路化したものだそうだ。本来は埼玉県側の荒川からも導水してつなげる計画だったが、それは実行されなかったという。そしてその荒川と多摩川の頭文字を

荒玉水道道路の起点となるのが、ここ世田谷区の砧浄水場。ここから中野区の野方配水塔を目指して水道道路は延びている。浄水場のすぐ裏手は多摩川だ

とって、この道は現在「荒玉水道道路」と呼ばれている。玉は「多摩」なのね。

工法の都合からか最短距離を結ぶことが至上命題とされ、結果、それがこんな直線道路になったのだった。水道管が埋設されていることから維持にもシビアで、道路沿いには随所に「4t以上の自動車通行禁止」の標識が立てられている。

さて砧浄水場前の交差点から水道道路を眺めてみれば、これはたしかに延々と続く直線道路。一番先が霞んで見えないほどなので、まずはずんずんと歩いていく。周囲は住宅街が立ち並び、その隙間に置き忘れられたように小さな農地が点在する。やがて野川を橋で渡ると、ここ

国分寺崖線を越えたりと多少のアップダウンはあるものの、荒玉水道道路はひたすらまっすぐ延びていく。写真のように多少下り基調のほうが先の先まで見通せて、なんだかうれしい

でいきなり工事による迂回指示が。様子を見るかぎりでは橋のつけ替え程度のようだったが、警備の人に話を聞くとそんな小さな工事ではなく、外郭環状線と東名道のジャンクションを建設中とのこと。水道道路、いきなりピンチではないか。

やがて、道は国分寺崖線を越えるために緩やかに登っていき、その先でいつも混んでいる印象がある世田谷道路を渡る。そこからはまたまっすぐな道が続き、付近には大学や病院もチラホラ。目の前に高架が現れたなと思ったら小田急線だ。そしてその先には環八。環八には信号がないどころか中央分離帯で遮られている。これを強行突破するほど命知らずではないので、ここは一度100mほど環八を北上して歩道橋で迂回。再び水道道路へ。

道はひたすら北上する。やがて京王線桜上水駅前で踏切を渡るが、ここで注意したいのは、そのまま線路を渡った勢いで広い通りを直進すると水道道路を外れてしまうということ。線路を越えてすぐ右手に現れる細い路地を入れれば、京王線沿いに「水道局用地」と書かれた石標があって、そこが水道道路だとわかる。

ここまで来れば、あとは一気呵成だ。甲州街道、首都高を越え、井の頭線を渡り、和田堀公園沿いの緑を抜ければやがて青梅街道、環七と合流して水道道路は終わる。本当はこの先、野方の配水塔ま

京王線桜上水駅で踏切を越えるとき、一瞬水道道路を見失いかけたが、この石標が正しい道を教えてくれた。写真ではちょっと見にくいが「水道局用地」の文字がくっきりと

中野の閑静な住宅街に突如屹立している野方配水塔。高さ33.6m。街中に突然怪獣が現れると、こんな存在感なのだろうか。現在は災害時の応急給水施設として第二の人生を送っている

でつながっているはずなのだが、現状からその道筋はまったくわからない。ちなみに余力があれば、中野駅経由で中野通りを北上し、野方配水塔まで歩くのもお勧めだ。さすがにもう現役で稼動はしていないが、住宅街に突如現れるその圧倒的な存在感は一見の価値がある。

DATA

⦿モデルプラン：小田急線和泉多摩川駅→砧浄水場→荒玉水道道路→青梅街道→東京メトロ丸ノ内線東高円寺駅
⦿歩行距離：約12.5km
⦿歩行時間：約4時間半
⦿アクセス：起点の和泉多摩川駅へは、新宿駅から小田急小田原線で約25分。終点の東高円寺駅からは新宿駅へ東京メトロ丸ノ内線で約13分
⦿立ち寄りスポット情報：水道道路沿いは住宅街や学校などが続き、途中で越える駅周辺以外、食堂やコンビニ等は見あたらない
（2019年11月探訪）

三鷹の軍用線路跡と東京スタディアム

みたかのぐんようせんろあととうきょうすたでぃあむ

戦争、そして戦後の復興。そんな時代に生きた鉄路の痕跡

東京都

太平洋戦争が終結するまで、三鷹には中島飛行機という航空機製造メーカーの工場があった。当時の中島飛行機といえば、三菱重工などとともに国内有数の航空機メーカーとして知られ、陸軍の一式戦「隼」や四式戦「疾風」といった後年にも語り継がれるような名機を輩出していた。当然、戦争末期には米軍の目標にされ、B-29による熾烈な爆撃にさらされて大きな被害を受けた。

戦後、工場跡地の半分は米軍に接収されて、米兵およびその家族のための住居を建設、のちに返還されて現在は武蔵野中央公園という広大な都立公園になっている。

中島飛行機の工場があったころ、工場で製造されたエンジンなどは専用鉄道で中央線へ、そこから各組み立て工場へ運ばれたのだが、当時の専用鉄道跡が現在も遊歩道として残さ

れており、そこを歩いてみることに。

起点となるのはJR中央線の三鷹駅。地図を見ると、三鷹駅からしばらく線路に沿うように西へ進み、やがて不自然なカーブを描いている遊歩道が現れる。現在、堀合遊歩道と呼ばれるこの道こそが、当時の専用引き込み線の跡地だ。周囲は静かな住宅街に囲まれており、知らなければここに過去鉄道が走っていたとは思いもよらないだろう。

この道はやがて新武蔵境通りに寄り添うようにして北上する。途中、鉄道の遺構はなにも見あたらなかったが、唯一、ぎんなん橋と呼ばれる人道橋で玉川上水を渡るとき、その橋に当時のレールが埋

この遊歩道にかつて鉄道が通っていたことを示す、数少ない証拠のひとつがこれ。ぎんなん橋という人道橋には当時のレールがそのまま埋め込まれていた

親子連れがベンチでのんびり日向ぼっこをしているこの公園だが、太平洋戦争末期には、ここへ半円状に6門の高射砲が配備され、B-29の爆撃に備えていたという

め込まれる形で遺されていた。

ちなみに中央線から分かれてくるこの引き込み線は、三鷹駅からだけではなく、隣りの武蔵境駅からも延びている。つまり中央線に対して「人」の字のような形で、線路は東西から引き込まれていたのだ。武蔵境駅から延びる線路跡地は、現在は本村公園という異常に細長い公園として整備されている。

境浄水場を左手に望みながら歩いていくと、途中、遊歩道沿いに小さな公園が現れた。説明書きがあったので何気なく読んでみると、なんとそこは戦時中、飛来するB-29を撃墜するために構築された高射砲陣地だったそうだ。ここに6門

中島飛行機跡地にも近い延命寺というお寺の境内には、爆撃された250kg爆弾の破片が展示されていた。こんなものが雨アラレと降り注がれた時代が、今から75年ほど前の東京に実際にあったのだ

の高射砲を半円状に配備し、対空防御に備えていたらしいが、実際には高度1万mという高々度を飛んでくるB-29に対して、当時の日本軍の高射砲ではそこまで弾が届かなかったというから、なんともせつない話だ。

道はそのまま北上を続けるが、五日市街道と交差するところで近くの寺院に立ち寄る。五日市街道を東に入ったところにある延命寺というお寺に、戦時中を彷彿とさせる遺物が残っているらしいのだ。

訪ねてみると、それは本堂のすぐ脇に保管されていた。あったのは戦争中に米軍機から投下された250kg爆弾の破片。いや、破片と書かれているが、実際には見ただけでそれが爆弾であることがわかる形状だ。戦後30年以上たってから工事現場で発掘されたとのことだが、すっかり錆びついた現在でも、なんともいえぬ禍々《まがまが》しさを放っている。

遊歩道へ戻りさらに北上すると、やがて道は武蔵野中央公園、つまり中島飛行機跡地に突き当たって終わる。終わるのだが、実際にはここには続きがある。冒頭で跡地の半分が米軍に接収の後、返還されたと書いたが、残りの半分はどうなったか。実は戦後まもないときに、そこにはプロ野球場が造られたのだった。

1951(昭和26)年、日本のプロ野球は慢性的な球場不足に悩まされており、それを解消するためにここに「東京スタディアム」、通称「武蔵野グリーンパーク」を建設。実際にプロ野球公式戦も開催された。しかし、後楽園球場などにくらべると地理的に不利だったこともあり、利用されたのはわずか1年にすぎなかったという。

そして、そのときに観客を輸送する手段として、先の引き込み線も「武蔵野競技場線」として再利用されたそうだ。残念ながら実際に歩いてみても、当時を思わせるものは見つけられなかった。

現在、球場跡地には都市再生機構によって集合住宅が建てられているが、唯一、現地の

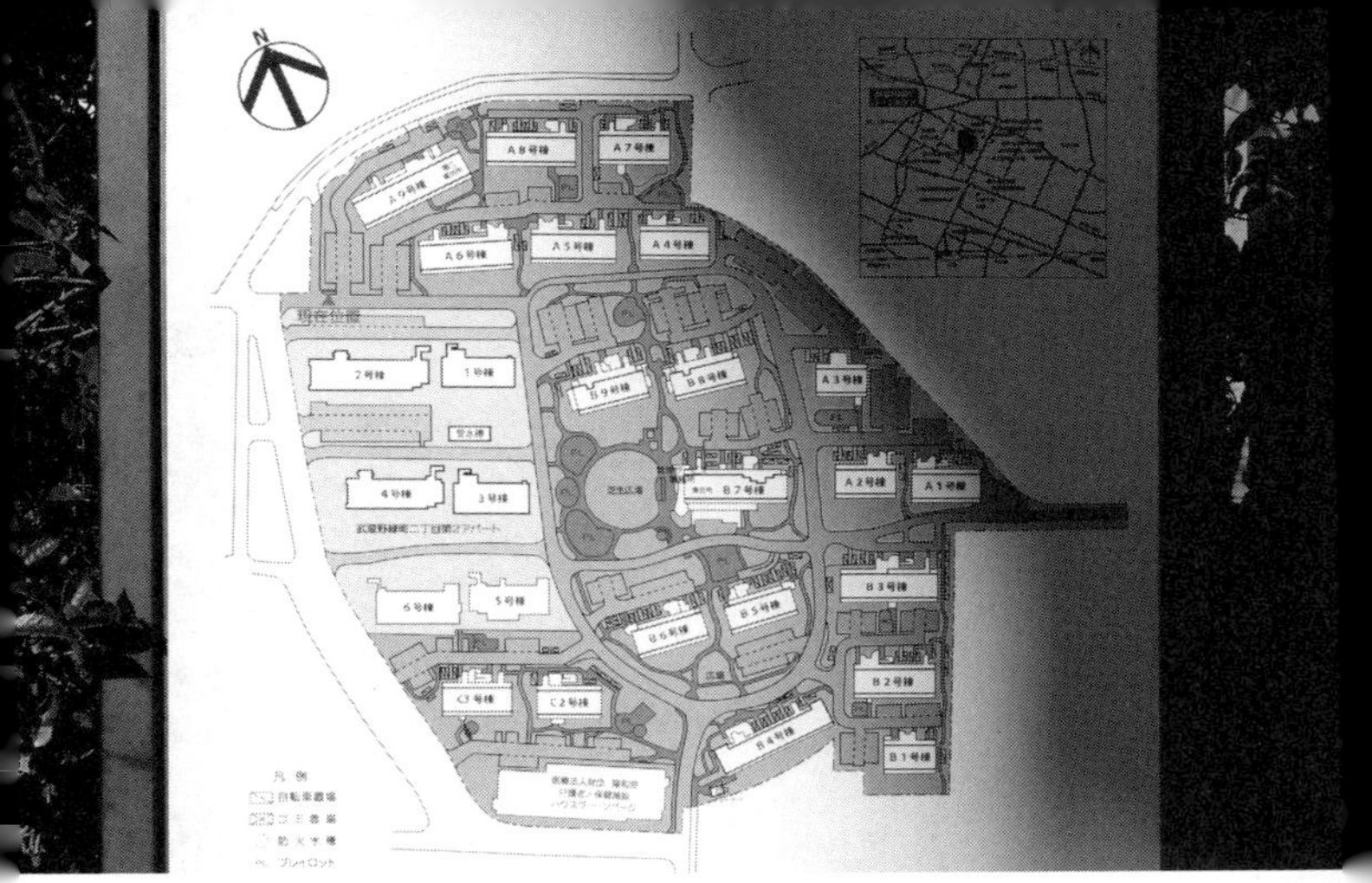

かつて東京スタディアムがあった場所には、今は大きな集合住宅群が建てられている。その案内板を眺めてみると、たしかにここが昔、野球場だったといわれれば納得できる形状だ

案内図を見てみると、その敷地が緩やかな円形で、かつてそこに球場があった名残を感じさせてくれる。

　ここまで歩いてきたら、そのまま北上を続け、青梅街道を渡って武蔵関公園を抜ければ、ゴールの西武新宿線武蔵関駅はもうすぐだ。

D A T A

⊙モデルプラン：JR中央線三鷹駅→堀合遊歩道→ぎんなん橋→高射砲陣地跡→延命寺→東京スタディアム跡地→西武新宿線武蔵関駅

⊙歩行距離：約7km

⊙歩行時間：約2時間半

⊙アクセス：起点の三鷹駅までは新宿駅から中央線で約18分。終点の武蔵関駅からは高田馬場駅まで約15分

⊙立ち寄りスポット情報：延命寺＝武蔵野市八幡町1-1-2。☎0422-51-8377

（2019年1月探訪）

日光杉並木街道

にっこうすぎなみきかいどう

栃木県

世界最長の並木道。
その核心部を歩いてみよう

日光杉並木街道といえば、いわずと知れた徳川家康の霊廟である日光東照宮へ至る、総延長37kmにも及ぶ長大な杉並木だ。そのスケールから世界最長の並木道としてギネスブックにも登録されているほか、日本で唯一、特別史跡および特別天然記念物の二重指定を受けている。

今日では周囲の開発、街道を走る自動車の排気ガスなどによって失われてしまった部分もあるが、それでも巨樹が居並ぶその光景は、ある意味荘厳ですらある。今回はそのなかでも最も魅力に満ちている、日光駅を目指す約6kmを歩いてみよう。

スタート地点は東武日光線の上今市駅。都心からの特急はひとつ手前の下今市駅で停車するので、そこから各駅停車に乗り継ぐことになるが、下今市駅から歩きだしても大した

世界最長の並木道としてギネスブックにも登録されている日光杉並木街道。そのすべてを半日徒歩旅行で歩くのは難しいし、踏破したからといって楽しいともかぎらない。今回はその核心部を歩く

距離ではない。

上今市駅駅舎を出れば、すぐその前が日光杉並木街道だ。ちなみに駅から線路沿いの一画には、重連水車をはじめとするさまざまな水車が保存されているので、興味のある人は立ち寄ってみるのもいいだろう。

さて杉並木街道は、東武日光線の線路と国道に挟まれるように延びている。その環境だけ聞くとあまり恵まれた立地には思えないが、さにあらず。大人がふたりがかりで囲んでも全然足りない幹回り、そして高さ40mにもなろうというスギの巨木が延々と連なるさまは大迫力で、そんな周囲の環境などはちっとも気になら

杉並木街道脇で営業しているお蕎麦屋さん「報徳庵」。今回のコース上に飲食店はほとんどないので貴重な存在だ。天気のよい日に縁側の席でいただくというのがお勧め

ない。

もちろん、杉並木自体がちょうどよい目隠しになっているということもあるのだろう。

最初の植樹から400年近く経ち、現在でも1万本以上の杉が天に向かってまっすぐに延びている。道の際には石垣が積まれ、その脇を清水が勢いよく流れている。江戸の時代からさほど変わっていないだろう道を、今も普通に歩けることに感動する。

それでもしかし。感動しつつもお腹も減る。すると歩き始めて30分ほどというタイムリーなタイミングで、右手に手打ち蕎麦のお店が現れた。

『報徳庵』というこのお蕎麦屋さん。店が少ない杉並木街道沿いではなんともありがたい存在だ。古民家をそのまま店舗として利用しており、周囲の風景にもマッチしている。平日にも関わらずマイカーで訪れている人も多く、なかなかの人気店のようだ。

立ち寄って注文したのはもちろん蕎麦。しばらくして僕のもとにお蕎麦を運んできてくれたお店の女性が、「新蕎麦ですよ」とひとこと添えてくれるのがうれしい。

さあ、お腹を満たしたところで再び歩き始めよう。報徳庵を出たあたりで、並木の周囲には民家が点在するようになるが、それもつかの間。再び鬱蒼とした杉に囲まれ、それまで固い土道だった足元も石畳へと変わる。ときおり現れる苔むした足元は、なんだかもったいなくて踏み入れるのに躊躇する。

やがて右手に現れたのは「砲弾打込杉」と呼ばれるスギの木だ。これは戊辰戦争のときに（ここは戊辰戦争の戦場にもなったのだ）官軍が打ち込んだ砲弾の跡が今も残っているスギで、幹を見上げればたしかに大きな亀裂ができていた。

やがて上今市駅から４㎞ほど歩いたあたりで、杉並木街道は国道と合流して、それまでの静かな趣は終わりを告げる。そこから先も基本、歩道はあるのだが、何ヶ所か幅が狭い部分があるので、そんな場所ではクルマの往来には気をつけたい。ＪＲ日光線をガードで

現在の日光駅駅舎は1912（大正元）年に落成した二代目。ネオ·ルネサンス様式の木造洋風2階建てだ。現在では競合する東武線が時間でも運賃でも勝るため、なかなかこちらに降り立つ機会は少ない

くぐってしばらく歩けばJR日光駅に到着する。そして、東武日光駅もそのすぐ先だ。

駅周辺まで来るとさすがに観光客の姿が多い。日本人、外国人、そして修学旅行生。自分も小学校の修学旅行で日光を訪れたことを思い出す。といっても憶えているのは枕投げをしたことや、夜にこっそり食べた缶詰のことばかりで、寺社を参拝した記憶がほとんどないのがなんとも情けない。

駅から先、杉並木は姿を消すが、その代わりに現れるのが湯波（日光では湯葉をこう書く。製法にも若干違いがあるらしい）料理や日光彫のお店が続く町並み

日光東照宮の参道入口近く、大谷川にかかる神橋。石造りの橋脚という特殊な構造から、日本三大奇橋のひとつに数えられている。その歴史は古いが、現在の橋は1904（明治37）年に再建されたもの

だ。思わず買い物に走りたくなってしまうところだが、ここまで歩いてきたのだからまずは東照宮を参拝しておこう。

そしてその帰路で、荷物が増える心配をせずに思う存分寄り道をしようではないか。駅から東照宮までは、歩いても20分ちょっとの距離だ。

DATA

⊙モデルプラン：東武日光線上今市駅→杉並木街道→報徳庵→砲弾打込杉→東武日光駅
⊙歩行距離：約6km
⊙歩行時間：約2時間
⊙アクセス：起点の上今市駅へは、東武スカイツリーライン浅草駅から下今市駅まで特急を利用すれば約1時間45分。終点の東武日光駅からは、特急利用で浅草駅まで約1時間50分
⊙立ち寄りスポット情報：杉並木公園＝日光市瀬川。☎0288-22-6163（日光市公共施設振興公社）。報徳庵＝日光市瀬川383-1。☎0288-21-4973。11:00〜15:00。年始休
（2019年11月探訪）

西武安比奈線跡《せいぶあひなせんあと》

真っ赤に錆びたレールや橋梁。ありし日の姿を想像しつつ線路沿いを辿る

埼玉県

『青梅鉄道福生支線跡と草花丘陵』の項で紹介した砂利運搬専用鉄道は、埼玉県にも存在した。川越の西武安比奈線がそれで、開業は1925（大正14）年。西武新宿線の南大塚駅から入間川の河川敷をつないでいたのだが、やがて川砂利の採掘規制などによって休止。1963（昭和38）年以降、長らく休線扱い、つまり復活の可能性を匂わせていたものの、2017（平成29）年に正式に廃線が決定。これによって倒壊の恐れがある架線柱などは撤去されたが、線路自体はまだ多くの場所に残置されているというのが福生支線とは大きく異なるところ。今回はこの廃線跡を辿って入間川を目指す。

田んぼのなかを流れる川の上に、赤黒く錆びた、今はもう鉄道が通過することもない橋梁が横たわる。畦道を歩いて近くまで寄り、その歴史を目の当たりにする

ただし、ここでひとつ問題がある。廃線跡自体は現在も鉄道会社所有地であり、事故防止の観点からか大部分は立入禁止の札が立てられているのだ。なので立入禁止区間を避け、いかに並走する車道や農道でつかず離れずに辿っていくかが、今回の勘どころだ。

スタートとなる南大塚駅は西武新宿線の終点である本川越駅のひとつ手前の駅だ。北口を出ると、ホームと並走するように土地が空いており、そこにはかつて使われていたと思われる枕木が山積みにされている。一部にはまだ赤錆びた線路が残っていて、これが安比奈線跡であることがわかる。

この先、線路沿いに道はないが、連なる住宅の隙間から見える線路跡を追いながら進んでいくと、やがて国道16号との交差点が現れた。かつてはここに踏切があったのだろうが、今は完全にアスファルトに埋められ、歩道部分にわずかにレールが残されている。道路を挟んで線路の両側には巨大な「立入禁止」の看板が掲げられており、この後、これは何度となく登場する。

しばらくは並走する道路もなくなり、付近の住宅街を抜ける車道を右に

数年前まで、この橋梁とここから森のなかへと続く廃線跡は、遊歩道として開放されていた。それも今は昔。旧道・旧線を巡る徒歩旅行は一期一会、タイミングとの勝負と心得たい

行ったり左に行ったりしつつ、線路跡を見失わないように北上していく。駅を出てすぐに大きくカーブしていた線路が、この先はほぼ真っ直ぐに延びているのがありがたい。

やがて線路は田んぼのなかを抜けるようになり、その手前に川を渡る橋梁を発見。ここはなんとか近くで見てみたいところ。周囲をうろうろすると、うまいことそこへ辿りつける田んぼの畦道があったのでお邪魔する。

真っ赤に錆びた橋梁は今も存在感を誇り、重い砂利を運ぶには、それなりの強度が必要だったことがうかがえる。

橋梁の先には、小高い築堤が一直線に

南大塚駅からずっと「立ち入り禁止」の看板に立ちふさがれていたが、八瀬大橋の向こうには規制がなかった。土煙を上げるモトクロスコースの脇を線路は延びる

伸びていた。かつては砂利を満載した貨車が、その姿を田んぼに映しながらゴトゴト走っていたのかと思うと、感傷的な気分になる。

このあたりから次第に周囲の人家は少なくなり、おかげで線路を見失いにくくなる。ときに線路は覆い被さった樹林の脇を抜け、ときに民家の横をすりぬける。やがて再び橋梁が現れるが、ここは一時遊歩道として再開発され、歩けるようにもなっていたのだがそれも昔の話。今は再び立入禁止となっている。

実はこの西武安比奈線、2009(平成21)年に多部未華子さんを主人公にしたNHKの朝ドラ『つばさ』のロケ地と

線路の一部は少しずつ樹木に呑み込まれていた。長い歴史で考えると、人間のつくったものはいずれすべて植物や鉱物に吸収されてしまうのかもしれない

しても利用されており、そのときには、ここの線路が用いられていた。林のなかを抜ける美しいロケーションだったのだが、残念ながら今は歩くことができず、遠目に緑のトンネルを抜ける線路がのぞけるのみ。

ここからは一度北側の車道を回り込み、正面に見える八瀬大橋の足元をくぐって向こう側へ。大きな橋脚を前に線路跡もここまでかと思いつつ、草むらのなかに踏みいると、突然なにかにつまずいた。なんだと足元を確認してみたら、そこにはレールが。すでに「立入禁止」の看板はなかったが、それでも心配なのでなるべく線路から距離を置いて歩く。

モトクロスバイクのコース脇を抜け、やがて鬱蒼とした藪のなかに線路跡は消えていった。現れた砂利道で脇にまわると、そこには入間川。どうやらこのあたりが終点で、川原から砂利を採掘していたのだろう。道端には、当時のものらしい構造物も残っていた。

さてこの先はしばらく河原沿いを歩き、入間川をいるまがわ大橋で渡って北へ。目指すは肉のテーマパーク『サイボク』！　ここはレストランや肉の直売所、パン工房に狭山茶の店、温泉施設も備え、徒歩旅行の締めを飾るのにぴったりの場所なのだった。

食のテーマパーク「サイボク」。各種ショップあり、レストランあり、さらに温泉もありと、まさに徒歩旅行のエンディングにうってつけだ。牧場直営なので鮮度も抜群

DATA

⦿モデルプラン：西武新宿線南大塚駅→西武安比奈線跡→国道16号→廃橋梁→八瀬大橋→入間川→いるまがわ大橋→サイボク→JR川越線笠幡駅
⦿歩行距離：約8.5km（サイボクまで。笠幡駅まで歩くならプラス2km）
⦿歩行時間：約3時間
⦿アクセス：起点の南大塚駅へは、高田馬場駅から西武新宿線で約55分。終点の笠幡駅からは、JR川越線、東武東上線を乗り継いで池袋駅まで約55分。サイボクからは、本数は少ないものの東武東上線鶴ヶ島駅、JR川越線笠幡駅、西武新宿線狭山市駅へバスもあり
⦿立ち寄りスポット情報：サイボク＝日高市下大谷沢546。℡042-989-2221。営業時間、定休日は各施設によって異なる
（2019年6月探訪）

【それから】現在、起点の南大塚駅改札隣には「西武安比奈線メモリアルコーナー」が設けられ、当時の写真や路線図が展示されている

町田の戦車道路

まちだのせんしゃどうろ

かつて戦車の走行実験が行われていた尾根上の道へ

東京都

ＪＲ横浜線から相模原駅界隈を眺めると、今も米軍に接収されたままになっている敷地が鉄条網に囲まれている。正式名称は相模総合補給廠《しょう》。その敷地面積は約２００ヘクタールと広大で、周囲の宅地化が進んでいるだけに、なおさらその存在感はひとかたならぬものがある。思わず、映画『シン・ゴジラ』のなかに出てきた「戦後は続くよどこまでも」なんていう科白が頭に浮かぶ。

そもそもなんでこの場所が米軍に接収されたのかといえば、もともとはここに旧日本陸軍の相模陸軍造兵廠があったことがその理由。当時、相模陸軍造兵廠では戦車の開発を主に行っていたそうだ。そしてその一部には、多摩丘陵を利用した戦車の性能実験をするためのコースがあり、そこが現在では緑道として整備されていると知れば、俄然行ってみたくなるというものである。

降り立ったのはJR横浜線の淵野辺駅。ここから北東へ、桜美林大学方面を目指して歩いていく。道沿いには真新しい住宅やマンションが目立つなか、ときおり歴史を感じさせる米屋や眼鏡屋といった個人商店が今も営業を続けていて、ここが単なる新興住宅街ではないことがわかる。おそらくは相模陸軍造兵廠の時代には、そこを中心に軍都としても栄えていたのだろう。

やがて桜美林大学を越えたところで「尾根緑道入口」というバス停が現れる。これこそが今回の目的地の入口だ。この尾根緑道、もともとは「戦車道路」と呼ばれていた。相模陸軍造兵廠では戦車の開発を行っていたことは前述したが、開発をするからにはその走行実験も行わなければならないわけで、そのための場所に選ばれたのが、この丘陵だったらしい。

実際に歩きだしてみると、大きくうねるカーブあり、小刻みなアップダウンありで、たしかに単なる自動車用道路とはずいぶん趣が異なる。戦車というのは基本オフロード、というか道なき道を前進していくのが宿命だから、こんなコースで試験する必要があったのだろう。

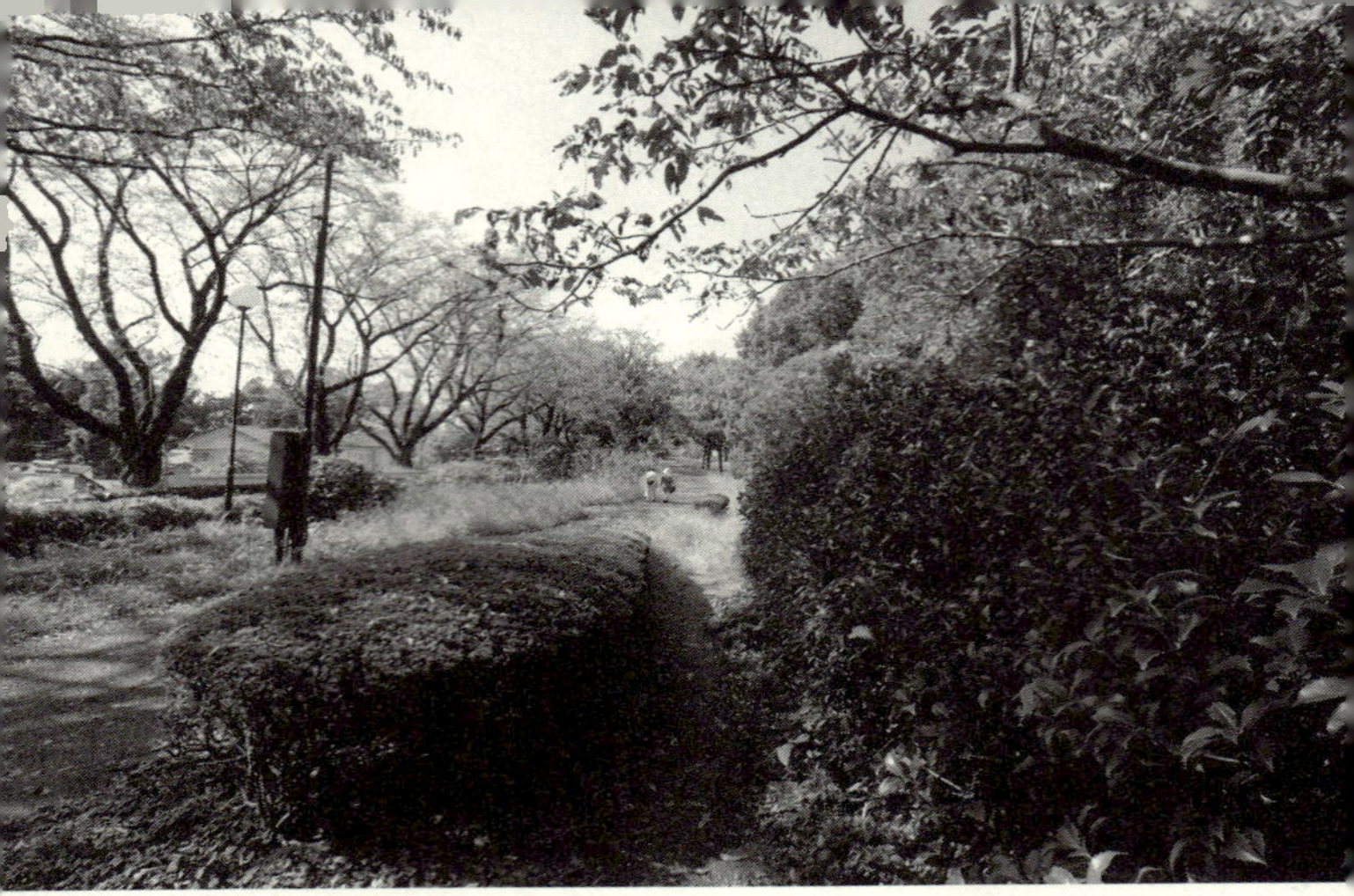

かつて旧日本陸軍の戦車の走行試験コースだった道は、現在では市民憩いの遊歩道となっていた。当時を想起させるものはなかったが、唯一そのコース取りがかつての試験コースを彷彿とさせた

現在の戦車道路は、車道と同じ幅、場所によっては車道より広いスペースで併走する歩道として整備され、道沿いには桜や紅葉の樹が植えられて、季節には美しい風景のなかを散策できるようになっている。

周囲は住宅街や公園、ときには産業残土の受け入れ場などもあって、そんななかを道はパズルのように組まれて続いていく。

ひとつだけ変わらないのは、ずっと丘陵の尾根を歩き続けていくということで、ときおり住宅や木陰の向こうには丹沢の山々がその姿を見せる。

現在、公式には尾根緑道と呼ばれてい

ときおり視界が開ける西側を望んでみれば、手前にはすっかり宅地化された相模原の街が、その向こうには丹沢山塊の山々がいくつも連なっているのが見える

るこのコース。たしかに過去に兵器の実験場だったことから名づけられた「戦車道路」では、市民の憩いの場としてはちょっと物騒すぎるのだろう。

でも、個人的には戦車道路というネーミングを残してほしかったかなとも思う。尾根緑道なんていうどこにでもあるような名前に比べたら圧倒的にインパクトがあるし、過去の負の財産を簡単になかったことにしてしまうのも、いかがなものかという気もする。

それにしても。

多摩丘陵がニュータウンの開発によって大きくその姿を変えてしまう前は、どこものどかな里山風景が広がっていたも

遊歩道を歩いていると、突然近くに野鳥が留まった。一瞬、街中でもよく見かけるシジュウカラかと思ったけれど、レンガ色の背筋とお腹はヤマガラか。でっかい木の実を見つけたものだ

のと勝手に想像していたのだが、実際にはその一部で、軍事機密扱いの試作戦車が開発され、轟音とともに走り回っていたと知ると、なんとも複雑な気持ちになってしまう。

このコースのゴールは京王線の多摩境駅。駅に至る手前には小山内裏公園とも接続していて、こちらの公園は多摩丘陵が本来持っていた雑木林や谷戸地形をうまく利用して造られていて、四季に応じてさまざまな植物や野鳥を観察できるようだ。

また多摩境駅を挟んだ反対側には、縄文時代のものと考えられる田端環状積石遺構、つまりストーンヘンジのような遺

多摩境駅の反対側、一見ただの原っぱのようにも見えるところに田端環状積石遺構、いわゆるストーンヘンジがあった。いったいどんな人が、冬至にここから丹沢の蛭ヶ岳山頂に沈む夕陽を拝んだのか

跡が発掘され、現在は復元のうえ保存されている。

ここでは冬至の日、丹沢の蛭ヶ岳山頂に沈む夕陽を観測できるそうで、なにか宗教的な施設であったのではと推測されている。好みに応じて寄り道してみるのもいいだろう。

DATA

⊙モデルプラン：JR横浜線淵野辺駅→尾根緑道入口バス停→尾根緑道→小山内裏公園→京王線多摩境駅
⊙歩行距離：約7.5km
⊙歩行時間：約2時間半
⊙アクセス：起点の淵野辺駅へは新宿から小田急小田原線、横浜線を乗り継いで約55分。終点の多摩境駅からは新宿駅へ京王相模原線で約40分
⊙立ち寄りスポット情報：尾根緑道沿いにコンビニ等はない
（2019年10月探訪）

半日徒歩旅行の心得①

天候とウエア

ふらりと旅立てるのが半日徒歩旅行の魅力のひとつだが、それでも天気に対する備えはあったほうが安心だ。一番心配なのは突然のにわか雨。すぐに雨宿りできる街中とはかぎらないので、コンパクトな折りたたみ傘は用意しておきたい。

季節によっては風が肌寒く感じることもあるので、ウインドブレイカーのような防風シェルもあると心強い。さらには本格的な寒さ対策としてフリースやダウンのベストまたはジャケットがあれば万全。僕は、猛暑期以外はいつもこの3点セットをリュックサックの片隅に押し込んでいる。アウトドア用のものを選べば軽量コンパクトになるので、重さやかさばりも気にならない。

また、歩くという動作は思った以上に身体を温かくしてくれるものだ。歩き始めはちょっと寒いくらいでも、20分も歩いているとポカポカして汗ばんできたりする。そんなときはこまめに着ているものを脱いだりして、なるべく不必要な汗をかかないようにしたい。そのままにしていると、それがやがて汗冷えの原因になる。

あともうひとつ。余裕があれば、まっさらのコットンのTシャツと手拭いを一枚しのばせておくと、途中やゴール後に温泉や銭湯に遭遇、入浴したあとの快適さったらないのであった。

第6章

街を漂う徒歩旅行

運河に銭湯、宿場町。以前に行ったことのあるあの町も、徒歩旅行の目線で歩いてみれば、それまでには見えなかった新たな魅力が見えてくる。

浦安市郷土博物館には、昭和中期の浦安の街並みを再現した野外展示があり、家のなかにも入ることができる。横丁からは、今にも鼻を垂らした昭和の子どもが飛び出してきそう

東京スカイツリーと浅草

とうきょうすかいつりーとあさくさ

東京都

450m上空から東京を俯瞰、隅田川を渡って浅草寺参り

浅草寺《せんそうじ》の門前町として古くから栄えてきた浅草。戦災をはじめ幾度も困難に見舞われたものの、その度に復興。最近では変わらぬ姿が逆に注目を浴び、さらには川向こうに登場した東京スカイツリーとの相乗効果もあって、人気の観光スポットになっている。

しかし浅草はともかく、スカイツリーは東京在住でも登ったことがない人がけっこう多い気がする。若者がデートで行ったり、家族が子連れで休日に、といったきっかけがあればまた別だが、その年齢層から外れてしまうとなかなか出向く機会がないのではないか。僕もまさにそんな層。そこで、今回はあえて東京スカイツリーを目指すことに。そして、ひとりでスカイツリーに登って帰ってくるだけというのはあんまりなので、周辺の下町の情緒を感じられる場所を巡り、最後は浅草でゴールというコースを歩いてみた。

首を痛くしながら東京スカイツリーを直下から仰ぎ見ると、仰角がつきすぎて先端まで見えないことが判明。巨大なものは、ある程度距離をおいて拝むのが正しいようで

実は当初、それほどスカイツリーに期待してはいなかった。高さ634mとはいっても、エレベーターで上がれる最高高度は450m。いっぽう東京都民なら誰でも一度は登ったことがあるであろう高尾山の標高は599m。あの山頂からの風景とさほど変わらんだろうよというのが、正直な気持ちだったのだ。

オープン当初は事前に予約をしないと登れないほど大人気だったスカイツリーも、最近では落ち着いたようで、訪ねたのが平日ということもあってかほとんど待ち時間なしに展望デッキ行きエレベーターに乗れた。窓のないエレベーターに乗ること約50秒、分速600mで到着だ。

エレベーターのドアが開くと、眼前にいきなり標高350mからの大パノラマが広がり、一気に気分が盛り上がる。もしかしたらエレベーターに窓がないのは、このギャップを感じさせるための演出なのか。「トンネルを抜けるとそこは……」方式である。眼下にはまさに関東平野を一望できる。

この日は残念ながら見えなかったが、空気が澄んでいる日なら富士山もはっきり眺望できるだろう。理屈で考えれば高さ2000~3000mある高山のほうが遠望は効くのだが、その代わりに、ここからはギッシリと詰まりに詰まった東京の街並みを俯瞰できる。東京タワーや新宿副都心、東京ドームなどのランドマークをヒントに、東京の地理を頭のなかで整理する。当初の期待のなさはどこへやら、デッキをグルグルと歩き回り、多少興奮気味にシャッターを切りまくる。

展望デッキからエレベーターを乗り継げば、標高445から450mへ至る天空回廊へ高度を上げられる。眼下に見える風景の密集度はさらに高まり、それらを眺めているうちに、なんだか頭がクラクラしてくる。日頃見ることのない光景を脳が処理しきれなくなったのか。このまま気分が悪くなってはかなわないので、適当なところで見切りをつけて下界へ。いや、それにしてスカイツリーさん、ナメてました。すいません。

スカイツリーの上から東京の街を眺める。東京ドームや都庁などが、かろうじてそのシルエットから確認できる。延々とどこまでも続くビル街を前に、なぜだかちょっと恐怖を感じた

スカイツリーを出たらしばらく隅田川方面に歩き、墨堤《ぼくてい》通りと水戸街道の間を併走する見番《けんばん》通りに入ってみる。この付近の地名は墨田区向島。向島といえば江戸の時代から花街として知られ、見番通りという名前も、芸妓や料亭などを管轄する「見番」があったことから名づけられたそうだ。通り沿いの建物の多くは建て替えられてはいるが、注意深く眺めてみると、路地の先には往時を偲ばせる黒壁の料亭があったりする。規模は小さくなったとはいえ、料亭も芸妓も現役だ。若いころは、大人になればこういうところで酒が飲めると思っていたが、どういうわけかまったくそんな機会はない。

見番通りの突き当たりから路地を入れば、玉の井や鳩の街といったさらに大人の町、そして文人墨客に愛された庭園・向島百花園へ至るのだが、今回はここから隅田川沿いに進んでいく。川の手前には、江戸末期創業の「言問団子」もあるので、一服していくのもよい。

隅田川沿いを少し歩くと現れる、優雅なX字状をした桜橋を渡って対岸へ。再び川沿いを下って東参道の交差点から西に向かえば、浅草寺の境内だ。

浅草寺といえば、飛鳥時代に隅田川の漁師の網にかかった観音像を祀ったお寺として知られ、徳川家康をはじめ多くの武将の庇護を受けてきた。ご存じのごと

見番通りを歩いていて見かけたお菓子屋さん。木枠の引き戸、ガラス張りの陳列ケース、アイスクリーム用の冷凍庫など、どれもが懐かしい昭和仕様だ。奥にはアナログ式の計りもあった

浅草といえばやっぱり雷門。正式名称は風雷神門で、門の右に風神様、左に雷神様がひかえる。いつの間にか外国人旅行者の定番スポットとなった。ここから仲見世を抜けて、いざ浅草寺へ

く、今日では海外からの観光客も多く、仲見世の混雑具合は驚くほどだ。お参りをすませたら、仲見世に突入するもよし、同行者がいれば遊園地「花やしき」もよし。大人のひとり旅としては、ここはやっぱり浅草寺西側の「ホッピー通り」で打ち上げだろうか。

DATA

⦿モデルプラン：東武スカイツリーラインとうきょうスカイツリー駅→東京スカイツリー→見番通り→桜橋→浅草寺→東京メトロ浅草駅
⦿歩行距離：約4.5km
⦿歩行時間：約1時間半
⦿アクセス：起点のとうきょうスカイツリー駅へは、浅草駅から東京スカツリーラインで約3分。終点の浅草駅からは都営浅草線快特で新橋駅へ約14分
⦿立ち寄りスポット情報：東京スカイツリー＝墨田区押上1-1-2。📞0570-55-0634。10:00〜22:00（季節により変更あり）。無休。浅草寺＝台東区浅草2-3-1。📞03-3842-0181
（2018年7月探訪）

千住界隈と荒川土手

せんじゅかいわいとあらかわどて

東京都

松尾芭蕉の旅立ちをなぞり、銭湯に入って懐かしの土手へ

東京東部、足立区千住界隈は古くから日光街道や奥州街道の宿場町として開け、今も旧道沿いには当時の面影を残す建物が現存している。また徒歩旅行の大先輩である松尾芭蕉が、『おくのほそ道』の旅へ出る際の出発地としても知られている。彼の旅はここより日光を経由して東北へ、そこから日本海沿いに南下して岐阜県の大垣へ至ったもので、その総距離約２４００㎞。およそ5カ月にわたる大旅行だったという。お手軽な半日徒歩旅行では、とうていその片鱗すらうかがうことはできないが、せめて旅立ちの旅情だけでも味わってみようと千住の町へ向かった。

起点となるのは南千住駅。改札を出るとすぐに松尾芭蕉像が迎えてくれる。手には筆と短冊が握られており、これはこの地で、『おくのほそ道』の矢立初めの句、つまり最初の

南千住の駅前に立つ松尾芭蕉像。足元を見て、あらためて当時の旅が草鞋履きだったことに気づく。旅を終えるまでに果たして何足の草鞋を履き潰したことだろう

一句を詠んだことにちなんだもの。その句は『行く春や　鳥啼き　魚の目は泪』。

駅前から北への道を進んでいけば、やがて隅田川とぶつかる。そこから川沿いにやや上流へ向かえば、現れるのはいわずと知れた千住大橋だ。千住大橋が架けられたのは徳川家康が江戸に来てまだまもないころで、隅田川に架けられた最初の橋だそうだ。現在の橋は1927（昭和2）年に竣工されたもので、アーチには堂々と「大橋」の文字が刻まれている。橋のたもとにある素戔雄《すさのお》神社には、矢立初めの句碑も建てられている。

千住大橋を渡る日光街道はクルマの往来が激しいが、渡って少し歩いたところ

で旧道に入れば、静かな街歩きを楽しめる。右手に現れる足立市場が分岐の目印だ。そもそも旧道のこのあたりは足立市場の一部だったそうで、それをしのぶかのように、道沿いには「元青物問屋　川崎屋」とか「谷塚屋」といった、当時あった問屋の名前を記した木札が壁に掲げられている。

北千住に近づくにつれて旧道沿いは賑やかさを増し、団子屋や揚げ物屋、かき氷屋など、飲食店も増えてくる。つまみながらのそぞろ歩きも楽しい。

北千住駅から来る道を渡ると周囲はますます賑わってくるが、この先でちょっと寄り道。千住寿町方面に入ったところに、北千住に来たからにはぜひ寄っておきたい銭湯があるのだ。その名は「大黒湯」。銭湯好きからは、東京の「キング・オブ・銭湯」の名を拝している名銭湯だ。時間は午後3時を回っており、営業も開始している。

銭湯の前に立つとあらためてその迫力に驚かされる。銭湯を形容するのにふさわしいのかはわからないが、まっさきに頭に浮かんだことばは「荘厳」だった。事情を知らない外国人旅行者だったら、お寺と勘違いしてしまうだろうな。ちなみに現在の建物は1929（昭和4）年に建てられたものだそう。

年季の入った格天井が美しい脱衣所を抜けて浴室へ入れば、まだ日も高いのに地元の人

北千住の名銭湯「大黒湯」。迫力のある外観はまるで寺社仏閣のようだ。創業は昭和初期とのこと。まだ明るい時間から、たくさんのご年配たちが自転車に乗ってやってきていた

でなかなかの入り。下町の銭湯はお湯が熱いことが多いが、ここはまさに適温。首まで浸かり、高い天井を眺めていれば今日一日の疲れもすっと落ちるようだ。

いやいや、いかん。旅はまだ終わっていない。沈没しそうになるのをぐっとこらえて、先ほどの旧道へ戻る。この先、次第に人通りは少なくなってくるが、そのぶん江戸の宿場町時代を感じさせる建物が現れる。当代で8代目になるという絵馬屋の吉田家や、江戸時代後期の建築を今に残す横山家住宅、当時から骨接ぎの名医として知られ、現在も営業を続ける名倉医院など、いずれも現役の住居なので見学は外観のみだが、それでも時代

江戸時代から骨接ぎの名医として知られる名倉医院。時代劇などにもこの名前が登場することがある。現在もこの建物で、整形外科医として営業を続けている

の空気は十分に感じられる。

やがて道は荒川とぶつかるので、そこからは荒川の土手沿いを下流に歩いてみよう。川面を渡ってくる風が湯上がりに気持ちがよい。河川敷には、サッカーや野球を楽しむ若者たちの姿が躍っている。

この先、桜堤《さくらつつみ》中を右手に眺めるあたりには、僕と同世代にとって懐かしい風景が現れる。この付近は武田鉄矢さんが主演したドラマ『3年B組金八先生』のロケ地で使われており、オープニング・ロールでも毎回登場している。僕は決して夢中になって観た派ではないが、劇中の生徒たちの年齢設定が当時の僕と同じだったとあって、なんだか大人でも子ども

北千住駅から北へ向かって歩いてくると、やがて土手にぶつかり、その先に流れているのが荒川。この荒川土手は、テレビドラマ『3年B組金八先生』のロケ地としてよく登場した

でもない中途半端だったころの自分を思い出して、ちょっとせつなくなる。
このまま堀切橋まで歩けば、京成線京成関屋駅や東武スカイツリーライン牛田駅までは目と鼻の先。北千住駅まで歩いても15分ほどだ。

DATA

⦿モデルプラン：JR・東京メトロ南千住駅→千住大橋→日光街道旧道→大黒湯→名倉医院→荒川土手→東武スカイツリーライン牛田駅
⦿歩行距離：約6km
⦿歩行時間：約2時間
⦿アクセス：起点の南千住駅へは、上野駅から東京メトロ日比谷線で約6分。終点の牛田駅からは、東武スカイツリーラインで北千住駅まで約2分。北千住駅からは、東京メトロ日比谷線で上野駅まで約9分
⦿立ち寄りスポット情報：絵馬屋吉田家＝足立区千住4-15-8。横山家住宅＝足立区千住4-28-1。名倉医院＝足立区千住5-22-1（外観見学のみ）
（2018年6月探訪）

【それから】「大黒湯」は残念ながら2021年に惜しまれつつ閉店となった。大黒湯の顔ともいえた唐破風屋根は現在、千住の寺・安養院に移築されてその面影を今に伝えている

成田山《なりたさん》

成田空港から最も近い観光スポットで、外国人旅行者気分を味わう

千葉県

成田空港からもほど近い成田山新勝寺が、実は外国人旅行者に人気が高いという話は以前より聞いていた。成田で乗り継ぎをするために一泊だけ空港付近のホテルに滞在する旅行者だったり、乗務と乗務の間の時間に余裕がある客室乗務員などが、手軽に日本観光を楽しむのにうってつけなのだそうだ。たしかに空港からはひと駅なので、日本に土地勘のない彼らでも、安心して空港から離れられるのだろう。

となると僕たち日本人としても一度は訪ねてみたいもの。もちろん初詣や厄払いでお参りをしている人にはお馴染みなのだろうが、そうでない人はなかなか足が延びない。成田空港に行く機会はあっても、行くときそんな寄り道はできないし、帰りは帰りで荷物はあるわ、ヘトヘトに疲れているわでこれも無理。成田に到着した旅行者に一番至便なこの観

成田山の参道には、名物の鰻屋や漬け物屋が軒を連ねる。正面に見える3階建ての木造建築が大野屋旅館。屋根の上にさらに延びる望楼が時代を感じさせ、見事

光スポットを、僕も外国人気分で目指してみることにした。

起点となるのは京成線かＪＲの成田駅。いずれの駅から出てもすぐ前を走る道を北上すれば、そのまま新勝寺の参道に通じる。道筋には歴史を感じさせる商家が数多く残っており、いきなり異国情緒（外国人にとって）が高まる。景観保全の条例が施行されているのだろう、途中にあるコンビニの看板もモノトーンに抑えられている。電線も地下に埋設されているのか、電柱のない空が広い。名物の漬け物やおせんべいといった商品が並ぶ店のなかに、ポツポツと鰻屋が連なる。店頭では大きなまな板の前で、親方のもと一

広大な敷地を有する成田山新勝寺だが、山門をくぐったらまずは大本堂にお参りしよう。新勝寺で最も重要な行事である「御護摩祈祷」も、この大本堂で行われる

所懸命鰻の串打ちに精を出す若き職人の姿が清々しい。外国人旅行者が、そんな鰻の調理過程を興味深げにのぞいている。

途中には「JET LAG CLUB（時差ボケクラブ）」なんていう名前のバーも看板を出していて、夜だったらぜひ寄ってみたいところだ。成田に着いたばかりで時差ボケ真っ最中の旅行者は、ここで調整するのだろうか。

参道が緩やかなカーブを描きながら下っていくところに現れる、ひときわ異彩を放つ建物が大野屋旅館。木造3階建ての建物のそのさらに上に望楼が据えられていて、当時からの成田山の賑わいを今に伝えている。ちなみに大野屋旅館の創業は江戸中期で、現存の建物は1935（昭和10）年建築とのこと。現在も和食の店として営業を続けている。

そしてその先に建つのが成田山の大きな総門。そこをくぐってすぐに目に入る巨大な赤い提灯は、東京の魚河岸が奉納したものだそうだ。ここまで来るとさすがに外国人旅行者の姿が多い。どこかに着物のレンタル・着付けサービスがあるのだろう。和服姿の外国人女性同士が、境内のあちこちでああでもないこうでもないといいながら、お互いの姿を写真に収めている。そのいっぽうでは、大きなスーツケースを転がしたままここまでやって来る人もいて、階段の多い境内では

新勝寺では、着物を着て散策する外国人の女性を多く見かけた。記念写真を撮るにあたって、どんな背景で、どんな仕草をするのかという様子に、彼女たちの日本観が見えて興味深い

さぞかし大変だろう。大きすぎて空港や駅のコインロッカーには入れられなかったのだろうか。

本堂に向かって左に行けば出世稲荷、本堂の左脇に位置する釈迦堂は海運厄除け、本堂裏手の光明堂は恋愛成就、さらにそこから奥へ行ったところにある醫王殿《いおうでん》は健康長寿と病気平癒と、新勝寺の御利益は全方位だ。

大本堂から、ぐるりと時計回りに境内を歩いていくと、そこには成田山公園という日本庭園が広がっており、その広さは東京ドーム3・5個分だとか。なるほど。庭園巡りも楽しめるというわけだ。ここでも多くの外国人旅行者がのんびりと散策を楽しんでいた。

成田山を一周したら、帰路は往路の参道と併走するように抜ける、通称・電車道を歩いて戻ろう。こちらは参道とはうって変わって静かな車道だ。電車道と呼ばれるのには理由があって、ここには過去、実際に電車が走っていたのだそうだ。成宗《せいそう》電車と呼ばれたその鉄道は1910（明治43）年に開通、成田山の山門と成田駅を結んでいたのだという。当時の線路跡にしては広い道路だなと思ったら、その時代にあって線路は複線、多いときには5～15分間隔で運行していたというから、成宗電車の賑わいというより成田山の賑わいぶりが想像できる。やがて成宗電車は太平洋戦争の激化によって廃線に。現在ではふたつ

かつて、成田山の山門まで運行していた成宗電車の数少ない遺構が、このレンガ積みのトンネル。現在は「電車道」と呼ばれる車道のトンネルとして使われている

ほど残っているレンガ積みのトンネルが、かろうじて当時の様子を残している。

この電車道伝いに歩いていけば、京成線の高架に突き当たる。そこから成田駅はすぐの距離だが、せっかくなのでもう一度参道に戻り、目をつけておいた店でたまには鰻丼でも食べることにしようか。

DATA

⊙モデルプラン：京成本線京成成田駅→参道→成田山新勝寺→電車道→京成本線京成成田駅
⊙歩行距離：約4km
⊙歩行時間：約1時間半
⊙アクセス：起終点の京成成田駅へは、京成本線日暮里駅から特急で約1時間2分
⊙立ち寄りスポット情報：成田山新勝寺＝成田市成田1。℡0476-22-2111
（2018年6月探訪）

迎賓館と豊川稲荷《げいひんかんととよかわいなり》

東京の真ん中でＶＩＰ気分に浸り、大岡越前由来のきつねそばをいただく

東京都

仕事関係で出向くことはあっても、意外とのんびり歩くことがないのが東京の中心部。今回はそんななかでも、山手線のほぼ真ん中といってもよい四ツ谷を起点に徒歩旅行だ。

ＪＲ四ツ谷駅の赤坂口を出て南下すると、すぐに現れる宮殿のような建物。いわずと知れた迎賓館だ。正しくは迎賓館赤坂離宮。もともとは１９０９（明治42）年に皇太子の居城として建設されたもので、それを１９７４（昭和49）年に外国からの賓客を迎えるための施設として改修したのだそうだ。

意外なことにこの迎賓館、来賓がないときは一般にも開放されている。国民の財産なのだから当たり前といえば当たり前なのだが、僕も最近まで知らなかった。迎賓館と自分の立ち位置があまりにもかけ離れているために、そう思い込んでいたのか。

山手線のど真ん中とは思えないほど、広大な敷地を持つ迎賓館赤坂離宮。かつては東京オリンピック組織委員会や国立国会図書館としても使用された。日本唯一のネオバロック様式の宮殿建築だそう

本館内部は事前予約（一部当日受付もあり）が必要だが、主庭、前庭といった庭周りは当日いきなり行っても見学できる。入館に際しては空港並みのセキュリティチェックはあるものの、庭の散歩自体はほぼフリー。主庭に敷き詰められた玉砂利を踏みしめながら、「世界中のVIPもここを歩いたのか」と思うとなんだか不思議な気分だ。

正門から送り出されるように外に出たら、そこからは迎賓館の東側に沿って南へ。左手には昭和の輝きを感じさせるホテル・ニューオータニが建っている。

やがて紀之国坂を下っていくと青山通りにぶつかるが、その角にあるのが豊川

豊川稲荷は、正確には「豊川稲荷東京別院」。愛知県豊川稲荷直轄の別院だ。境内には、いたるところに神使のキツネがずらりと並んでいて壮観。それだけ信仰を集めているということだろう

稲荷だ。ここは大岡裁きで有名な大岡越前守が、三河から江戸にやってくる際に、愛知にある豊川稲荷を勧請したものとされ、一歩境内に入ると赤坂界隈の喧噪から隔絶した静寂空間が広がっている。とくに、稲荷神社だけあってその神使であるキツネの像の数は途方もなく、ずらりと並ぶ姿は壮観の一語。失せ物に霊験あらたかとのことなので、物をなくしてばかりいる人はお参りしていくといいだろう。

ちょっと小腹が空いてきたので、参道に何軒か並ぶ店のなかから「家元屋」に立ち寄ってみる。お世辞にも広いとはいえない店内はアットホーム感にあふれ、

なんだか田舎のおばあちゃんの家に来たかのよう。品書きにはいくつもメニューが並ぶが、せっかく豊川稲荷にきたのだから、注文するのはきつねそばとお稲荷さん。甘じょっぱく煮られた油揚げがこれまた懐かしさを醸し出す。お会計時に店先で店番をしていたおばあちゃんに話を聞くと、この店が創業したのはなんと1870（明治3）年。ご先祖様は大岡越前守とともに江戸にやってきたのだそうだ。

「今度の東京オリンピックの年で創業150年になるのよ」

おばあちゃんは嬉しそうに、そう語ってくれた。

豊川稲荷の門前にある、家元屋さんで注文したきつねそばとお稲荷さん。店先では愛想のよいおばあちゃんが、お菓子や飲み物、そして御供え用の油揚げを売っていた

豊川稲荷からは赤坂方面へ。いつのまにかチェーン店ばかりになってしまった一ツ木通りを通ってTBSの脇を抜け、そこからさらに南へ向かうとやがて六本木通りへ出る。道が複雑に分岐しているうえ、上には首都高がかぶさる六本木二丁目の交差点からスペイン坂を上ると、その先には坂の名前の由来にもなっているスペイン大使館が現れる。この界隈には大使館が多く、スウェーデン大使館やオランダ大使館も近い。

神谷町駅が近づいてくるとだんだん東京タワーのトンガリ頭が見えてくるので、進路をそちらへ取る。都心のあちこちから東京タワーを眺める機会は多いが、足元から見上げる東京タワーの存在感はやはり別格だ。完成してからすでに60年を経ているが、時代がひと巡りして再びそのかっこよさが増しているように見えるのは、昭和生まれの身びいきだろうか。

ちなみにこの東京タワー、映画やドラマではこれまでにも幾度となくゴジラやモスラに破壊されているが、強く印象に残っているのは、子どものころにテレビでやっていたドラマ版の『日本沈没』。東京がいよいよ海に呑まれようというときに、東京タワーに最後まで残っていたラジオ局のアナウンサーが「世界の皆さん、こちらは東京！　東京から最後の放送であります。さようなら、世界の皆さん！」と叫んでいた場面は、今思い出しても

東京タワーの完成は1958（昭和33）年。高度経済成長のまっただ中だ。高さ333mのこの電波塔も、高さでは東京スカイツリーに大きく水をあけられたが、今も東京の象徴的存在に変わりはない

目頭が熱くなる。
東京タワーから坂道を下ればすぐに芝公園、そして芝増上寺。東京タワーを含め、昨今は観光客も多いエリアである。そしてその先には飲み屋がひしめく浜松町駅界隈。このへんで今回の旅を終わらせよう。

DATA

⊙モデルプラン：JR中央線四ツ谷駅→迎賓館→豊川稲荷→スペイン坂→東京タワー→JR山手線浜松町駅
⊙歩行距離：約6km
⊙歩行時間：約2時間
⊙アクセス：起点の四ツ谷駅へは、東京駅から中央線快速で約9分。終点の浜松町駅からはJR山手線で東京駅へ約7分
⊙立ち寄りスポット情報：迎賓館赤坂離宮＝港区元赤坂2-1-1。℡03-5728-7788。10:00～17:00。賓客の接遇に支障のない範囲で公開。家元屋＝港区元赤坂1-4-7。℡03-3408-2605。9:30～閉門時間。第2、3火曜休
（2018年6月探訪）

【それから】家元屋は現在、持ち帰りのみで営業中とのこと

目黒不動《めぐろふどう》

東京都

お不動様、巨樹の森、競馬場跡、そして寄生虫を巡る旅

目黒といえば、以前から気になっているスポットがいくつかあった。たとえば目黒不動。江戸時代から庶民の身近な観光スポットとして知られ、池波正太郎の小説『鬼平犯科帳』でも何度か主人公の平蔵が出向く話があり、そのシーンが妙に心に残っていたりする。たとえば林試の森公園。「林試」ってなんだ？　公園ていうからにはのんびりできるのだろうか。たとえば「元競馬場」というバス停。昔、イラストレーターに仕事をお願いするにあたって、教えてもらった最寄りバス停が元競馬場だった。「元」ってどういうこと？　さらには「目黒寄生虫館」。これはもう説明するまでもない。

そんなある日、目黒不動の場所だけでも知っておこうと地図で確認。なるほど、こんな場所なのか。あれ、林試の森ってその隣りじゃん！　え、元競馬場はそのすぐ北だ。さら

江戸時代、幕府の手厚い保護を受けた目黒不動は、近郊の行楽地として大いに賑わったそうだ。敷地内に別名「甘藷先生」で知られる青木昆陽の墓もあるせいか、境内にはサツマイモが植えられていた

にそこから目黒駅方面に向かえば途中に目黒寄生虫館があるよ！　かくして、こんな惑星直列的な偶然から、徒歩旅行が始まることもある。

起点は東急目黒線の不動前駅。駅前からクランク状に延びる商店街を抜けると、桜並木の通りに出るのでそれを西へ。やがて現れる信号のある交差点を北に入り、その筋がいつのまにか目黒不動前商店街と名を変えるころ、正面に目黒不動の立派な山門が現れる。参道に店を構える鰻の老舗「八っ目や　にしむら」からは、蒲焼きのよい香りが漂っていて空腹には堪える。

目黒不動は、正しくは天台宗泰叡《たいえい》山瀧

目黒不動境内、独鈷の瀧の流れだしにある「水かけ不動明王」。うれしそうに水をかけていたおばあちゃんの様子を見るに、これにはストレス解消の効果もありそうだった

泉寺。江戸時代、三代将軍家光の帰依によって、その後幕府からも手厚い保護を受けたのだそう。1200年以上前、慈覚大師によって開山され、当時、大師が「独鈷《とっこ》」と呼ばれる法具を投じて湧出させたという泉は今も残り、後にこれは「独鈷の瀧」と呼ばれ、行者の水垢離《みずごり》場となったのだという。

現在はそこに、自分の代わりに水に打たれてくれる「水かけ不動明王」という像が造立され、これに柄杓で水をかけることで、自分が水垢離したのと同じ効果があるのだとか。

僕の前に立ち、「これでもか！」というくらいに何度も不動明王に水をかけていたおばあちゃんは、「こうするとね、本当に自分の身が清らかになっていくようなの―」と、実に幸せそうに語るのだった。

さてさて。お参りをすませたら、参道を抜けて林試の森公園へ。ここはもともと明治時代に「目黒試験苗圃《びょうほ》」と呼ばれていたものが、後に「林業試験場」となり、林野庁の管轄で昭和の後半まで実際にさまざまな樹木の生育試験などが行われていたのだそう。その跡地を整備して、平成に入ってから公園として現在へ。つまり「林試の森」という名前はきわめて理にかなったものだったのだ。

試験場時代の木が今もそのまま残って

面積12万平方メートルを誇る林試の森公園内には、ケヤキやポプラ、スズカケノキなどの巨樹が育つほか、国内ではあまり見ない外国産の珍しい樹木も観察できる

台風で倒れて朽ちていくがままになっているユーカリの木。現在、倒れた樹木がどのように周囲に影響を及ぼしていくのかという実験中。広大な敷地を持つ公園ならでは

いるのが特徴で、巨樹クラスの木がゴロゴロとある。ゴロゴロといえば、大きなユーカリの木がごろりと倒れたままになっているのが気になったのだが、解説を読んで納得。このユーカリは2011(平成23)年の台風で倒れてしまい、通常こういう場合は堆肥化などして活用するところを、これは「倒木をそのまま放置したら、どのように自然に戻っていくのか」という壮大な実験中なのだった。

林試の森公園でひと休みしたあとは元競馬場へ。ここは、ただそういう名前のバス停があるだけではない。当時あった競馬場のコースの半分近くが、現在も道路となって残っているのだそうだ。地形

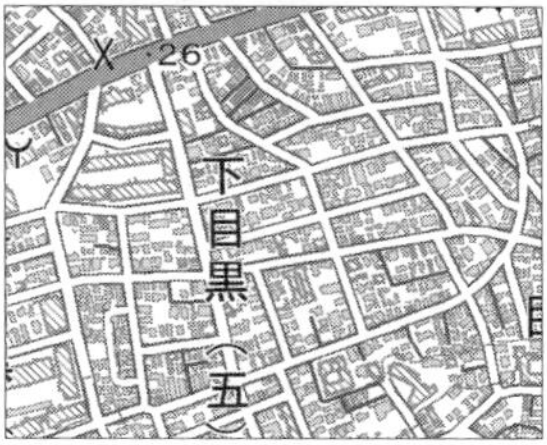

住宅街のなか、緩やかにカーブを描いて続く細い道。これが元競馬場のコースと一致する(写真上)。国土地理院地形図内にも、楕円状のコースの一部が現在も見て取れる(写真左)

図を見るとその痕跡は一目瞭然。楕円状のコースを斜め半分に切った残りのような道筋が、住宅街のなかにはっきり見える。公園から住宅街を少し抜けると、その取っ付きはすぐに現れた。クルマ一台がギリギリ通れるような細い道が、そこから真っ直ぐと続いている。おそらく、ここが競馬場時代のストレートコースにあたるのだろう。

少し歩くと道端に小さな児童公園があり、そこには一本の桜の木が立っていて、この桜は競馬場時代からここにあったものだそうだ。

やがて道は少しずつカーブを描いていく。その曲がりかたが緩やかなので、だんだん自分が今どこまで曲がっているのかわからなくなってしまったが、地形図を見るとヘアピンカーブを曲がりきったところまでこの道は続いているので、ほぼ180度曲がりきったといっていいだろう。

行き止まりになったところで右に入ると、すぐに目黒通りと合流した。そして、昔不思議に思った「元競馬場」バス停もそこにあった。

ちなみにここに存在したのは、その名も目黒競馬場。1907（明治40）年に創立され、1933（昭和8）年に府中に移転するまでこの地でダービーが催されていたのだそう。

ここから目黒通りを目黒駅に向かえば、途中で目黒寄生虫館が現れる。ご存じ、人や動物、魚などにつく寄生虫の膨大なコレクションを見学できる博物館で、なぜかカップルの見学者が多いことでも有名である。ひとしきり見学を終えると、当初は気持ち悪さしかなかった寄生虫だが、寄生するという生きかたを選んだ彼らにちょっと畏敬の念すら感じること請け合いである。

帰り際、ミュージアムショップで実物のアニサキス（サバなんかに寄生して、ときどき人が誤食して騒ぎになるあれね）をアクリル樹脂に封入したストラップを購入しようとしたところ、受付のお姉さんがドサッと10個ほどアニサキス・ストラップを出してきてくれ

目黒通り沿いに立っていた。名馬「トウルヌソル号」の像。数多くのダービー優勝馬の父（写真左）。目黒寄生虫館で購入したアニサキスのストラップ。このアニサキスが僕のお気に入り！（写真下）

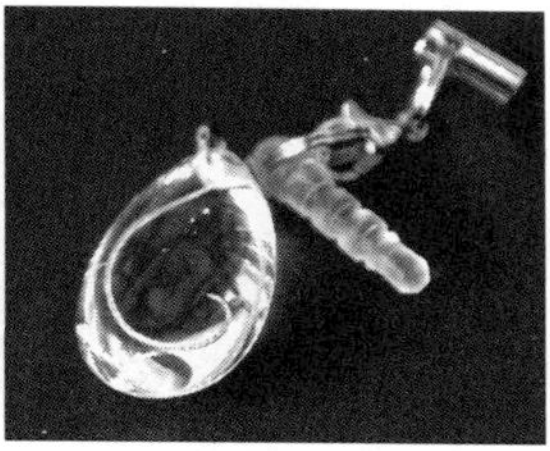

て、「お好きなアニサキスを選んでください ね」と、僕に勧めてくれた。たしかにどれもが一点物なので、それぞれ若干封入されている形状や大きさは違うのだが、それにしても、「お好きなアニサキス……」。ああ、愛があるんだなあ。

DATA

⊙モデルプラン：東急目黒線不動前駅→目黒不動→林試の森公園→競馬場跡→目黒寄生虫館→JR目黒駅
⊙歩行距離：約4.5km
⊙歩行時間：約1時間半
⊙アクセス：起点の不動前駅へは、目黒駅から東急目黒線で約1分。終点の目黒駅からは、JR山手線で渋谷駅まで約5分
⊙立ち寄りスポット情報：目黒不動＝目黒区下目黒3-20-26。℡03-3712-7549。林試の森公園＝目黒区下目黒5、品川区小山台2。℡03-3792-3800。無休（各施設は年末年始休）。目黒寄生虫館＝目黒区下目黒4-1-1。℡03-3716-1264。10:00～17:00。月火曜、年末年始休
（2018年5月探訪）

浦安《うらやす》

現代の浦安に、
漁師町だったころの浦安を探す旅

千葉県

千葉県浦安といえば、今では東京ディズニーランドのイメージが強いが、ここはもともとは豊かな漁師町だった。浦安を舞台に１９６０（昭和35）年に発表された山本周五郎の小説『青べか物語』の冒頭には、「浦粕町は根戸川のもっとも下流にある漁師町で、貝と海苔と釣場とで知られていた」とある。浦粕は浦安、根戸川は江戸川だろう。そんな当時の面影を辿ってみたくて、浦安の街を北から南へと歩いてみた。

出発地は東京メトロ東西線の浦安駅。この街の漁業の歴史を知るために、まずは駅から至近の距離にある「浦安魚市場」を目指す。浦安魚市場の開業は１９５４（昭和29）年。当時は現在の浦安橋付近にあり、それが今日の場所に移転したのが１９７１（昭和46）年のこと。入口の壁に描かれた大きなクジラの絵が目印だ。場内に並ぶお店は約30軒。部分

浦安駅からほど近くにある浦安魚市場。貝や海苔など、漁師町だったころの名産を売る店が多い（写真上）。市場内の食堂でいただいた海鮮丼は味噌汁つきで1100円。美味（写真左）

的に櫛の歯が欠けたように空きスペースになっているのがちょっと淋しいが、営業しているお店はまだまだ元気。

ここの市場の特徴のひとつとして、プロが買うお店で僕たち素人も同様に購入できるというのがある。歩いていると、たしかに買い物途中と思われるおばちゃんの姿もチラホラ。アサリを始めとする貝類、そして海苔の店が目立つのも浦安らしい。そう、漁師町だった当時、浦安はこれらを主な水揚げ品としていたのだ。

場内には食堂も何軒かあるので、僕もここで早い昼食として海鮮丼をいただく。素人フレンドリーな浦安魚市場だが、営業時間だけはきっちりプロ仕様で、午前

4時から正午まで。これは食堂も同様なので、今回は珍しく午前中から歩きはじめたのだ。カウンターの脇に座っているおじちゃんは、すでにこの日の仕事を終えた市場関係者なのか、ほろ酔い気分で相撲の話題に盛り上がっている。

浦安魚市場を後にしたら、駅から来た道をそのまま直進。交差点を左へ入ると、やがて船圦《ふないり》緑道と呼ばれる遊歩道が現れる。ここは昭和40年代後半まで、「船圦」と呼ばれていた川が流れ込んでいた場所で、それまでの漁師はこの川沿いに漁船を係留し、ここから江戸川を経て海に出ていたのだそうだ。それを証明するかのように、この緑道を辿っていくとやがて大きな水門が目に入り、その先には広々とした江戸川が広がっている。

ここからしばらくは江戸川沿いを下っていく。途中には釣り船や屋形船が並んでいる。浦安橋の下をくぐってしばらく歩くと、再び大きな水門が現れる。これが境川と江戸川を繋ぐ境川西水門で、この境川も当時の漁師たちにとって絶好の船着き場だったらしい。川沿いには銭湯が何軒かあったので、近所のおばあちゃんに聞いてみると、「昔はね、漁を終えた漁師がここまで帰ってきて、銭湯に入ってさっぱりしてから家に帰ったもんだよ。だからあのころは、銭湯も朝からやってたねえ」と懐かしそうに教えてくれた。

そういえば映画『男はつらいよ 望郷篇』だったか。地元葛飾柴又の江戸川に係留して

江戸川と境川を隔てる境川西水門。当時、東京湾での漁を終えた漁師たちは江戸川を遡り、さらにはここから境川に入り込んで船を係留した。当時の浦安の中心はこのあたりだったようだ

あったボートで寅さんが昼寝しているうちに、もやいが解けて漂流。その後しばらくして、行方不明（?）になった寅さんは下流にあたるこの浦安の豆腐屋で働いていることが発覚するというエピソードがあった。あの映画には、まだまだ漁師町だったころの浦安の風景が活き活きと描かれている。

境川と併走するように通るフラワー通りには、江戸末期から明治初期に建てられた古民家が開放されている。当時の人の暮らしを知るには絶好のポイントだ。

フラワー通りが行き止まりになったら、左折して再び境川沿いの遊歩道を歩く。しばらくすると左手に浦安市郷土博物館

浦安市郷土博物館の見どころは、この野外展示。漁師町だったころの浦安の姿が再現され、水路には「べカ舟」と呼ばれる、当時の海苔採りに用いられた小型船も浮かべられている

が現れるが、ここは必見。館内には浦安の漁業や海に関する展示があり、こちらも興味深いが、なんといっても見どころなのは、昭和27年ごろの浦安の街を再現した「懐かしい浦安のまち」と呼ばれる野外展示だ。煙草屋や豆腐屋、天ぷら屋、そして三軒長屋などがびっしりと並んでおり、そのうちのいくつかは文化財にも指定されているそうだ。

実際になかに入って見学することも可能で、解説の女性によると、「押し入れや引き出しのなかにも浦安の人から寄付していただいた当時のものがいろいろ入っているので、どんどん開けてみてください」とのことだが、なんだか見知らぬ家に忍び込んだこそ泥のような気分になって、ちょっと恐縮してしまう。

これだけの展示をして入館無料というのも素晴らしい。浦安市は、ディズニーランドのおかげもあってか全国でも有数の豊かな市であるというのを聞いたことがあったが、その財政力を目の当たりにした思いだ。

博物館からはさらに境川沿いを南下すると、JR京葉線を越えたところで不思議なものを発見。住宅街の脇にコンクリートで築かれた土塁《どるい》のようなものが延々と続いているのだ。住宅街になぜこんなものが。たまたま傍らに草刈り作業をしていた男性がいたので尋ねてみると、こ

浦安市郷土博物館に再現された、当時の長屋の内部。シンプルで余計なものがいっさいない部屋のなかは、今となっては逆に新鮮さを感じてしまう。行李や行灯といった調度品も美しい

住宅街の脇に残されていた長大なコンクリートの構造物。聞けば、ここは過去に海辺の末端部だったそうだ。今ではこの先にも延々と土地が続き、高層マンションなどもたくさん建てられている

れは浦安が過去に埋立事業を行ったときの末端部。時代にして昭和40～50年にかけて。つまり当時、この先は海だったわけだ。

そこからはこの構造物を辿って歩いていく。途中から左に曲がって、広い車道と併走して構造物はさらに続いている。構造物の手前には住宅街が、そして反対側、つまりこれが現役だったころはまだ海だった一帯にはホテルや高層マンションが居並び、そのコントラストが旧市街と新市街のような様相を呈している。

そんな光景を眺めながら歩いていると、ついに構造物の末端に到着。そしてその先にあったのは、三番瀬だった。過去に

過去の堤防を追いかけて、最後に辿り着いたのが三番瀬。今も現役の漁場だ。この海を眺め、この日合ったさまざまなものを思い返しながら、往時の浦安を偲んでみた

幾度も埋立事業の対象にされながらも、粘り強い反対運動によって守られている、東京湾最奥の干潟だ。現在も海苔の養殖やアサリ漁が行われている豊かな海でもある。おだやかに波打つその光景は、古きよき浦安を辿る旅のゴールとしてはこのうえないものだった。

DATA

⊙モデルプラン：東京メトロ東西線浦安駅→浦安魚市場→船圦緑道→境川西水門→浦安市郷土博物館→埋立事業遺構→三番瀬→京葉線新浦安駅
⊙歩行距離：約8.5km
⊙歩行時間：約3時間
⊙アクセス：起点の浦安駅へは、大手町駅より東京メトロ東西線で約20分。終点の新浦安駅からは、JR京葉線で東京駅まで約20分
⊙立ち寄りスポット情報：浦安市郷土博物館＝浦安市猫実1-2-7。℡047-305-4300。9:30〜17:00。月曜(祝日の場合翌日)、祝日の翌日、館内整理日、年末年始休
(2018年6月探訪)

【それから】浦安魚市場は2019年3月に閉場となった。当時の市場、そして市場に関わる人々の様子は、後に『浦安魚市場のこと』と題されたドキュメンタリー映画となって公開されている

東京都

ごうとくじとしょういんじんじゃ

豪徳寺と松陰神社

ずらりと並ぶ招き猫に圧倒されつつ、サザエさんの街を目指す

世田谷にある古刹、豪徳寺といえば招き猫の奉納で知られている。以前にも訪ねたことはあるが、最近は外国人旅行者からの人気も高いと聞き、久しぶりに出かけてみる。せっかくなのでそこから松陰神社、そして桜新町にある長谷川町子美術館へと、世田谷を縦断するコースを選んでみよう。

小田急線を豪徳寺駅で降りたら、世田谷線沿いに続く豪徳寺商店街を進む。やがて踏み切り脇で道が途切れるので左へ。豪徳寺の広大な敷地を覆う壁が現れたら、それを伝うように半時計回りに歩いていけば、立派な山門に出る。

境内には本堂や三重塔など見どころは多いが、やはり一番人だかりがあるのは招き猫が奉納されている招福殿。ひっきりなしに観光客がやってきては写真に収めている。見れば

訪れるたびに、その数を増やしているように思える豪徳寺の招き猫。
願いがかなったときに奉納するというシステムなので、増え続ける
というのも、あながち不思議なことではないだろう

アジア、欧米を問わず外国人が多い。無数といってもよいほど大小さまざまの招き猫が居並ぶ光景は、かわいさを越えて迫力さえある。ちなみにこの招き猫は、社務所で売られている。招き猫を持ち帰り、願いがかなったときはここに奉納するという仕組みなのだ。この風景を眺めていると、本当に多くの願いがかなっているんだなあと実感する。

豪徳寺を後にしたら今度は松陰神社を目指そう。道すがらには世田谷区で唯一の歴史公園・世田谷城址公園もあるので寄っていくのもいいだろう。南北朝時代に初代吉良氏が世田谷を拝領したときに、ここに世田谷城を建てたのだそうだ。現

在も掘をはじめ、郭《くるわ》跡が残っている。

世田谷区役所をかすめるように歩くと、やがて松陰神社に到着だ。ご存じ、思想家でもあり教育者でもあった吉田松陰を祀った神社である。幕末が舞台になった大河ドラマにもたびたび登場する。学問の神様としても知られているので、合格祈願にここを参拝する受験生も多い。清められた境内には凛とした空気が漂い、思わず居住まいを正したくなる。

松陰神社からは松陰神社商店街が南に向かって延びている。昔ながらの個人商店と、こちらも個人経営であろう新しいお店がバランスよく混じっていて好感が持てる。

松陰神社商店街からはさらに南下。弦巻《つるまき》通りを経て桜新町駅へ。この界隈は細かな道が多く、そんなところを迷いながら歩くのも楽しい。駅に着いたら、その名もサザエさん通りに入って長谷川町子美術館を目指す。この通りにはサザエさんに関するモチーフがさまざま潜んでいるので、探しながら歩いてみよう。とくに交番の前に堂々とサザエさん像が立てられているのを見ると、サザエさんがこの街でとても愛されているのがわかる。

長谷川町子美術館は、サザエさんの作者である長谷川町子が所蔵していたさまざまな美術品を企画展に応じて公開するほか、『サザエさん』の原稿や、サザエさん執筆のきっかけを紹介した漫画などが展示されている。なかでも興味深かったのが17分の1スケールで

幕末の思想家にして教育者であった吉田松陰を祀る松陰神社。学問の神として知られ、合格祈願の受験生が多くお参りに訪れる。なんだか自分が受験生だったころを思い出す

つくられた磯野家のジオラマ。磯野家は平屋にも関わらず、台所を含めて6つも部屋があったのか。

長谷川町子美術館からは、再びサザエさん通りを通って桜新町駅を目指そう。

DATA

⦿モデルプラン：小田急小田原線豪徳寺駅→豪徳寺→世田谷城址公園→松陰神社→長谷川町子美術館→東急田園都市線桜新町駅
⦿歩行距離：約6km
⦿歩行時間：約2時間
⦿アクセス：起点の豪徳寺駅へは、新宿から小田急小田原線で約15分。終点の桜新町駅からは、東急田園都市線で渋谷駅まで約10分
⦿立ち寄りスポット情報：豪徳寺＝世田谷区豪徳寺2-24-7。📞03-3426-1437。世田谷城址公園＝世田谷区豪徳寺2-14-1。松陰神社＝世田谷区若林4-35-1。📞03-3421-4834。長谷川町子美術館＝世田谷区桜新町1-30-6。📞03-3701-8766。10:00～17:30。月曜（祝日の場合翌日）、展示替期間、年末年始休
（2018年4月探訪）

【それから】2020（令和2）年、長谷川町子美術館の向かいに長谷川町子記念館が新たに開館。『サザエさん』に代表される作品関連の展示品は、こちらにまとめられることになった

横浜《よこはま》

神奈川県

山手から中華街へ。横浜が持つふたつの顔を眺めて

横浜といえば中華街という印象が強いが、そのいっぽう洋館が建ち並ぶ山手地区も有名だ。一見、ミスマッチのような組み合わせを呑み込んで、ひとつのイメージを作りだしている横浜。観光地としても名高く、訪れる人も多いことから、逆に足が向きにくくなっていたこの街を、今回はひとりの徒歩旅行者として歩いてみよう。

起点となるのは石川町駅。まずはここから山手エリアを歩いてみる。駅から坂を上がってすぐのところには、「山手イタリア山庭園」があって、そこには「外交官の家」や「ブラフ18番館」といった洋館が移築復元されていて、内部も見学できる。一度に何人食事ができるんだというダイニングや、僕の部屋より広そうな浴室を見るにつけ、当時の上層階級の人々の暮らしぶりがうかがえる。

明治政府の外交官を務めた内田定槌氏が1910（明治43）年に渋谷に建てた邸宅を、1997（平成9）年に寄贈を受けて移築した「外交官の家」。当時の外交官の暮らしぶりをのぞくことができる

そこからは東の元町公園方面へ向かうのだが、その道すがらに建つ家々のどれもが、先ほどの洋館にも見劣りしないような立派なお屋敷ばかり。なるほど。山手というのはこういうところなのだな。観光客もまばらで、まさに閑静な住宅街というに相応しい。

元町公園直近で、エリスマン邸、山手234番館といった洋館に立ち寄ったら、そこからは元町公園を北に下っていくと、やがて中華街の立派な門が迎えてくれる。

先ほどとはガラリと雰囲気が変わり、まさにアジアの喧噪がそこにある。ギャップにちょっとたじろぐが、慣れてくればこれはこれで楽しい。中華街に来たからには、媽祖廟《まそびょう》と関帝廟《かんていびょう》をお参りしておくことにしよう。日本の寺社とはまるで異なるその絢爛ぶりは、激しく異国感を醸し出している。周囲を眺めると、中国や台湾からの観光客も少なくないようだ。やはり、自分たちの故郷に近いところも観ておきたいのだろうか。

さて時間もほどよいし、中華料理でも食べようと思ったところで迷う。どこのお店も大きくていかにもグループ仕様。そもそも本格中華料理って、ひとりではなかなか入りにくい。グルグル回る丸いテーブルなんかに案内されたらどうしようと、いらぬ不安がよぎる。

普通の街中華ならそんなことはないのにと思ったところで、はたと気がついた。横浜には、この地発祥の中華料理があったではないか。その名はサンマーメン。そうと決まれば路地裏の小さな店を探し、ひとり客であることと、サンマーメンの有無を確認して入る。

ひとりの客が珍しいのか、店のおじさんがいろいろと話かけてくる。カメラを持っているのを見て、「写真かい。昔は横浜の風景もきれいだったけれど、最近は大きなマンションがたくさん建っちゃったからね」と語る。中華街も変わりましたかと聞くと、「どこも食べ放題の店ばかりになったね」と少し淋しそうだ。

やがて運ばれてきたサンマーメンは、イメージ通りの趣だ。細麺の醤油ラーメンベースに、モヤシや細切り肉、キクラゲなどが入ったあんがかかっている。諸説あるものの、も

極彩色の彩りを見せる媽祖廟。航海を守る神として信仰が篤い（写真上）。横浜発祥とされるサンマーメンをいただく。細麺と具材の組み合わせがベストマッチだ（写真左）

ともとは料理人たちがまかない料理として考案したのが始まりらしい。

裏通りの小さな店で、店のおじさんと世間話をしながら中華料理を食べる。そんな経験ができるのなら、またひとりで来るのも悪くないな、横浜。

DATA

⊙モデルプラン：JR根岸線石川町駅→山手イタリア山庭園→エリスマン邸→元町公園→媽祖廟→関帝廟→JR根岸線関内駅
⊙歩行距離：約4km
⊙歩行時間：約1時間半
⊙アクセス：起点の石川町駅へは、東京駅から東海道本線、根岸線を乗り継いで約35分。終点の関内駅からはJR京浜東北線で品川駅へ約33分
⊙立ち寄りスポット情報：山手イタリア山庭園＝横浜市中区山手町16。℡045-662-8819（外交官の家）。9:30～17:00。ブラフ18番館は第2水曜（祝日の場合翌日）、外交官の家は第4水曜（祝日の場合翌日）、年末年始は庭園も含め休。媽祖廟＝横浜市中区山下町136。℡045-681-0909。関帝廟＝横浜市中区山下町140。℡045-226-2636
（2018年8月探訪）

本郷から根津、谷中

ほんごうからねづ、やなか

東京都

明治、大正、昭和。それぞれの時代の面影を残す街歩き

本郷といえば、「本郷も　かねやすまでは　江戸のうち」という川柳で知られるように、徳川の時代から江戸を形成していた街だ。明治期には樋口一葉や宮沢賢治をはじめ、多くの文人が居を構えていたことでも知られている。この本郷を出発して根津、谷中と、昔ながらの東京の佇まいを残す街並みを歩いてみよう。

出発は東京メトロ丸ノ内線の本郷三丁目駅。ここから本郷通りと春日通りの交差点に出ると、そこには冒頭の川柳にも登場する小間物屋『かねやす』がある。さすがに現在はビルになってしまい当時の面影はないが、それでも個人商店が300年以上にわたって営業を続けているというのは驚きだ。

春日通りを渡ったら、すぐに左へと道が下っているが、これが菊坂。菊坂沿いを歩いて

菊坂から路地を少し入ったところにある樋口一葉ゆかりの井戸。彼女もこの井戸の水で家事をこなしていたのだろう。井戸に至る古い石畳の道も年季を感じさせる

いくと、樋口一葉の旧居跡をはじめ、彼女が実際に使っていた井戸や、金策のために通った質屋の蔵などが現在も残る。

樋口一葉の井戸をしげしげと眺めていると、近所に住むおばちゃんが顔を出してきて、「昔はきれいな水が出たんだけど、最近は濁りが入っちゃって。もう飲むのには使えないのよ」と残念そうに教えてくれた。

菊坂を下りきる手前の登り坂を右へ入っていくと、住宅街のなかにポツポツと歴史のある木造旅館が現れる。これらの宿は、以前は東京へ来る修学旅行生たちの定宿だったのだが、修学旅行はホテル泊まりにシフトしてしまったそうで、最

近は外国人旅行者が、その伝統的スタイルをおもしろがって宿泊するようだ。

学生時代に東京へ修学旅行に来たことのある地方出身の人のなかには、上京後にこの界隈を歩いていて、「泊まったの、この旅館だ！」と数十年ぶりの邂逅を果たす人もいるらしい。

ここからは細かな道を歩きながら本郷通りへ向かう。途中、東大赤門にほど近いところに、なんとも趣深い喫茶店があったので思わず立ち寄る。「万定《まんさだ》フルーツパーラー」というその店は、天然ジュースとカレーライスのお店。古色蒼然とした店構えに圧倒されつつも、お店のおばちゃんにいつから営業しているのか尋ねてみると、創業はなんと1914（大正3）年。100年以上前じゃないか。しかも店は当時のままの状態とのこと。いわれてみると、入口脇に置かれているレジスターには「銭」の単位までしっかり刻まれている。これもしっかり現役だそう。

「このあたりはね、関東大震災も戦争の空襲でもあまり被災しなかったのよ」というおばちゃんの説明に、なんだか僕もうれしくなってしまう。

万定フルーツパーラーを後にしたら、本郷通りを北へ。言問通りと交差したらそこを右に下る。坂を下りきり、不忍通りを左に向かうとやがて根津神社の入口が現れるので、お参りをしていこう。

数は減ったが、本郷界隈には今も木造旅館が残る。昔は修学旅行生たちの御用達だった。今だったら、仲間を誘ってあえて大部屋で一泊してみるのも楽しそうだ

先ほど歩いた本郷が、台地の上に位置するいわゆる山の手だったのに対し、根津、谷中界隈はぐっと庶民っぽい雰囲気だ。昔の長屋を思わせる街並みも数多く残っていて、そんな風景が魅力なのだろう。最近ではこのあたりも外国人旅行者に人気のスポットだ。

言問通り沿いに歩いていくと、この付近はずいぶんとお寺が多いことに気づく。ときには隣接していることも。よくこれだけたくさんあって、経営（?）が成り立つものだなあと、よけいなお世話ながら思ってしまう。

古い木造日本家屋のカフェとして有名な「カヤバ珈琲」の角を左に入れば、や

「万定フルーツパーラー」のレジに置かれていた、古色蒼然としたレジスター。手絞りの天然ジュースやカレーライスが自慢。東大が近いとあって、東大OBたちもときどき訪れるという

がて谷中の霊園に至る。ここは十五代将軍徳川慶喜をはじめ、森繁久彌、横山大観など多くの著名人が眠っている。霊園の目抜き通りを抜けて、人しか通れない細い階段を下っていけば、唐突に日暮里駅が目の前に現れる。今回の旅のゴールだ。

DATA

⦿**モデルプラン**：東京メトロ丸ノ内線本郷三丁目駅→菊坂→万定フルーツパーラー→根津神社→谷中霊園→JR山手線日暮里駅
⦿**歩行距離**：約5km
⦿**歩行時間**：約1時間半
⦿**アクセス**：起点の本郷三丁目駅へは、東京駅より丸ノ内線で約7分。終点の日暮里駅からは、山手線で東京駅まで約11分
(2018年4月探訪)

【それから】万定フルーツパーラーは現在営業をしていない模様

第7章 不思議を探る徒歩旅行

河童の腕や天狗の爪、謎の遺物や墳墓……。
日常のなかにひっそりと佇む非日常への入口を、
徒歩旅行で見つけよう。

かっぱ橋商店街が、2003（平成15）年に誕生90年を迎えたのを記念して建立された「かっぱ河太郎」の像。右手に釣り竿、左手に釣果？の鯉を抱えた黄金の像は、商売繁盛の御利益もあるとか

吉見百穴とご当地「焼き鳥」

よしみひゃくあな
ごとうち「やきとり」

一時はコロボックルの住居跡説も出た、岩山に穿たれた無数の墳墓遺跡

埼玉県

岩山に穿たれた無数の穴。かつては、日本の先住民族といわれるコロボックルの住居跡説まで出されたのがこの吉見百穴だ。6世紀ころにつくられた集合墳墓というのが最近の定説になっているが、まだまだ謎も多い。実は都心からもほど近く、池袋からなら1時間ほどで行けてしまう。国内でも希なこの遺跡を徒歩旅行で訪ねてみた。

起点となるのは東武東上線の東松山駅。駅前から東へ延びる車道をずんずんと歩いていくと、やがて丁字路にぶつかるのでそれを右へ。橋を渡るといきなり眼前の岩肌に異形の構造物が見えてくる。一瞬、「これが吉見百穴か！」と色めき立つが、そうではない。崖にいくつもの穴が掘られたこの構造物は、吉見百穴にインスパイア?された地元の人がこつこつと掘り続けていたもの。一時は『岩窟ホテル』という名前までつけられていたよう

岩と岩にはさまれるようにして建てられた岩室観音。現在のものは江戸時代に再建されたものらしい。さらにこの奥へと進むと、戦国時代の城跡である松山城址が残っている

だが、残念ながら途中で挫折。現在では周囲にフェンスが張り巡らされ、近づくこともできない。もし完成していたらヨルダンにある世界遺産・ペトラ遺跡のようなものになっていたかも。

その隣には、これまた岩山の斜面になかば強引に建てたようにも見える岩室観音堂というお堂が並ぶ。現在のものは江戸時代に再建されたものだそうで、奥にはやはり岩を穿ったところに観音像が祀られている。ここも吉見百穴の存在に影響されたのだろうか。

さまざまな時代、さまざまな人を感化させた吉見百穴。いやおうにも期待は高まる。岩室観音堂から数分、いよいよご

岩山に数多くの穴が穿たれた吉見百穴。その異様な外観から、かつてはテレビ番組の実写ヒーローものなどで、悪役のアジトのロケ地として登場することも珍しくなかった

本尊たる吉見百穴の登場だ。入口で入場料を払い敷地内へ入ると、いきなり目の前にその異様な姿が現れた。高さ数十メートルほどの岩山にびっしりと穴が掘られている。大きさこそ異なるが、まるで崖に掘られた鳥の巣穴のようだ。穴の直径は1mほどだろうか。たしかに人が生活するには小さすぎるので、コロボックルの住居跡説もわからないでもない。明治時代に行われた大規模な発掘調査では、人骨やさまざまな装飾品も見つかったが、その後四散してしまい現在ではあまり残っていないのだそうだ。岩山には階段が設けられ、斜面に掘られた穴をのぞきながら頂上まで登ることができる。なかに

小さな穴にまぎれてところどころに貫通している巨大な穴。こちらは墳墓跡ではなくて、太平洋戦争中に日本軍が軍需工場を地下化しようと計画して掘ったもののなれの果てとのこと

は実際に入れる穴もある。

岩質は比較的掘りやすい凝灰質砂岩というものだそうだが、それにしても人力に頼る以外に手段のなかった当時、これだけの穴を掘削するのはどれだけ重労働だったことだろう。吉見「百穴」と呼ばれてはいるが、実際に発掘された穴の数は二百以上というから相当なものである。ちなみにこの「百穴」、地元の人の呼びかたは「ひゃっけつ」ではなく「ひゃくあな」。話をするときには「ひゃくあな」と呼べば、地元の人のおぼえもよい。かもしれない。

小さな穴が並ぶ吉見百穴を歩いていると、そのなかに突然、巨大な穴が現れる。

その大きさは自動車すら通れそうな規模だ。こんな穴まで掘っていたのかと思ったが、実はこれは大平洋戦争の遺物とのこと。戦争末期、日に日に空襲が激しくなるなか、軍需工場を地下に移設するためにここを大規模に掘ったらしい。そんな時代になっても人は吉見百穴にインスパイアされていたのか。

結局、工事の途中で終戦を迎え、実際に用いられることはなかったが、それでもその規模はかなりのもの。現在見学できるのは全体の一割ほどで、その先は柵で隔てられている。立入禁止の理由を尋ねたところ、あまりにも広大すぎて閉館時間になっても帰ってこない人が続出したからとのこと。どれだけ広いんだ。一歩間違えば遭難騒ぎだ。

そんなことを考えながら、帰路は行きとはルートを変え、東松山の街をぐるりと周回するように駅へ向かう。帰り際にはもちろん、東松山の名物である「焼き鳥」をいただく。この街の焼き鳥は、「鳥」といいつつも実際には豚肉を使っているのが特徴で、しかもタレや塩ではなく辛味噌をつけて食べるのが流儀。立ち寄った「大松屋」さんでは、一番の売りはカシラとのことで、黙っていると一本ずつカシラを焼いて出してくれるシステムだ。ほかにもレバーやハツ、タン、シロが揃っているので、そちらを食べたいときにはあえて注文する。焼きたての柔らかい「焼き鳥」をかじりながら、吉見百穴を思い返す。古代の

東松山には、独自スタイルの焼き鳥を提供する店が50軒以上あるらしいが、そのなかでも今回は「大松屋」さんに入ってみた。焼きたてのカシラに辛味噌がよく合う

古墳遺跡に現代の戦争遺跡が重複するというのは、なかなかのレア物件だなと感心するいっぽう、米軍がB-29で空襲してくる時代に古墳時代と同じことをやっていたのかと考えると、そりゃあその戦争、勝てなかったはずだわとヘンに納得してしまうのだった。

DATA

⊙モデルプラン：東武東上線東松山駅→岩室観音→吉見百穴→大松屋→東松山駅
⊙歩行距離：約6km
⊙歩行時間：約2時間
⊙アクセス：起終点の東松山駅へは、東武東上線快速で池袋駅より約52分
⊙立ち寄りスポット情報：吉見百穴＝比企郡吉見町大字北吉見324。℡0493-54-4541。8:30〜17:00。無休。大松屋＝東松山市材木町23-14。℡0493-22-2407。16:15〜20:00。日曜休
（2018年6月探訪）

トーベ・ヤンソンあけぼの子どもの森公園

とーべ・やんそんあけぼのこどものもりこうえん

ムーミン谷を思わせる公園と、それを取り巻く不思議な世界

埼玉県

東京都と埼玉県の県境、入間市の西に加治丘陵と呼ばれる丘がある。標高は高いところでも200mに至らず、尾根沿いにしっかりとした遊歩道が整備されている。実はこの丘陵伝いに歩いた先にあのムーミン谷が、そしてそのムーミン谷の脇を固めるかのように不思議な空間が広がっていた。

起点となるのは西武池袋線の「仏子《ぶし》」というちょっと奇妙な名前の駅だ。駅の南口に出ると、住宅街の向こうにこんもりと樹木が茂った加治丘陵が見えるので、そこを目指す。途中、川を挟んだ向こう側の斜面にいきなり洋風のお城のような建物がにょっきりと建っていて驚く。「え、こんなところにもうムーミン谷が現れたの?」と思ったのだが、近くで家の前を掃除していたお母さんに尋ねるとそうではなかった。お姫さまが幽閉されてい

駅から歩き出してほど近いところで、いきなり現れた謎の宮殿風建物。その正体は公共の施設、だったのだがすでに営業を終え、近々には解体も始まるとのことだった

そうな建物は、なんと国民宿舎なのだそうだ。もっとも2002（平成14）年には営業を停止していた、いわゆる廃墟物件だ。2018（平成30）年中には解体が決まっているという。当初は「よくもまあ公的資金でこんなものを」と思ったが、解体されると聞くとそれはそれでちょっともったいないなと感じてしまうのだから、人間の感情なんていい加減なものである。

麓から尾根道に入ったところで、再び驚きが待っていた。森のなかに巨大な白い彫像が現れたのだ。大きさはゆうに3m。それも一体や二体ではない。都合十体ほどはあるのではないか。おそらくは芸術家による作品なのだろうが、ひと気のない森でいきなり出くわすとちょっと怖い。数年前に流行ったコミック『GANTZ』に登場した星人のようである。

尾根道自体は舗装されていて、近隣住民のよき散歩道になっているようだが、こうなってくると、もはやこの先にムーミン谷が実在していてもちっとも不思議じゃなくなってくる。道端の小さな石祠などは、山ではよく見かけるものだが、これにもなにか謎が隠されているのではないかと、まじまじと観察してしまう。

道は緩やかな起伏を繰り返し、やがて「山仕事の広場」と呼ばれる森を切り拓いた広場が現れた。芝生が敷かれていて

加治丘陵上に立てられた桜山展望台。回廊状の階段を上って3階にあたる屋上に向かう。高さ20m。好天に恵まれれば彼方には奥多摩、丹沢、秩父の峰々、その彼方には富士山も遠望できる

桜山展望台からは、この地方の特産である狭山茶の茶畑が広がって見えた（写真上）。加治丘陵の尾根道は細かなアップダウン、蛇行する道筋と、メリハリが効いている（写真下）

ベンチやトイレもあるので、休憩するにはぴったりだ。裏手の斜面を少し登れば桜山展望台からの展望も満喫できる。

　しかし今回の目的地はムーミン谷である。そしてムーミン谷への道はこのあたりから下っていくはずなのだが……。行ってみるとそこにはなんと通行止めの表示が。聞けば数年前の豪雨で崩落してしまったらしい。やむなく尾根道をさらに進み、反対側の車道を経て回り込む。しかし惜しいなあ。こんな丘を歩いて、そこから斜面を下ったらいきなりムーミン谷が現れるなんて、最高のプロムナードなのに。あとから確認してみると、復旧する予定はあるらしいので、期待してそ

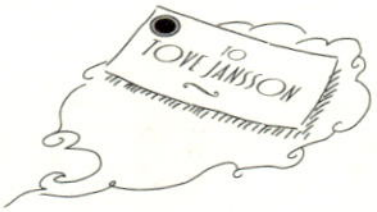

のときを待つことにしよう。
「山仕事の広場」あたりからは散策路がいくつも整備されていて、逆にどの道を選ぶか悩むが、とにかくムーミン谷に近い方向へということで、少し戻って「←駿河台大学」という指導標のある道を下る。
　車道と合流したらそこを右へ。この道は秩父と青梅を結ぶ峠道なのだろう。規模のわりには大型トラックの通行が多いが、歩道はしっかり分けられている。やがて指導標が現れるので、それにしたがうと、ようやく目の前にムーミン谷が現れた。
　冒頭からムーミン谷、ムーミン谷と、事情を知らないひとになにがなにやらだったかもしれないが、正しい名前は『トーベ・ヤンソンあけぼの子どもの森公園』。1997(平成9)年にオープンしたこの公園は、自然との共生をテーマのひとつにあげ、加治丘陵の麓の地形を極力活かしてデザインされている。そしてそこには『ムーミン』の著者であるトーベ・ヤンソンと実際に意見交換をしつつ作られたという、まさにムーミンの作中に出てきそうな建物がいくつも建てられている。「森の家」「きのこの家」など名づけられたそれらの家々は、実際に内部も見学できるようになっており、恥ずかしながら不肖おじさんも、少年時代に立ち帰ってちょっと感動してしまった。入園料が無料というのも素晴らしい。この日

ようやく今回の目的地である「トーベ・ヤンソンあけぼの子どもの森公園」に到着。そこは変にメルヘンに走りすぎていない、おじさんでも違和感なく過ごせる気持ちのよい公園だった

は平日にもかかわらず、親子連れやカップルが楽しそうに散策していた。ちなみにここと、2018（平成30）年秋に飯能市に開業の『ムーミンバレーパーク』とは別のものなのでお間違えなきよう。

このまま童心にかえって旅を終わらせればよいものの、じつはもうひとつ気になることがあった。出かける前にこの付近を2万5000分1地形図で眺めたところ、公園のすぐ隣りに採鉱地を意味する記号が描かれていたのだ。こんなところに鉱山？　気になるではないか。調べてみるとそこには日豊鉱業という会社があり、今も営業を続けているらしい。さすがに一般企業にいきなり「見学させて

公園に置かれているベンチなど、ちょっとしたものにムーミンというかトーベ・ヤンソンさんの気配を感じられる。天気のよい日にここで日がな一日、読書でもしてみたいもの

ください」というわけにもいかないので、公園の高台からのぞいてみると……。あるある。坑道から採掘された鉱石の搬出に使っているであろう黄色いトロッコがズラリと並んでいる。しかし残念ながら敷設されたレールは確認できず。トロッコの脇にはレールと思われる鋼材が山積みになっていたので、もしかしたらもう剥がされてしまったのかもしれない。

ちなみにここで採掘されているのは亜炭が主だそうだ。亜炭というのは通常の石炭よりも石炭化が進んでいない鉱物のことで、得られる熱量が少ないことから燃料には向かず、肥料の原料などに使われることが多いらしい。そういえば、以

公園の隣りには現役の採鉱場があった。高台からのぞいてみると、
採掘用のものだろう、黄色いトロッコが何輌も連なって並んでいた。
うーん、見学させてほしい

前にこのすぐ近くを流れる入間川で釣りをしていたときに、泥岩質の河床からなにか黒っぽい木片のような塊を掘り出したことがあった。もしかしたらあれも亜炭だったのかもしれない。

西洋風のお城、ムーミン谷、そして鉱山……。さまざまな謎の匂いを感じつつ、ゴールの元加治《もとかじ》駅へと足を向けた。

DATA

⊙モデルプラン：西武池袋線仏子駅→山仕事の広場→トーベ・ヤンソンあけぼの子どもの森公園→西武池袋線元加治駅
⊙歩行距離：約8km
⊙歩行時間：約3時間
⊙アクセス：起点の仏子駅へは池袋駅から西武池袋線急行で約42分。終点の元加治駅から池袋駅へは急行で約44分
⊙立ち寄りスポット情報：トーベ・ヤンソンあけぼの子どもの森公園＝飯能市大字阿須893-1。℡042-972-7711。9:00～17:00(土日祝～20:30)。月曜(祝日の場合翌日)、年末年始休
(2018年5月探訪)

【それから】宮殿のような国民宿舎は解体終了。道中の彫像群も今はない。いっぽう、このとき通れなかった道は再整備が行われて通行可能に。トーベ・ヤンソンあけぼの子どもの森公園にはかわいらしいカフェが新設された

岩殿山と猿橋《いわどのさんとさるはし》

堅固な山城を攻め、日本三大奇橋のひとつを渡る

山梨県

ＪＲ中央本線の大月駅前に鎮座する岩殿山は標高こそ６３４ｍ（東京スカイツリーと同じ！）とさほどでもないが、その急峻な岩壁からもわかるように、戦国時代には難攻不落の山城があったことでも知られている。一度は登ってみたいとは思うものの、大月まで来るとほかにも魅力的な山は多く、なかなか足を延ばせないでいた。そしてそんな存在がもうひとつ。大月のひとつ前である猿橋駅には日本三大奇橋のひとつに数えられる、その名も「猿橋」があり、これもなかなかそのためだけには行きにくく手つかずになっていた。そこで大月で岩殿山に登り、そのまま猿橋まで歩いて旅する計画を立ててみた。

久しぶりの大月駅には、びっくりするほど多くの外国人旅行者がいた。ここから富士急行に乗り換えて富士山に向かうのだろう。そんな彼らを横目に、富士山とは反対側に位置

昔ながらの店構えを残すお菓子屋さん（写真左）、無造作に張られた清涼飲料水の懐かしい看板……（写真右）。ぶらりと歩いてみれば、大月の街にはあちこちに昭和の気配が残っていた

する岩殿山の登山口を目指す。桂川を渡ってしばらく歩くと岩殿山登山口の看板が見え、樹林に続く階段道をひたすら登っていく。やがて鳥居が登山道をまたぎ、横には岩殿山のいわれが書かれている。この山にはもともと円通寺というお寺が9世紀に建てられ、厳しい山道は修験の場として使われたらしい。その後、関東へ通じる交通の要衝だったこともあって、戦国時代には武田氏、北条氏、今川氏と、誰もが知る群雄たちの争いの場となったそうだ。

たしかに歩いてみると、この山を攻め落とすのはなかなか難儀だろうなと実感する。頂上までほとんど平坦な場所はなく、ひたすら登りが続く。登山道沿いには巨岩が覆い被さる地形を利用した「二の門」や、南西方向に開けた「物見台」など、当時の遺構が点在する。麓から眺めた印象よりはずっと汗をかかされて、ようやく頂上へ到着。登山口から約30分といったところ。頂上からは御坂山塊、そしてその背後に堂々と聳える富士山が見事。さきほど大月駅で出会った外国人旅行者たちも、今ごろどこかでこの富士の姿を眺めているのだろうか。

頂上からは、東へと延びる登山道を下って猿橋方面へ向かう計画だったのだが、いざ歩き始めると、そちら側の登山道には「崩落のため通行禁止」の注意書きが

麓から見上げる岩殿山は、あちこちに岩盤がむきだしになっていて、見るからに難攻不落の様相を呈していた。どこに登山ルートがあるのか、外見だけではちょっと想像がつかない

岩殿山山頂からの眺め。眼下には大月の街をはじめ、桂川やJR中央本線、中央自動車道が東西に延びる。陣を構えた戦国武将たちは、攻め入る敵をいかに蹴散らそうかここから思案したのか

掲げられ、規制ロープまで張られているではないか。

さて、どうしたものか。通行禁止とされているところを突破するわけにもいかないし、かといってこの道以外には猿橋方面へ向かう道はない。結局選んだのは、登ってきた道を一度下って、岩殿山の山麓を回り込んで猿橋を目指すというもの。コース取りとしてはあまり美しくはないが、やむを得ない。岩殿山が小ぶりな山でよかった。もっと大きな山でそんなことをしたら、一日かけても迂回できなかっただろう。

登山口まで下り、車道を歩くことしばし。本来ならここに降りてくるはずだっ

た、円通寺跡に到着。そこからは本来の予定コースを歩いて猿橋へ。周囲には畑が広がり、遠方にポコポコと並んだ山々を眺めながらの、のんびりした歩き旅だ。

葛野《かずの》川を渡り、猿橋までもうすぐだろうかというところで、道端に突然、「湯立人《ゆたんど》鉱泉」という古びた看板を発見。なぬ、こんなところに鉱泉が？　看板の脇には川へと下る斜面に細々と踏み跡が続いている。これは行ってみぬわけにいくまいと、心許ないその道を下っていくと、そこには数軒の民家が連なるのみ。どこにも「鉱泉」の表示はない。おかしいなあ、もう廃業しちゃったのかなあとウロウロするも、やはりそれらしきものは見つからない。

あきらめてもどろうかというとき、たまたまやって来たのが郵便配達のバイク。これ幸いと乗っていたお兄ちゃんに尋ねてみると、「あの家がそうだと思いますよ」との返事。たしかにその家は、坂道を下ってきた真正面にあった家だが、外観はどう見ても普通の民家だ。でもここまで来たからにはと意を決して訪ねてみると、なかからひとりのおばあちゃんが現れた。

「あのう、ここは鉱泉、ですか？」と恐る恐るうかがうと、おばあちゃんは「そうなんだけど、やってるのは土日だけなのよ」と申しわけなさそうに答えてくれた。観光客向けというよ

日本三大奇橋のひとつに数えられる甲斐の猿橋。両側から幾層にも延ばされた「支え木」で橋を支えているさまは、たしかにたくさんの猿たちが身体を支えて橋を維持しているように見えなくもない

りは、近所の人が農作業の骨休めで浸かりに来るような場所なのかもしれないな。

それでもおばあちゃんは僕を気遣ってくれて、「ここまで来たんなら、猿橋を見物していくといいわ」と、僕がこれから目指す場所を勧めてくれた。おばあちゃんには再訪を誓っていざ猿橋へ。

やがて現れた猿橋は、さすがに日本三大奇橋と謳われるだけのことはある重厚な橋だ。ちなみに日本三大奇橋というのは、ここと山口県の錦帯橋は当確のようだが、残りのひとつについては諸説あって、徳島県のかずら橋、日光の神橋のほか、現在はなくなってしまった橋なども含まれたりするらしい。

この猿橋は刎橋《はねばし》と呼ばれる構造で、両岸から木材を突きだし、その上にさらに少しずつ木材をかけて距離を稼いでこれを足場にすることで、橋脚なしに橋を架けているのだそうだ。橋自体は7世紀には架けられたとされ、現在のような構造になったのは江戸期だそうだ。ちなみに現存のものは昭和に架け替えられたもの。

今も人道橋としては現役で、当然僕も渡ってみたが、理屈ではわかっていてもやはり橋脚がないというのはちょっと不安であった。

猿橋駅までまもなくというところにあった酒屋で、お土産を買いつつ岩殿山の登山道について聞いてみたところ、崩落

猿橋を目指す道すがら、道沿いに発見した「湯立人鉱泉」の看板。こんなところに鉱泉が！と、嬉々としながら川沿いへ下る細い道を下ってみたが……

こちらは猿橋のやや下流に位置する八ツ沢発電所一号水路橋。桂川上にかけられた橋の上を、どうどうと水が流れている。明治末期に着工されたこの施設は、現在重要文化財にも指定されている

は2017(平成29)年8月の集中豪雨で発生したもので、一時は頂上へ至るすべての登山道が通れなくなっていたものが、最近ようやくメインルートのみが開通したのだそうだ。登れただけでも幸運だったというべきなのだろう。

DATA

⦿モデルプラン:JR中央本線大月駅→岩殿山→猿橋→JR中央本線猿橋駅
⦿歩行距離:約8km
⦿歩行時間:約3時間半
⦿アクセス:起点の大月駅へは、新宿駅から中央線、中央本線を乗り継いで約1時間半、終点の猿橋駅から新宿駅へも約1時間半
(2018年5月探訪)

【それから】このとき利用した登山ルートは崩落により現在通行不可、北側の畑倉ルートのみ利用可。最新の情報は大月市観光協会(℡0554-22-2942)に確認を。湯立人鉱泉は長期休業中とのこと

法雲寺《ほううんじ》の不思議《ふしぎ》な宝物《ほうもつ》

山中のお寺に眠る、「天狗の爪」、「龍の顎」、そして「楊貴妃の鏡」

埼玉県

札所巡りといえば四国八十八カ所が有名だが、関東にも札所巡りの霊場はあって、なかでも秩父三十四カ所札所巡りがよく知られている。総距離約１００㎞と、四国にくらべたらかなりハードルは低いものの、それでも半日徒歩旅行で手を出せるレベルではない。そこで、そのなかでも一度訪ねてみたかったお寺をひとつ、そしてそこから隣りのお寺までのセクションを、雰囲気を知る程度の「なんちゃって」札所巡りとして歩いてみることにした。

スタート地点は秩父鉄道の白久《しろく》駅。終点の三峰口駅からひとつ手前の駅だ。改札を出て沢沿いの道を１㎞ほど登っていくと辿り着くのが、目的地である三十番札所・法雲寺。背後に熊倉山を擁するこのお寺は周囲を豊かな緑に囲まれ、石段を登って参拝する朱塗りの

深い山々と美しい庭園に囲まれた宝雲寺の観音堂。秩父三十四カ所札所の三十番札所でもある。このなかに謎に満ちた三つのお宝が奉納されている

観音堂は江戸初期の建立だそうだ。いかにも山中の静かなお寺というに相応しく、趣深い。

しかし、来たかった理由はこれではない。目的は、このお寺に収められている三つの宝物である。三つの宝物とはなにか。出し惜しみせずにズバリいってしまうと、それは「天狗の爪」「龍の顎」、そして「楊貴妃の鏡」。僕たちの世代は多かれ少なかれ、雑誌『ムー』の薫陶を受けているため、こういった不思議議物件にはとても弱い。このお寺ではガラス越しとはいえ、そんなお宝を拝ませてくれるのだ。

まずは「天狗の爪」である。長さ４cm

ほどの逆三角形の形をした外観は、もし天狗という生物が実在するのなら、まさにその爪というのに相応しい。ただしそのいっぽう、僕はこれとよく似たものを過去に自分で見つけたことがあった。雑誌の取材で地層から発掘したそれは、同行の先生から「サメの歯ですね」と同定されていた。

　実際、ここにある天狗の爪の解説にも、現在では「サメの歯ということが判明している」と正直に書かれていたが、それで納得できるのは、こんな山中も昔は海底だったという地球の歴史を学んだ現代人ならでは。発見された当時の人間にとっては、天狗といわれたら腑に落ちたの

ひとつめの宝物は「天狗の爪」。鈍く輝く逆三角形状をしたそれは、天狗の爪といわれればさもありなんだが、今日ではサメの歯の化石であることがわかっている

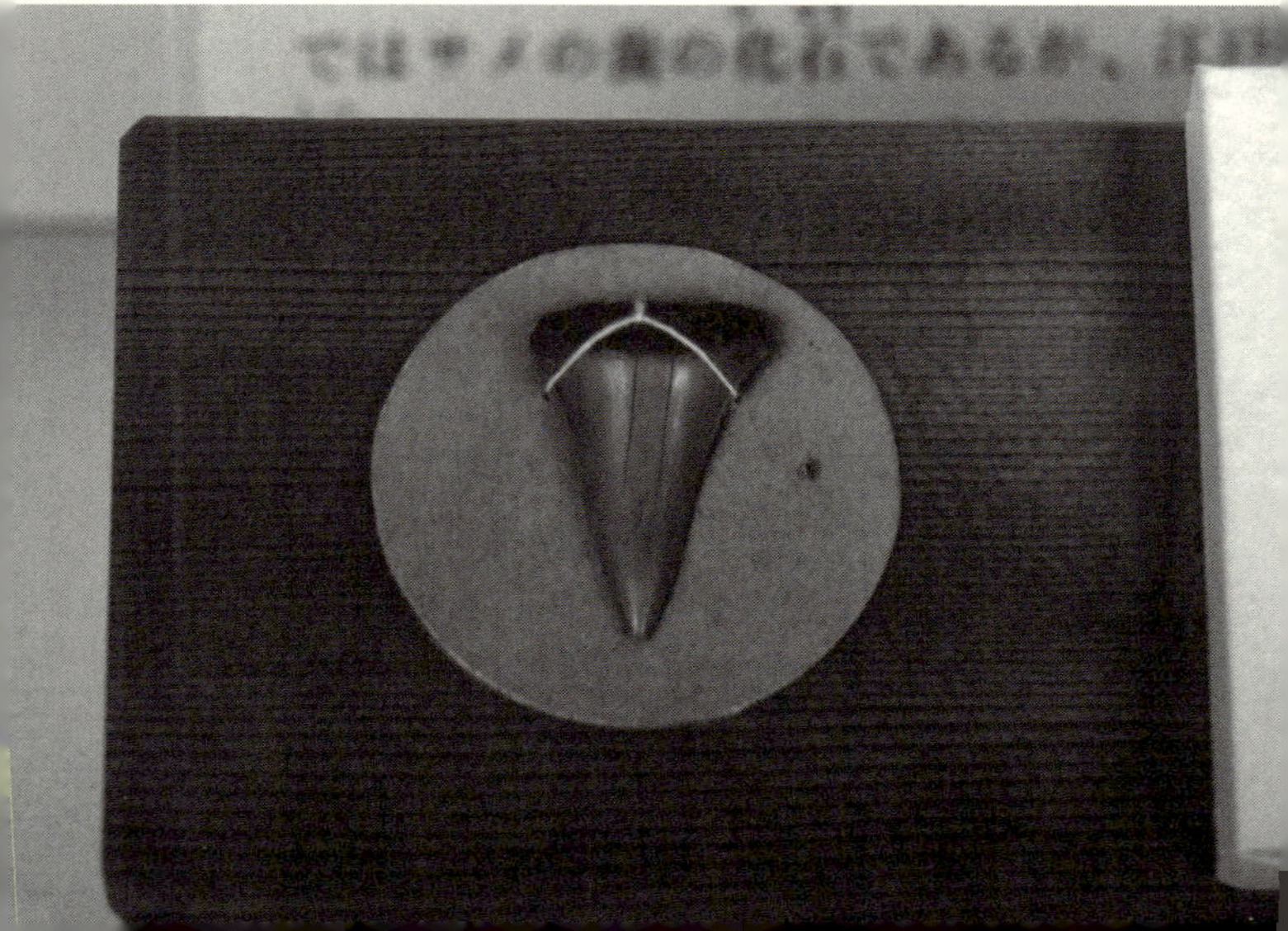

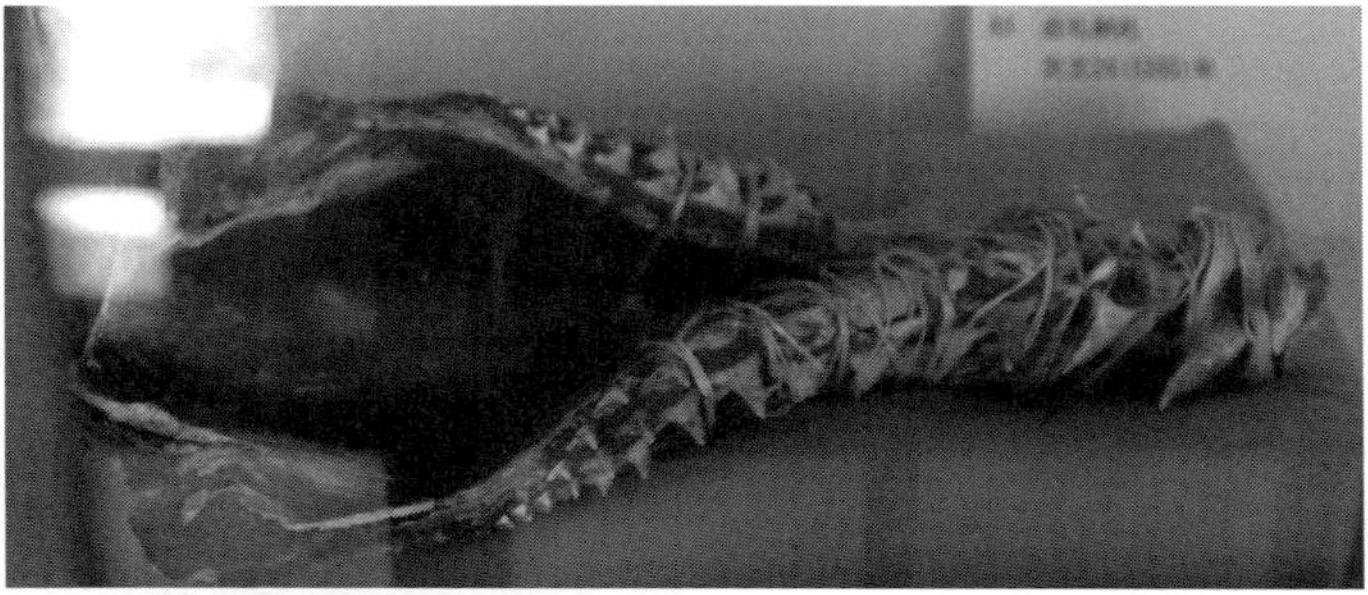

ふたつめの宝物「龍の顎」。何重にもズラリと並んだ歯のようなものが、顎らしき骨から生えている（写真上）。三つめの宝物は「楊貴妃の鏡」。直径10cmほどの銅鏡が、波か雲のような意匠をあしらった台に載せられている（写真左）

だろう。

ふたつめのお宝は「龍の顎」。龍に関しては、実はこの法雲寺には縁起がある。昔、この地には一匹（という数えかたでいいのか？）の悪龍が棲み、人々を困らせていたのだが、巡礼者たちが唱える観音様の名を聞いて翻意、善龍となったという話が伝わっているのだ。

実際に目の前に安置されている龍の顎は、長さ20㎝ほど。無数の尖った歯がずらりと並ぶさまは、龍というよりはどちらかというとワニのような印象を与えるが、太古の海にはワニもいたのか？　そもそも龍自体を今まで見たことがないので、これ以上判定のしようがない。

そして最後が「楊貴妃の鏡」。実はこれにも先ほどの龍が関わっているらしい。改心した善龍が老人に姿を変え、鎌倉建長寺の道隠禅師の夢枕に立って「この地に、中国より持ち帰った如意輪観音を安置しなさい」と語ったところから、如意輪観音、そして一緒にこの鏡が奉納されたのだという。そしてこれらがいずれも楊貴妃に由来するものだったそうなのだ。

真偽に関しては今となってははかりようもないが、いずれにしてもこういった話がこの地で語り続けられている以上、なんらかのきっかけはあったのだろう。

お宝を満喫、意気揚々と駅方面へ戻ったところ、途中でどこからともなく「ボーーーーッ！」という汽笛が聞こえてきた。ナヌッ、汽笛!? ということは蒸気機関車か！ 秩父鉄道が週末を主に一往復、蒸気機関車を走らせていることは知っていた。ただ、本数が少ないので今回の旅に組みこむのはとうてい無理と、見ることすら諦めていた。それがこのタイミングでやって来ようとは。白久駅は通過なので、駅長さんにお願いしてホームに入れてもらい、何度もシャッターを切る。いやあ、これはラッキーだった。いや、これこそ法雲寺の善龍様のご加護か。

さあ、あとはここから隣りのお寺まで歩いてみるだけだ。二十九番札所である長泉院を

宝雲寺からの帰り道、突然遠くから汽笛が聞こえてきた。もしやと思ってあわてて駅まで駆け戻ると、三峰口方面から秩父鉄道の「SLパレオエクスプレス」が立ち昇る煙とともにやってきた

目指す。距離にして約6㎞、1時間半ほどの行程だ。わずかひと区間だけとはいえ歩いてみた感想といえば、徒歩旅行全般にいえることだが、天候は重要だということ。この日の秩父地方の最高気温は37・3℃。そんななかの車道をひたすらトボトボと歩く。バカであった。

DATA

⦿モデルプラン：秩父鉄道白久駅→法雲寺→長泉院→秩父鉄道浦山口駅
⦿歩行距離：約9km
⦿歩行時間：約3時間
⦿アクセス：起点の白久駅へは、池袋駅から西武池袋線、西武秩父線を乗り継いで西武秩父駅へ約1時間40分。そこから秩父鉄道御花畑駅で秩父鉄道に乗り継いで白久駅へ約25分。終点の浦山口駅から御花畑駅へは約10分
⦿立ち寄りスポット情報：法雲寺＝秩父市荒川白久432。℡0494-54-0108。長泉院＝秩父市荒川上田野557。℡0494-54-1106
（2018年8月探訪）

かっぱ橋道具街と河童の手《かっぱばしどうぐがいとかっぱのて》

世界有数の調理道具街を歩き、かっぱ寺に眠る「河童の手」を拝む

東京都

家の台所で愛用している、雪平鍋の柄がずいぶんとガタついてきた。鍋部分から伝わる熱で、接続部分が次第に炭化してしまうのが原因だ。炭化部分を切り落として再接続という修理も何度かやったせいで、長さ自体も限界に達している。ここはそろそろ柄自体の交換時。そしてそんなマイナーな台所用品を手に入れるといえば、やはり浅草の「かっぱ橋道具街」だ。調理器具をはじめ、さまざまな調理関連の道具屋がひしめく、日本一いや世界でも有数の問屋街だ。もともとはプロの料理人たちが集う通りだったが、そのバラエティ豊かな商品展開から、最近では外国人旅行者の観光スポットとしても賑わっている。

起点となるのは地下鉄銀座線の田原町《たわらまち》駅。駅を出て西に向かうと、やがて交差点のビルの屋上に巨大なコックさんのハリボテが見えてくる。これがかっぱ橋道具街の入口だ。こ

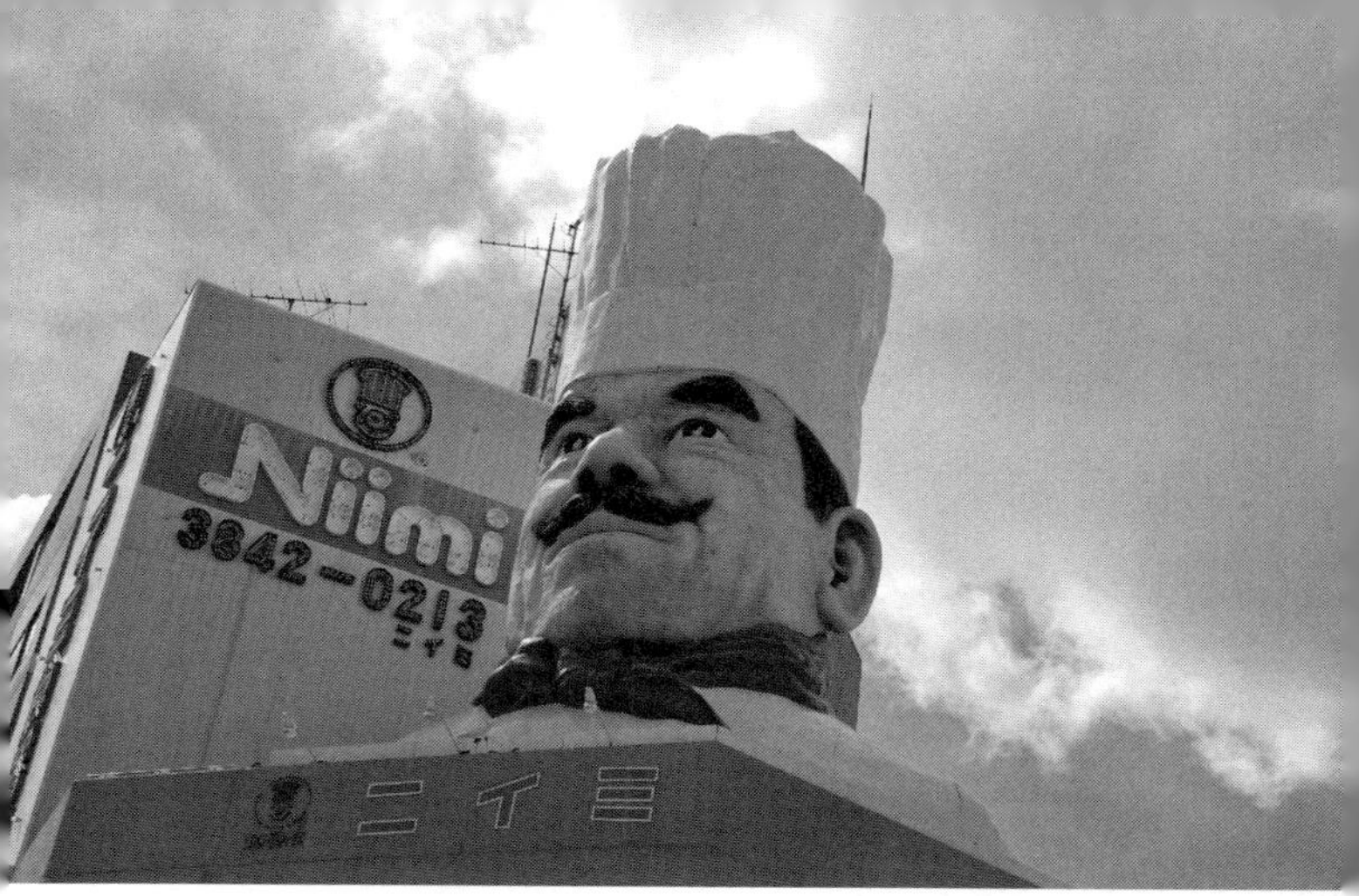

かっぱ橋道具街のシンボルともいえる巨大なコックさん。正式名称は「ジャンボコック像」。こういうものも、外国人旅行者にとってはエキゾチックに映るのだろう

こから北へ約1km。言問通りへぶつかるまでの通りの左右には、ありとあらゆる調理関連の専門店が並んでいる。食器屋や鍋屋はもちろんのこと、箸、メニュー、冷蔵庫、白衣、包装用品、店舗用家具、提灯などなど、この通りだけで飲食店を開くのに必要なものはすべてそろってしまうだろう。なかには食券の券売機専門店などというのもあって驚かされる。とりわけ最近では食品サンプルの店が人気で、寿司や天ぷらのサンプルは日本土産にもぴったりなのだろう、多くの外国人旅行者が群がっている。

そんななか、懐かしさで思わず駆け寄ってしまう商品があった。それは直径50

cmほどの大鍋だ。これとまったく同じ物が、在籍していた高校の山岳部の備品にあって、長期合宿などでは1年生の誰かが大きなキスリングの外側にくくりつけて持って行かねばならなかったのだ。その姿はまるで亀で、実際にこれを背負ったまま転んだりすると、なかなか起き上がれないのも亀さながらだった。当然背負うのはジャンケンに負けた人間だったりしたのだが、自分が3年になったとき、これを背負うのがカッコイイといい出す1年生が現れたのには、時代が変わったことを痛感したものである。

もちろんいくら懐かしいからといって、さすがに今では使い道はないので購入は

懐かしくて思わず駆け寄った大きな鍋。実際に使っていたのは灯油の煤やコゲにまみれ、まっ黒に変色していたが。カレーや味噌汁などの汁物を、まとめて全員分つくったなあ

この日、かっぱ橋道具街で購入したもの。交換用の雪平鍋の柄を3本。竹のザル。そして餃子とホタルイカの食品サンプル。これは裏がマグネットになっていて、冷蔵庫にくっつけられる

断念。しかし、この街に行くときには、ただ漫然と歩くだけではなく、なにかほしいものを決めておくと、より楽しめるだろう。僕も目的だった雪平鍋の柄を三本、そして竹ザルもかなり傷んでいたので入手。実に堅実な買い物といいたいところだが、これとは別に食品サンプルの店で、餃子とホタルイカのマグネットも購入。こちらは完全に衝動買いだ。

そもそもこの街がなぜ「かっぱ橋」と呼ばれるようになったのか。川もないのになぜ橋？　と不可解に思うかもしれないが、実際にはこの通りの場所には、過去には新堀川という川が流れていたのだ。そしてこの周辺は水はけが悪く、度重な

る洪水に悩まされていたらしい。それを見かねた合羽屋喜八という商人が、私財を投げ打って治水工事を行ったところ、これに隅田川の河童たちが呼応して無事工事は完成したという言い伝えが残っている。つまり合羽屋喜八の「合羽」と、隅田川の「河童」がかかっているのだな。

かっぱ橋道具街まで来たからには、ぜひ寄ってみたい場所がもうひとつ。通称「かっぱ寺」とも呼ばれるお寺・曹源《そうげん》寺だ。合羽橋交差点から上野方面に向かって5分ほどの距離にそのお寺はある。ここには前述の合羽屋喜八の墓があるほか、御堂には河童大明神が祀られていて、商売繁盛や火水難除などに御利益があるそう

平日でも多くの買い物客で賑わうかっぱ橋道具街。その過半数は海外からの旅行者だ。もともとはプロ御用達だったので週末休業が多かったが、最近は週末も営業する店が増えたという

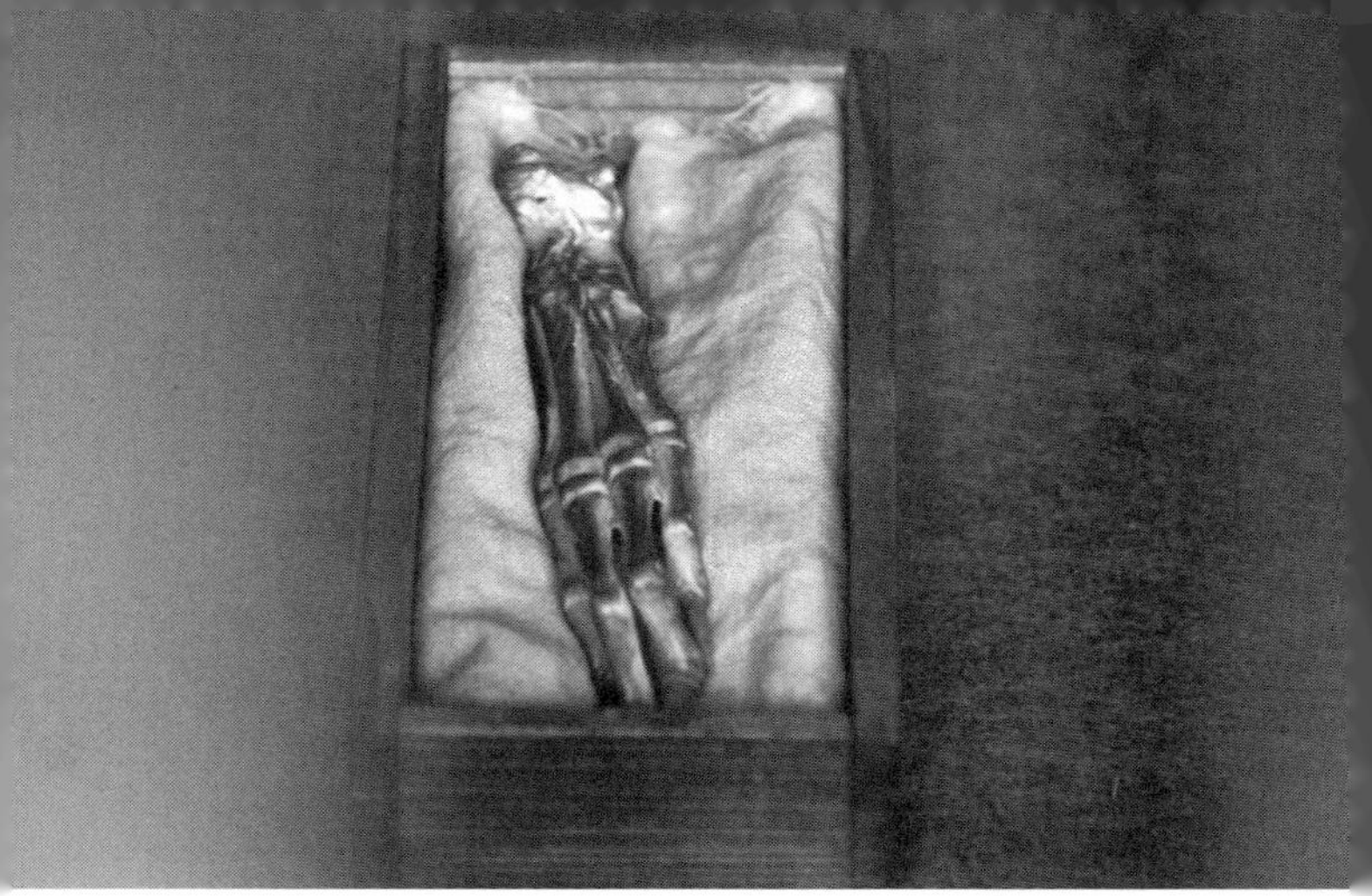

曹源寺の御堂に収められている河童の手のミイラ。長く伸びた爪や、指の関節など、妙にリアル感がある。曹源寺にはこれ以外にも多数の河童の像があり、それぞれにキュウリが供えられていた

だ。そしてその御堂には、河童の手と呼ばれるものが今も安置されているのだ。

ガラス越しとはいえ、距離にしてわずか数十センチのところに置かれているそれは、想像していたより小さく、全長20cmほどか。収められている古ぼけた箱の蓋には筆で書かれた「水虎之手」という文字が見える。水虎というのは河童の一種、あるいは別名だそうだ。ミイラ化したその手は明らかに人間のものより指が長く、先端に長く延びた爪が生々しい。

これが本当に河童の手なのかは知るよしもないが、少なくとも長きにわたって保管、信仰を集めてきたということに意味があるのだろう。

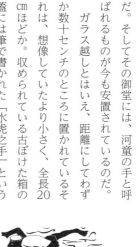

その語源は「アメヤ横町」とも「アメリカ屋横丁」ともいわれるアメ横。それまでの闇市的な雰囲気に加え、最近は世界各国の食材を売る店や飲食店が増えるなど、国際化が進んでいる

かっぱ寺から西に向かえば、もうひとつの観光スポットである「アメ横」までは近い。一年中お祭りのような賑わいで、飲食店はもちろん、一杯飲み屋も昼間からやっている。道具街の美味しそうな食品サンプルを前にお腹が空いてしまった向きは、ここらで旅を締めるのもいい。

DATA

⦿モデルプラン：東京メトロ田原町駅→かっぱ橋道具街→曹源寺→アメ横→上野駅
⦿歩行距離：約3km
⦿歩行時間：約1時間
⦿アクセス：起点の田原町駅へは、上野駅から東京メトロ銀座線で約3分
⦿立ち寄りスポット情報：曹源寺＝台東区松が谷3-7-2。℡03-3841-2035
(2018年6月探訪)

第8章 水辺に沿って徒歩旅行

海辺に川、沼に水路、水辺には道が寄りそっている。
水面を眺めながら徒歩旅行で辿ってみよう。

東海道本線の車窓から見えた、荒涼とした浜辺を目指して駅を下りる。一見すぐ近そうだった海へと至る道は、想像以上に難儀をさせられた。大磯界隈にて

大貫と東京湾観音

おおぬきととうきょうわんかんのん

海辺の道を探し求めて、崖の上の細道を辿る

千葉県

僕が通っていた小学校では、5年生になると千葉県の大貫に臨海学校へ行くことになっていた。当然海で泳いだりもしたのだが、それ以上に印象的だったのが、大貫から東京湾観音まで浜辺を歩きながらのハイキングだった。あのあたりは切り立った崖が海岸線まで迫っていて、その足元に延びる砂浜をずっと辿って東京湾観音を目指したのだ。そんな地形なので、海水浴場もなく人もいないその場所は、打ち上げられたさまざまな漂流物がそのままに放置されていた。なかにはすでに白骨化したウミガメやイルカの死骸があったりして、男子小学生の好奇心を鷲づかみにした。あの崖下の砂浜はどうなっているのだろう。今も色褪せない当時の思い出を頼りに、約半世紀ぶりに辿ってみることにする。

JR内房線の大貫駅を降りて漁港を目指す。記憶ではその漁港の向こう側に砂浜が続い

昔、たしかに歩いて越えられたはずの岬だったが、今回向かってみると、その様相はまるで変わっていた。あえて干潮時間を狙ったので、潮回りの問題でもなさそうだった

ていたはずだ。懐かしい思いにかられながら漁港を越えてみると。そこにはたしかに砂浜があった。あったのだが、なんと続いていない。すぐ先の岬部分で途切れてしまい、そこから先は岩場となって、さらに波をかぶっている。あんな場所、通ったっけ？　いや小学生に、臨海学校であんな場所を歩かせるはずがない。場所そのものを勘違いしているのか？　混乱しつつも漁港で作業をしていた地元の漁師に尋ねてみる。

「ああ、昔は歩けたよね。歩くどころかクルマでも走れたくらいだから」

それがなぜ。

「砂がなくなっちゃってね、山も崩れた

りして」

このおじさん以外にも、出会った何人かの地元の人に尋ねてみたが、みな答えは同じだった。たかだか数十年で自然の地形が、かくも激変してしまうのか。聞いた話のなかで一番説得力があったのは、東京湾アクアラインが影響しているのではというものだった。

「あれができてからだよね。東京湾の潮流が変わっちゃったんだよ。それまであのあたりは、いろんなものが打ち寄せられる場所だったけど、なんにもなくなっちまったよ」

巨大建造物によって海はもちろん、周囲の地形まで影響を受けるとは……。もはや懐かしの浜辺の道どころではない。思い出はフタをしたまま開けないほうがよかったかなと、ちょっと感傷的な気分になっているところに、おじさんが耳よりな話を聞かせてくれた。

「海辺は無理だけど、山を越えてなら東京湾観音まで行けるよ」

なぬ！　それはそれで楽しそうではないか。急遽計画変更、山越えのルートを入る。入口に掲げられた「この先行き止まり」という看板がちょっと気になるが、教えられた通り、漁港近くから派生する登り道に入ってまず現れたのはトンネルだ。そのトンネルを越えるとすぐに道は反時計回りに急カーブを描き、そしてループ状に先ほどのトンネル上部を渡る。なるほど、こういう構造だったのか。

導かれるままに入りこんだ岬越えの道は、道型はしっかりしているが、部分的にちょっと荒れ気味。こんなところにはマムシもいるかもしれないなと、棒で草むらを突きながら先へ進む

　しかしこれなら「行き止まり」じゃないのではと思ったが、そこまでだった。その先は土道になって道幅も次第に細くなり、倒木も現れ、やがては完全な登山道状態に。周囲はスダジイを始めとする広葉樹林に囲まれる。道がそれほど藪に覆われていないのは季節が初夏だからか、それとも定期的に草刈りが入っているのだろうか。

　拾った枝でクモの巣を払いながら樹林のトンネルを抜けると、やがて前方に青空が広がった。そこへは内陸側からも道が延びていて、そちらへも進めそうだが、ここは道を横断してさらに先へ。

　一度、細いけれどもしっかりした踏み

跡が右に分岐していたので、試しにそちらに入ってみると、気持ちのよい草原状の地形に飛び出した。思わず鼻歌でも歌いたくなるが、そのまま歩いていくと、道はぷっつりと途切れ、その先は切り立った断崖の際だった。走りながら来ていたらそのままダイブしてしまいそうな絶壁。明るい時間でよかった。

分岐まで戻ってアップダウンを繰り返し、森と笹原を交互に歩くうちに、やがて樹林越しに東京湾観音の白い姿が現れた。この道は無事に目的地までつながっていたのだった。

東京湾観音は大坪山の山頂に建っている高さ56mの立像で、1959（昭和

昼なお薄暗い樹林帯のなかを抜けると、やがて高原状の高台に飛び出した。その先は断崖で眼前には東京湾、その向こうには三浦半島。あくまでも自然地形なので、柵などはいっさいない

背丈を越える灌木の隙間から、ようやく東京湾観音の後ろ姿が見えてきてホッとひと息。ここからは観音様のお膝元を目指して、ひたすら距離をつめていくだけだ

34）年に完成。フェリーで東京湾に入ってくると、ひときわ目立つランドマークにもなっている。内部には螺旋階段が設けられていて、頭部まで登ることもできる。延々と続く螺旋階段を上って辿り着いた最上部から外を眺めると、東京湾が一望でき、眼下にはこの日自分が歩いてきた地形を丸ごと俯瞰することができた。

DATA

⦿モデルプラン：JR内房線大貫駅→大貫漁港→ループ状トンネル→東京湾観音→JR内房線佐貫町駅
⦿歩行距離：約7km
⦿歩行時間：約2時間半
⦿アクセス：起点の大貫駅へは東京駅から総武線、内房線を乗り継いで約1時間50分。終点の佐貫町駅からは内房線、総武線を乗り継いで東京駅まで約2時間
⦿立ち寄りスポット情報：東京湾観音＝富津市小久保1588。℡0439-65-1222。8:00～17:00（季節変動あり）。無休
（2019年5月探訪）

佐原と伊能忠敬

地図作りの偉大な先達が暮らした水郷の街並みへ

千葉県

さわらといのうただたか

千葉県の佐原は江戸時代から舟運で栄え、その繁栄ぶりは当時から「江戸優《えどまさ》り」などと語られたという。現在も歴史景観を多く残し、町を南北に抜ける小野川や東西に走る香取街道沿いには当時を彷彿とさせる建造物が並んでいる。

そして個人的には、この地は伊能忠敬の故郷であるということに思いが深い。伊能忠敬は初めて実測によって日本地図『大日本沿海輿地全図』を製作した人物として知られ、彼の旧家も残っているという。僕たちが旅をするにあたって、まずは広げるであろう地図の元祖を作り上げた人物が育った町なのだ。

ＪＲ佐原駅には大きな暖簾がかかり、そこには白抜きで駅名が。暖簾がある駅というのも珍しいが、やはりこれは古い商家が立ち並ぶ街並みへの敬意なのだろう。そしてその暖

凛とした佇まいを見せる佐原駅。この駅を見た瞬間に、佐原の「やる気」を見せられたような気がした。これから始まる徒歩旅行への期待も高まるというものだ

簾をくぐると、そこにはいきなり伊能忠敬像がどーんと立っていた。手には筆と野帳、傍らには測量器具。眼差しは先を望み、今まさに測量の最中だろう。いきなりテンションを上げてくれる。そこから道を下り、諏訪神社の大きな鳥居をくぐった先にまたもや忠敬さんの像が現れた。佐原の人々の敬愛ぶりがうかがえる。

佐原の歴史景観が残る街並みを目指すには、先ほどの大鳥居を左折するのが近いが、ここではちょっと回り道。諏訪神社への階段を登って高台に出てみる。あそこからなら佐原の街並みが一望できるのではと考えたのだ。実際に行ってみるとまさにその通りで、街はもちろん、そ

の先には利根川が意外に近く、さらには対岸の田園までもが俯瞰できた。神社の先には鉄骨製の展望台も発見。やはりここは佐原のビューポイントのようだ。

高台から道は次第に下りはじめ、古い街並みが続く香取街道に至る。そこには酒蔵や蕎麦屋、荒物屋といった昔ながらの職業が、昔ながらの建物で営業を続けている。どれもが博物館的に保存されているのではなく、店舗として生きているのが素晴らしい。香取街道も微妙なカーブが続いていて、区画整理が行われていない昔ながらの道筋なのだろう。やがて街道が小野川と交差すると、いよいよ佐原の街並みの真骨頂だ。川沿いには街道以上に昔ながらの商家が並び、その店先には「だし」と呼ばれる、荷揚げ場も当時のままに残されている。川にかかる橋の名前は『忠敬橋』。

佐原にこれだけの建物が残った理由のひとつとして、鉄道の開通によって舟運が衰退、町の中心が駅に移ったことなどがあげられるというから、世の中なにがどう転ぶかわからないものだ。今日、佐原の街並みは「重要伝統的建造物群保存地区」にも指定されている。川沿いを歩き始めたら、まず目指すのは『伊能忠敬記念館』。ここには彼の子孫が代々守ってきた地図や測量器具が200点以上展示され、その多くは国宝に指定されている。実際に幕府に献上した『大日本沿海輿地全図』は、その後火災などで焼失、展示されている

駅前で遭遇した、本日一体目の伊能忠敬像。史実を鑑みると、これはおそらく還暦もすぎてからのお姿。頼もしい。結局この日は合計三体の忠敬さんにお会いすることができた

のは制作過程における試作品が多いのだが、それでも十分に貴重だ。

また、彼が大中小と三サイズで地図を作っていたことも知る。そのうちの「大図」の縮尺は3万6000分の1というから、現在国土地理院が発行する2万5000分の1地形図にこそ及ばないものの、その緻密さが知れる。大図をすべてつなぎ合わせると縦47m、横45mにもなり、これを時の将軍徳川家斉に献上の際には、江戸城の大広間を使用したそうだ。

記念館からは橋を渡って、対岸にある伊能忠敬が実際に暮らしていたという旧宅へ。こちらでは実際に彼が17歳から50歳まで過ごしており、醸造業を営んでい

香取街道沿いには歴史を感じさせる商店が続く。昔のままの道型なのだろう。歩行者スペースが狭めだが、こんな街並みならそれもありなのかなと納得してしまう

た店舗や土蔵が残っている。そう、彼は50歳まで家業を継いだ後に隠居。江戸に移住して55歳から測量を開始したというのが、僕たち世代にはなんとも頼もしい。74歳で死去するまで地図製作に携わり、弟子たちの手により完成を見たのはその3年後。ちなみに旧宅の庭で、この日三体目となる忠敬像を発見。

旧宅を出て、小野川沿いの風情ある町並みを歩いて駅を目指す。どこからかウナギを焼く香りが漂ってくる。佐原はウナギでも有名だ。しかしこのときの僕は、ウナギよりもすっかり伊能忠敬にあてられてしまい、「さーて、これから僕もなにをやってやろうか」と、多少鼻の穴を

古い商家が立ち並ぶ小野川沿いの風景。奥にかかる橋は通称「じゃあじゃあ橋」。もともとは対岸に用水を送るための大樋だった。現在は30分に一度、橋の中央から滝のように落水させる

ふくらませつつの夢見心地。まあ、彼の場合、実際には非常に几帳面かつ生活の規律にも厳しく、自分はもちろん弟子にも飲酒は禁止、さらには相当な倹約家だったそうで、大きなことを成し遂げるにはそれなりの覚悟も必要ということなのだろう。

DATA

⦿モデルプラン：JR成田線佐原駅→諏訪神社→香取街道→伊能忠敬記念館→伊能忠敬旧宅→佐原駅
⦿歩行距離：約3km
⦿歩行時間：約1時間
⦿アクセス：起終点の佐原駅へは、東京駅から総武線、成田線を乗り継いで約2時間
⦿立ち寄りスポット情報：伊能忠敬記念館＝香取市佐原イ1722-1。📞0478-54-1118。9:00～16:30。月曜、年末年始休。伊能忠敬旧宅＝香取市佐原イ1900-1。📞0478-54-1118。9:00～16:30。年末年始休。
（2019年11月探訪）

大磯《おおいそ》

いつか車窓から眺めた、あの荒涼とした浜辺へ

神奈川県

JR東海道本線に乗って、大磯を過ぎるあたりからの風景。それまであまり見えなかった海が視界に入るようになるが、いかにも観光地でございますといった風ではなく、荒々しく、人に媚びていない海。あのへんの海辺を歩くことはできないだろうかと、あれこれ調べてみたのだが、いまひとつ要領がつかめなかった。

一番の理由は町並みと海を隔離するかのように立ちはだかる西湘バイパスの存在である。果たして徒歩であれを越えることはできるのだろうか。いくらなんでも横断歩道なんてないだろうし。こんなとき、いつもなら頼りになる国土地理院の地形図を見ても、砂浜沿いにベッタリと横たわる西湘バイパスが描かれているだけで、どこを突破できるかよくわからない。ええい、ならば直接行っちまえ。いけばわかるさとどこかで聞いたことのあるフ

二宮駅から「とにかく海へ！」とばかりに細い道を南へ下っていくと、やがて眼前に大海原が広がった。けれども今自分が立つ場所との高度差に、やや不安を感じつつ歩み寄ってみると……

レーズを口ずさみ、東海道本線に乗ったのだった。

降り立ったのは二宮駅。大磯の次の駅だ。あわよくばここから海に出て、そのまま大磯を目指す作戦だ。海側の南口を出てまっすぐ南下する。国道1号線を渡って細い道をさらに南へ。やがて向こう側に海が見えてきたので、「おっ、これは『案ずるより産むが易し』状態か」と思ったのだが甘かった。行き先には案の定、西湘バイパスが立ちはだかり、手前には金網が。その金網沿いには踏み跡があって、そこを通れそうな気もするのだが、なんだかとてもグレーゾーンな匂いがする。まだ歩き始めたばかり。ここは堂々と歩ける正しい道を見つけることにしよう。

一度、海から離れるように来た道を戻り、住宅街を大磯方面へ延びる道を歩きながら、可能性がありそうな道を探るのだが、今度は「西湘バイパス災害対策工事のため、令和2年3月末ごろまで通行できません」という看板が立ちふさがる。この看板がけっこうしつこくて、櫛の歯を一本一本辿るように海への道を目指しても、ことごとく遮られてしまい、ようやく解放されて海への道が拓けたのはもう大磯ゴルフコースの敷地も近いというところだった。

しかし、これでようやく海へ到達。着いた場所は予想通り、観光地感ゼロのワイルドな海辺だった。というかややワイルドすぎる感もあった。海からは絶えず波が押し寄せてきてそれはよろしいのだが、背後には巨大な蛇籠、左右には波消しブロックがこれでもかと設置されていて、景観的にはやや残念だ。そういえばここに来るまで、街のあちこちに「ここは標高20m」とか「津波避難は高台へ」なんていう表示が何度も何度も掲げられていた。台風来襲時、このあたりでは西湘バイパスはまっ先に通行止めになり、高波をもろに被っている映像をニュースでもよく見る。ここはそういう場所なのだ。

そしてもうひとつワイルドなことが。この浜は小さな丸石がぎっしりとつまった、いわ

何度も行ったり来たりを繰り返しつつ、西湘バイパスをアンダーパスでくぐり抜け、ようやく相模湾に飛びだした。同じ相模湾でも鎌倉や茅ヶ崎とはまったく違う、静かな海がそこにあった

ゆるゴロタ浜といわれる海辺で、これがめっぽう歩きにくいのである。15分ほど歩いただけですでに足の裏が悲鳴を上げ、早々に浜から引き上げる。

浜沿いの舗装路を見つけて大磯方面に歩いていくと、やがて目の前に見覚えのある風景が現れた。大磯ロングビーチである。そう、芸能人水泳大会などの舞台になって、水着姿のアイドルがキャーキャー騒いでいたあそこだ。すでにシーズンオフとあって閑散としている。しかし、ついぞこういうところに来る機会なかったな、わが青春。

やがて西湘二宮ICから延びる道が現れたので、それを伝って国道1号線へ出

海辺から一度内陸に入り、東海道をしばらく歩く。大磯町内の東海道に植えられた松並木は、徳川家康が東海道に宿駅の制度を設けたときに整備されたものだという

る。国道1号線。いわずと知れた旧東海道。江戸の時代からさまざまな文学や浮世絵にも描かれた歴史の道だが、今日、徒歩旅行を楽しむにはちょっと風情がなあと思っていたら、いきなり雰囲気のある松並木が現れた。おお、いいじゃないですか。こういう感じですよ、欲しいのは。さらにその近くには道標があって、そこには「こゆるぎの浜」との指示がある。古くは「小淘綾ノ浜」と書いた歴史ある浜。その名は万葉集にも詠まれているらしい。海辺歩き再開である。

1号線から細い路地を抜け、西湘バイパスをトンネルで潜るとこゆるぎの浜が現れた。こちらもゴロタ浜ではあるもの

東海道から指導標に導かれるまま、「こゆるぎの浜」に辿り着く。万葉の時代からの歴史をもつこの界隈は、明治以降、文豪や政財界人のお気に入りの場所となり、大磯には多くの別荘が建てられた

の、波消しブロックや蛇籠もなく、昔ながらの浜辺を今に残している。このまま浜を辿っていけば、日本の海水浴場発祥の地とされる照ヶ崎海岸はすぐだ。そこまで行けばゴールのJR大磯駅も近い。シューズを脱ぎ、足場のよい波打ち際を裸足でゴールへ向かうことにしよう。

DATA

⦿モデルプラン：JR東海道本線二宮駅→大磯ゴルフコース→大磯ロングビーチ→こゆるぎの浜→JR東海道本線大磯駅
⦿歩行距離：約7km
⦿歩行時間：約2時間半
⦿アクセス：起点の二宮駅へは、東京駅から東海道本線で約1時間15分。終点の大磯駅からは東海道本線で東京駅まで約1時間10分
⦿立ち寄りスポット情報：東海道松並木＝国道1号線沿い、大磯中学校前。こゆるぎの浜＝大磯町大磯。☎0463-61-3300（大磯町観光協会）
（2019年11月探訪）

長瀞と平賀源内

荒川の名勝を訪ね、江戸の発明家の足跡を追う

長瀞といえば、海なし県の埼玉にとっては貴重な水辺の観光地。県民なら一度は荒川ライン下りに乗ったり、名物コンニャクをほおばったりしたことがあるのではないか。僕も子どものころのそんな思い出はあるが、それ以上に、大人になってここをカヤックで漕ぎ、瀬で沈して（転覆）流されて、死ぬかと思った記憶のほうがはるかに強烈に残っている。

そんな長瀞をあらためて歩いてみる。秩父鉄道の長瀞駅で下車したら、踏切を渡って5分ほど南下。まずは町名にもなっている長瀞へ。ここは上流域から流れてきた荒川が赤壁と

埼玉県

ながとろとひらがげんない

荒川沿いの景勝地・長瀞の岩畳。岩に座って川面に目を遣れば、川下りの観光船やカヤックが次々と通り過ぎていく。ちなみにこの岩畳は、巨大な一枚岩で形成されているらしい

呼ばれる急峻な崖と、隆起した結晶片岩によって挟まれた峡谷だ。とくに結晶片岩のほうは岩畳と呼ばれ、その広さは畳2万枚ぶんともいわれている。延々と広がるその景観は見事のひとこと。ところどころできた適度な段差は天然のベンチのようで、みんなそこに座って川面を眺めている。明治の初めに来日したナウマン博士（ナウマンゾウを命名した人ね）は長瀞の地質的価値を高く評価、現在では「日本地質学発祥の地」とも呼ばれている。

さて長瀞を堪能したら再び駅方面へ。踏切を渡ると目の前にいきなり大鳥居が現れる。ここからが宝登山の参道だ。20分ほど歩いた山麓から出ているロープウェイで頂上直下を目指す。宝登山ロープウェイのゴンドラは丸っこいフォルムで、いかにも昭和の乗り物をイメージさせる。僕が乗ったのは「もんきー号」。もう1基は「ばんび号」という名前だそうで、これまた昭和チックでよろしい。標高差236mを約5分で

宝登山ロープウェイで宝登山山頂を目指す。ロープウェイの丸っこいデザインがレトロだ。そういえば昭和が描いた未来像は、みんな曲線で構成されていたような気がする

山頂駅へ。

　山頂駅からは10分ほどの登りで宝登山山頂だが、その前に宝登山神社奥宮でお参りをしていこう。ここは日本武尊東征にゆかりのある神社で、この山で猛火に迫られた日本武尊を大きなイヌが守ってくれたのだとか。そんなことから、この神社の神使は三峰神社や御嶽神社と同様にオオカミ。秩父多摩にはオオカミに縁のある神社が多い。

　宝登山の標高は４９７ｍと控えめだが、眼下に秩父盆地が広がり、その先に奥秩父の山々がよく見渡せる。とくに奥に広がる両神山の山容が印象深い。

　下山は徒歩で。最初こそ登山道だがす

宝登山神社奥宮の眷属（けんぞく）はオオカミ。口から大きく飛び出した牙が迫力だ。宝登山では「お犬様」と呼び、毎月決まった日にお米を炊きあげてお供えするそうだ

ぐに広い砂利道に変わるので不安はない。

山麓駅まで下りてきたら、その先で往路とは道を分ける細い道に入る。往路がいかにも参道だったのに対し、こちらは完全な生活道。周囲には民家や田畑が続く。やがて車道に出たら右折。道なりに進めば再び長瀞の流れに出るが、その手前にあるのが「埼玉県立自然の博物館」。県内唯一の総合自然博物館で、とくに地質に関する展示が豊富だ。

そして、ここから今回の裏テーマ。

平賀源内という人物をご存じだろうか。江戸時代中期に活躍した人物で、地質学者や蘭学者などさまざまな肩書きを持つが、なかでも発明家としてよく知られて

いる。「エレキテル」と呼ばれる静電気発生装置の発明（実際にはオランダ製のそれを修理、らしい）がよく知られているが、僕が気になったのは彼のもうひとつの発明だ。

それは「火浣布《かかんぷ》」という燃えない布。燃えない布とはいったい？と思うが、その正体は石綿。昔、理科の実験で使った石綿金網のあれだ。彼は石綿をこの地で見つけ、それを繊維化することに成功したのだった。彼が発見した石綿は地質学的にはクリソタイルと呼ばれ、蛇紋岩という鉱物に含まれている。そしてその蛇紋岩が露頭している場所がこの近くにあるのだ。天然の石綿。これはちょっと見つけたい。

そこでまずは博物館で現物を確認し、そのうえで現地へ向かう。曲がりくねった旧道を伝って荒川の上流部へ。川沿いを歩いて、やがて栗谷瀬橋という大きな橋のたもとにそれはあった。あっさり発見できたのには理由がある。だってそこには「蛇紋岩露頭」と書かれた標柱がしっかり打ち込まれていたんだもん。

そこで「おお、これが！」といいたいところなのだが、どうも今ひとつ確信が持てない。博物館で確認したとはいえ、石の形状はすべて異なるし、周囲にはほかの石も転がっている。あれこれと検分し、ようやくこれだろうというものを独断で同定して、その肌触りを確認。たしかに石に混じっている白い部分は爪で簡単に削ることができた。

蛇紋岩露頭地にて、「これに違いない！」と目星をつけたのがこの岩。筋状に入っているのがクリソタイル、つまり石綿であろうと判断。さて真実はいかに

しかし、この火浣布製の服。仮に実用化されても健康には滅茶苦茶悪かっただろうなというのは、アスベスト（石綿）の有害性を知る僕たちにはいわずもがな。残念。これにて平賀源内ごっこは終了だ。

DATA

⦿モデルプラン：秩父鉄道長瀞駅→岩畳→宝登山→埼玉県立自然の博物館→蛇紋岩露頭→秩父鉄道親鼻駅
⦿歩行距離：約10km
⦿歩行時間：約3時間半
⦿アクセス：起点の長瀞駅へは、池袋駅から東武東上線、秩父鉄道を乗り継いで約2時間。終点の親鼻駅からは、秩父鉄道、東武東上線を乗り継いで池袋駅まで約2時間10分
⦿立ち寄りスポット情報：岩畳＝長瀞町長瀞。宝登山ロープウェイ＝長瀞町長瀞1766-1。✆0494-66-0258。9:40～17:00(季節により変更あり)。埼玉県立自然の博物館＝長瀞町長瀞1417-1。✆0494-66-0404。9:00～16:30(7、8月は～17:00)。月曜(祝日、7、8月のぞく)、年末年始休(臨時休館あり)。蛇紋岩露頭地＝荒川栗谷瀬橋のたもと
(2019年11月探訪)

手賀沼《てがぬま》

田園風景を眺めつつ、広大な沼の傍らを横断する

千葉県

関東地方の地図を開くと、東側には霞ヶ浦や印旛沼といった、平地に水を湛える湖や沼が多いことがわかる。いっぽうの西側には、標高の高いところに位置する山上湖や治水目的で造られたダム湖が多い。後者の湖は山歩きの途上にあったりしてよく目にするのだが、平地にある大きな湖や沼というのは意外と行く機会が少ない。平地にあるということは、人の暮らしとの距離も近いだろう。そんな様子を目にしてみたくなり、千葉県の手賀沼周辺を歩いてみることにした。

スタート地点はJR成田線の湖北駅。駅から湖北台中央公園に沿う道を南下していくと、やがて眼前に広大な田畑が現れてちょっと驚く。しかし、それに臆せず田んぼのなかの道をさらに行くと、ぶつかるのが手賀川だ。

湖北駅から手賀沼を目指して歩いていくと、途中から周囲に広大な田畑が現れた。このあたりも昔は手賀沼の一部で、つまり大規模な干拓事業によって生まれた土地らしい

現在、手賀沼はこの手賀川を介してやや南側に位置する下手賀沼とつながっているが、実はこのあたりは昔みんな手賀沼の一部だったそうで、当時の手賀沼はひらがなの「つ」の字型をしていたのだとか。それが度重なる干拓事業によって次々に耕作地に変えられて、現在の形になったそうだ。たしかにそういわれてみると、手賀沼の周りには「〇〇新田」という地名がやたらと多い。こういった場所は、もともとは手賀沼の一部だったのだろう。

手賀川に出たら川沿いを西に向かえば、すぐに手賀沼と手賀川を隔てる手賀曙橋だ。ここからは沼の南岸に沿って歩いて

手賀沼にもほど近い農村地帯の一画に建つ、一見なんということもない茅葺き屋根の古民家。実はこれが、現存するものとしては関東地方最古といわれるギリシャ正教の教会なのだった

いくのだが、近くにちょっと気になるスポットがあるので寄ってみる。

道筋は逆になってしまうのだが、片道20分ほどかけて東へ向かう。農家が点在するなかに現れたそれは、一見ただの茅葺きの民家だが、これがなにかというと、実は首都圏に現存するものとしては最古のギリシャ正教の教会なのだ。1873（明治6）年に信仰の自由が保障されてから遅れること9年。1882（明治15）年に旧手賀教会堂と呼ばれるこの礼拝堂は建てられたという。

布教というとつい街中の辻説法みたいなのをイメージしてしまうが、こういった農村部でもしっかりその活動は行われ

親水公園としてすっかり整備されている手賀沼の畔だが、ときおりこんな懐かしい光景に出会うことができる。水辺にはさまざまな野鳥が飛来していた

ていたのだな。ちなみにこの日は平日だったため外観を眺めるのみだったが、週末には内部も見学できるとのこと。

さて再び手賀沼の畔へ。先ほどの手賀曙橋から手賀沼横断の開始だ。サイクリストやランナー、そしてもちろん歩行者のための専用道路が整備されていて、快適に歩くことができる。季節は晩秋とあって湖岸のヨシも適度に立ち枯れ、その周囲をさまざまな野鳥が舞っているのが見える。お馴染みのサギやハクチョウ、カワウにカワセミ。そして僕が判別できないさまざまな水鳥たち。あの鳥たちの名前を全部いえたら、さぞかし気持ちいいだろうな。

さてさて。鳥を見たら次は魚といきたいところである。手賀沼はもともと淡水魚の豊富な沼で、周囲には今もウナギをはじめ川魚料理の店が点在する。元釣り少年にとって、手賀沼はちょっとした憧れでもあった。釣り人はいるかな。どんな魚を釣っているかなと期待しながら歩いていたのだが、残念ながらこの日は木枯らし一号が吹くかもと予報が出ていたほど風の強い日。さすがに釣り糸を垂らしている人は皆無だった。実は僕もリュックに釣り竿を忍ばせていたのだが、結局出番はなし。

手賀沼の半ばまで歩いたところで手賀大橋を渡って対岸へ。今度は畔からちょっと入った「ハケの道」を歩いてみる。これは我孫子高校からさらに一本北上したところにある道で、ハケというのは台地の末端にあたる崖を指す地形のこと。その名の通り、クルマ一台ぶんがやっとという道がウネウネと崖下沿いに続いていて、ところどころ崖からにじみ出てくる湧水も確認できる。

この界隈は大正時代を中心に志賀直哉や武者小路実篤ら、白樺派の文人が居を構えていたことでも知られ、今でも旧居跡が一部残されている。解説板によると、当時彼らは2㎞ほど離れていたお互いの家に通うために、小舟を操って手賀沼を移動していたというから、これはなんだか楽しそうな話ではないか。

手賀沼と台地の狭間をつなぐ、「ハケの道」に足を踏み入れた。台地の末端に沿って曲がりくねりながら続く細道は、歩いて旅をするにはまさにうってつけの場所だった

周囲にはまだ里山風景が残されており、それが夕陽を反射して黄金色に輝く手賀沼とも相まってなんとも美しい。そんな風景のなかをひとり歩き、やがて車道に出たところで北上すれば、ゴールのＪＲ北柏駅へはあと少しだ。

DATA

⦿モデルプラン：JR成田線湖北駅→手賀曙橋→旧手賀教会堂→手賀沼湖畔→手賀大橋→ハケの道→JR常磐線北柏駅
⦿歩行距離：約15.5km
⦿歩行時間：約5時間
⦿アクセス：起点の湖北駅へは、東京駅から常磐線、成田線を乗り継いで約1時間。終点の北柏駅からはJR常磐線で上野駅まで約50分
⦿立ち寄りスポット情報：旧手賀教会堂＝柏市手賀666-2。℡04-7191-7414(柏市生涯学習部文化課)。志賀直哉邸跡＝我孫子市緑2-7。年末年始をのぞく土日の10:00～14:00のみ公開(雨天中止)
(2019年11月探訪)

【それから】旧手賀教会堂は2020（令和2）年に保存修理工事が行われ、現在は月曜をのぞく平日の10～16時も見学できるようになった

みぬまつうせんぼり

見沼通船堀

埼玉県

干拓によってできた農地と、そこに作られた最先端運河の痕跡

埼玉県のさいたま市と川口市の境目、JR武蔵野線の東浦和駅から東川口駅の間あたりには、今も広大な農地が広がっていてちょっと驚かされる。浦和にしろ川口にしろ、現在では都心至近のベッドタウンとして人気の街のはずなのに、ここにこんな場所が残っていようとは……。

この場所こそが、誰しも名前くらいは耳にしたことがあるかもしれない「見沼田んぼ」だ。その広さはおよそ1260ヘクタール。近年、実際には田んぼ自体は激減してしまっているが、周囲には国の史跡にも指定されている見沼通船堀や、さまざまな野鳥が飛来する池など、見どころも点在している。この見沼田んぼ界隈をのんびり歩いてみよう。

スタートするのは東浦和駅。ここから5分ほど歩いて見沼代用水西縁を渡れば、いきな

見沼通船堀に至る竹林には木道が整備されていた。竹は通船堀脇の斜面に植えられていたので、もしかしたら、竹が根を張ることで水路の維持に一役かっているのかもしれない

り見沼通船堀の遺構が現れる。これは江戸時代に築かれた閘門《こうもん》式の運河で、江戸に年貢米などの物資を運ぶ芝川と、その東西に並走している二本の用水路間に船を通すために造られた。

といっても芝川と用水路には3mほどの水位差があったそうで、ただ単に運河を掘っただけでは往来は無理。そこで閘門式、つまり途中にいくつかの関を設け、それによって水位を上下させながら船を移動させたのだという。

この方式は太平洋とカリブ海を結ぶパナマ運河でも用いられていて、しかもこちらのほうが180年も前に完成させていたのだそうだ。もちろんその規模はま

再建された見沼通船堀。通船堀の機能もさることながら、現在のように陸路の大量輸送が普及するまで、日本の物流は水運に頼っていたのだなあと、あらためて納得する

るで違うのではあるけれど。

実際に使用されていたのは昭和の初めまでとのことだが、近年になって復元整備が行われている。通常は水がちょろちょろと流れる小さな小川といった趣だが、年に一度は実際にこの通船堀を用いて船を通す実演も行われているので、そのときには歴史を感じさせる姿を見せてくれるのだろう。

ちなみに近くの街道沿いには、通船堀の差配役を任じられた鈴木家の住宅も当時のまま現存しており、内部は非公開だがこちらもなかなかの風格だ。

通船堀沿いを東に向かうとやがて芝川と合流。ここを船が出入りしていたわけだ。さらに対岸に渡ると今度は見沼代用水東縁へ向かって通船堀は続く。東縁との合流地点には「木曽呂の富士塚」と呼ばれる、直径20m、高さ5mほどの富士塚が現れる。これも国の有形民俗文化財に指定されており、螺旋状の道を登って頂上を目指すこともできる。実際に登ってみたところ、予想以上にヤブカが多くて難儀したので、夏は虫よけを用意したほうがいいだろう。

さて、そこからは東縁沿いを北上していく。沿道には大きな農園から、趣味の家庭菜園のような小さな畑までいくつもあり、人々が畑仕事に精を出している。やがて武蔵野線のガードをくぐってしばらく行くと、左手に小径が分かれていたので突入。その先には大きな池が広がっていた。いや、池というとなんだか井の頭公園の池のように整備されたものをイメージしてしまうが、この池は周囲をヨシ原に囲まれた野生状態。水鳥が気持ちよさそうに羽を休めている。これは芝川第一調整池と呼ばれる池で、芝川の治水目的で造られているらしい。現在も整備は続いているようで、遠くには重機が動いているのが見えた。

そもそもこの見沼田んぼ、昔は延々と湿地帯が広がっていたそうだ。徳川家康の命によって、江戸湾に流れていた利根川を銚子方面へと流域を変えたところ、逆に水不足に陥る土地が発生。それを解消するために、この地に見沼溜井と呼ばれる溜め池を造成したのだが、やがてその溜め池も土砂の堆積などで貯水力が次第に低下。そこで今度は干拓することで広大な農地を現出させたという歴史を持っている。そして現代。そこに新たに調整池を造るとは。こういうのを歴史は繰り返す、っていうんだったっけ？

調整池のほとりをぐるりと半周ほど歩き、そこから北へ向かったところにあるのが「浦和くらしの博物館民家園」。ここは、それほど規模は大きくはないが、かつての浦和に建てられていた古い民家などを移築しており、落ち着いた佇まいを見せている。

周囲には小動物園を併設している大崎

芝川第一調整池と呼ばれる広大な池と湿地帯。本来の目的が芝川の氾濫を防ぐための治水だとすると、これからもこの野性味あふれる景観を維持し続けるのだろうか

ゴールは「浦和くらしの博物館民家園」。浦和は中山道の宿場町でもあったせいか古い住居が残っており、それらがここに移築されてきた。写真は江戸後期の建築とされる旧武笠家の長屋門

公園や園芸植物園、見沼ヘルシーランドと呼ばれる入浴施設もあって、そこでは飲食も可能。旅を切り上げるのはこのあたりがうってつけだろう。ここからはJR浦和駅、東浦和駅、東川口駅へもバスでアクセスできる。

DATA

⊙モデルプラン：JR武蔵野線東浦和駅→見沼通船堀→鈴木家住宅→木曽呂富士塚→浦和くらしの博物館民家園→JR高崎線浦和駅
⊙歩行距離：約4.5km
⊙歩行時間：約1時間半
⊙アクセス：起点の東浦和駅へは上野駅から京浜東北線、武蔵野線を乗り継いで約40分。終点の浦和駅へは念仏橋バス停からバスで約20分。そこからJR高崎線または宇都宮線で上野駅まで約20分
⊙立ち寄りスポット情報：見沼通船堀＝さいたま市緑区大字大間木123。☏048-829-1725（さいたま市文化財保護課）。浦和くらしの博物館民家園＝さいたま市緑区下山口新田1179-1。☏048-878-5025。9:00～16:30。月曜（祝日の場合翌日）、年末年始休（2019年9月探訪）

【それから】見沼通船堀の差配役だった鈴木家では、年末年始をのぞく土日の10～16時まで敷地内の米倉と納屋が公開されるようになった

黒目川全遡行《くろめかわぜんそこう》

関東平野を流れる清冽な川を歩いて辿って源流へ

埼玉県
東京都

黒目川は、埼玉県を流れる荒川支流である新河岸川の、さらに支流にあたる小さな川だ。源流は東京都東久留米市の「さいかち窪」。つまり東京都から埼玉県に向かって流れ出す川ということになる。さいかち窪をはじめとして黒目川流域には湧水地がいくつも存在し、おかげで住宅街を流れる川でありながら驚くほど清冽な水質、水量を維持している。

オイカワやウグイといった清流を泳ぐ魚が多く生息し、ときにはアユの姿を見かけることもあるという。もちろんそんな魚たちをエサにする水鳥の姿も多い。

そしてこれはちょっと都市伝説じみた話なのだが、ここではイワナやヤマメといった渓流魚が釣れることもあるという。いくら水質が良好とはいっても、しょせん関東平野のど真ん中を流れる川。水温を考えればいくらなんでも眉唾じゃないのかなあとも思ってしま

新河岸川（左）と黒目川（右）の合流点。下流側に架かるのは和光富士見バイパスの朝霞大橋。川面をのぞきこむと乱杭の上で甲羅干しをしていたカメが慌てて水中に没し、水面に大きな波紋を残した

うが、実は黒目川が合流する新河岸川の少し上流近くにはこういった渓流魚を釣らせる管理釣り場がある。そこから脱走したイワナたちが、新河岸川より水質が良好でなおかつ湧水が豊富な黒目川へ逃げ込んできて、それが結果として釣り人のハリにかかるというシナリオも、あながちない話ではないのかもしれない。

このようになんだか気になる黒目川なのだが、源流から新河岸川合流部までの総延長がおよそ17㎞と知ったとき、思わず「ウムム」となってしまった。都心からほど近い場所でなおかつ源流まで17㎞。これはひょっとしたら半日徒歩旅行で全遡行可能なのではないか。もしかしたら

途中では渓流魚を目撃しちゃったりして。そんな都合のいい想像にも惹かれつつ、梅雨明け間もない夏のある日、黒目川と新河岸川の合流点に足を踏み入れた。

東武東上線の朝霞台駅からなるべく黒目川を目にしない経路を選んで合流点に到着。おかげで新鮮な気持ちで黒目川と対峙することができた。想像していたよりふたつの川の大きさには差がない。黒目川より倍以上の総延長を有する新河岸川にくらべてもさほど遜色ないということは、黒目川にはそれだけ湧水が多いということだろうか。

さて源流に向けて出発である。川沿いは遊歩道として整備されているので足元に不安はない。不安はないがちょっとした異変に気づいてしまった。川沿いのヨシ原がことごとく川下に向かってなぎ倒されているのである。近年はゲリラ豪雨も珍しくないので、近い過去に増水でもしたんだろうと思いながら歩いていくと、今度は遊歩道上にさまざまな魚が打ち上げられている。モツゴやハゼのような小魚から50㎝はありそうなコイ。塩焼きにちょうどよさそうなサイズのアユ。さらにはなんと少し小さめながらスズキまで現れた。海水魚のスズキがこのあたりまで遡上するという話は聞いていたが本当だったんだな。

そしてそこで思い出した。そういえば昨晩のニュースが埼玉県南部で1時間に100㎜を越える記録的短時間大雨情報を報じていたのだ。それはこの一帯をも襲ったのだろう。

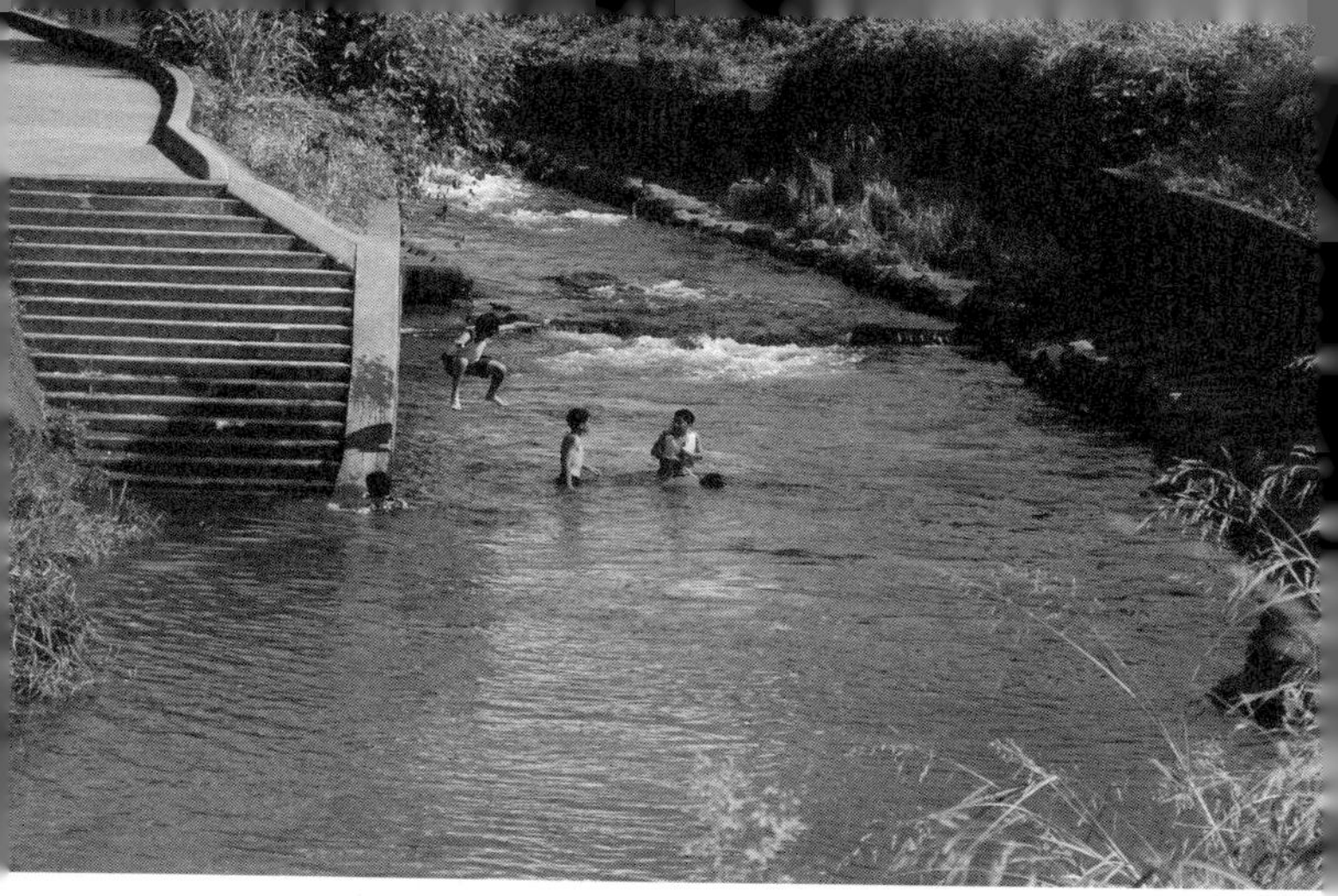

川面に向かうスロープが設けられているところでは、子どもたちが縁から飛び込んだり、玉網片手に川底の生き物を捕まえたりと夏休みを満喫していた。僕もこんな少年時代を過ごしてみたかった

一気に増えた水はヨシ原を倒し、魚たちをここに置いてきぼりにして去ったということか。打ち上げられてまださほど時間が経っていないのだろう。腐敗臭は感じない。もしかしたら、強烈な夏の日差しがいきなり干物状態にしてしまったのかもしれないが。

しかし昨晩のそんな暴れっぷりはウソのように、この日の黒目川は穏やか。川底の玉砂利もくっきり見えて美しい。子どもと一緒に川遊びをするお父さんや、膝まで川に立ち込む釣り人が気持ちよさそうだ。この日も例によって気温は35℃を越えているので、どうせ遊ぶなら川沿いを歩くより川に入ったほうが正解だな。

やがて川越街道をくぐるあたりで朝霞市から新座市へ。水は相変わらずきれいだが、川岸に鋼板による護岸が目立ってくるのがちょっと残念だ。思えば先ほどまでの川の様子ももともとそうだったのではなく、親水化改修工事で整備されたものなのかもしれない。

やがて左岸に既視感のある風景が見えてきた。352頁で紹介した「飛び地『西大泉町』」のときにも立ち寄った妙音沢特別緑地保全区だ。そうだった。サワガニも生息するという妙音沢の水も黒目川に流れ込んでいたのだ。

新座は武蔵野の面影を今も残すといわれており、たしかに周囲には畑や森が広がっている。日差しは相変わらずの灼熱だが、そんなところを流れてくる風が気持ちいい。

関越自動車道の下を抜けてしばらくすると、今度は東久留米市に入る。周囲には次第に住宅街が迫ってきて、そのせいだろう、川の両側が金網で遮られるようになる。それでもコイやカモにエサをあげるご年配や、フライフィッシングを楽しむ若者もいて、ここでも川と人との関係性は近しいようだ。

やがて川の右岸からは落合川が流入してくる。この川沿いもまた豊富な湧水群に恵まれ、2008(平成20)年には環境省による「平成の名水百選」に都内で唯一選ばれている。

この先、所沢街道を横断するところで一瞬川筋を見失うが、そのまま道なりに進めば再

源流まではあと少し。さすがにここまで来ると黒目川の流れも細々としたものになる。この林を抜ければその先には新青梅街道。黒目川はその下を暗渠で抜けて、水源地・さいかち窪へ至る

会。黒目川は下里氷川神社の敷地をぐるりと回り込んで西へ。

このあたりからは川沿いを辿る遊歩道がしっかり整備されて川面もずいぶん近く感じるが、さすがに水量は少なくなってすでに小川状態だ。

日が西に傾きかけたころ、新青梅街道を渡ればその向こうは広大な小平霊園。そしてその一角に、黒目川の源流にあたるさいかち窪がある。源流域とはいってもも水がポタポタと滴り落ちているというわけではなく、その名の通りに一帯が窪地の森になっていて、年に数えるほど水面が現出するのだという。

昨晩のゲリラ豪雨もこのあたりにはそ

この日、さいかち窪の水源地と思われる場所には水はなかった。さいかち窪は、あえて人の手を加えないまま維持されており、ちょっとした森のような状態だ。踏み跡を頼りに奥へ進む

れほど影響はなかったのか、この日は水は確認できなかったが、それでも一日で一本の川をすべて遡行した満足感には曇りはない。さいかち窪内に延びる踏み跡を辿れば、急に視界が開けて小平霊園の墓地区画に飛び出した。ここからは西武新宿線の小平駅まで最後のひと頑張りだ。

DATA

⦿モデルプラン：東武東上線朝霞台駅（またはJR武蔵野線北朝霞駅）→黒目川分流点→東武東上線ガード下→川越街道ガード下→妙音沢特別緑地保全区→落合川分流部→さいかち窪→西武新宿線小平駅
⦿歩行距離：約21km
⦿歩行時間：5時間
⦿アクセス：起点の朝霞台駅へは池袋駅から東武東上線急行で約15分。終点の小平駅からは西武新宿線急行で高田馬場駅、西武新宿駅へ約25分
（2024年8月探訪）

第9章 島へ渡る徒歩旅行

島への旅。なんとも心そそられる言葉。
そして半日徒歩旅行でもできる島旅はある。
船に乗り、岸辺に沿って島を巡ってみよう。

神奈川県の猿島は、横須賀の港からわずか10分ほどの船旅で辿り着ける無人島だ。船上から少しずつ大きくなるその島影を眺めるごとに、高揚感が高まるのが自分でもわかる

神奈川県

猿島《さるしま》

近現代史の荒波をかぶった、東京湾口の無人島へ

島旅が好きで、伊豆諸島はおおかた訪ねているし、小笠原諸島も行っている。ある意味小笠原より難易度が高いともいえる、伊豆諸島先端の青ヶ島でキャンプもした。それなのに、ああそれなのに。くらべたら全然お気楽に行けるのに、いまだに訪れたことのない島があった。神奈川県の猿島だ。いつでも行けると思うとなかなか行かないという好例だ。これからは、そんな場所もひとつひとつ拾っていくことにしよう。

猿島の最寄り駅は京浜急行の横須賀中央駅。ここから三笠公園を目指すこと約15分。公園のすぐ脇に、猿島行き連絡船の発着桟橋はある。朝8時半から夕方4時半まで、船は1時間に1本の割合で運航している。たかだか片道10分の航路なのに、乗船券が1400円（2019年当時）というのはちょっと高くはないかと思ってしまったが、よく見ればこ

猿島航路には何隻かの船が就航しているが、このとき乗ったのは2014（平成26）年に就航した『シーフレンドZero』号。オープンデッキからの視界も良好で、猿島がよく見渡せる

れは往復のチケット。猿島は日帰りでしか訪ねることができないので、片道切符というのは必要ないのだろう。

やがて船が出航し、みるみる猿島が近づいてくる。途中、海上にいくつか棒が突き立てられているのは、暗礁の注意喚起のためだろうか。島の右手には定置網のようなものが見えたので、尋ねてみるとあれは網ではなくワカメの養殖施設とのこと。ここのワカメは猿島ワカメ、あるいは走水（対岸の地名）ワカメとしてブランド化されているそうだ。

細長い桟橋を渡って島に上陸したら、さっそく島内を一周する。この島は周囲1・6㎞という小ささなので、あわてる

猿島には要塞跡が数多く残る。古くは江戸幕府による台場、そして明治以降は猿島砲台が築造された。苔むして今も残るその姿は、まさに「兵どもが夢の跡」を彷彿とさせる

必要はない。管理事務所脇を回り込んで坂道を登っていくと、いきなり見上げるような切り通しが現れる。当初は素掘りの切り通しだったが、それが次第に石積みやレンガ積みに変わっていく。

これは明治以降、帝都防衛のために要塞化される際に築かれたもので、周囲には弾薬庫や兵舎、司令部などの遺構も数多く残されている。柵が設けられていて内部には入れないのが残念だが、やはり経年劣化による崩落の危険があるのだろうか。

切り通しの先には、レンガ積みの長いトンネルが現れる。このトンネルは日本でも有数の古いものだそうで、しかもそ

の工法はフランス積みと呼ばれるもので、近年ではちょっとレアな積みかただ。

ここは長くて薄暗く、カップルで来ると絶好の手つなぎポイントとなることから、別名・愛のトンネルなどとも呼ばれているそうだが、おじさんひとり旅にはまったく関係のない話である。

この先で右側からの切り通しと合流して、さらにもうひとつトンネルを越えると、島の最奥に位置する日蓮洞窟へ至る。途中にはいくつかコンクリート製の円形構造物が現れるが、これらはすべて砲台陣地だったそうだ。大平洋戦争時はここに高射砲を設置し、東京湾や上空に睨みを利かせていたのだろう。

島内にいくつも残されている、円形のコンクリート製構構造物は砲台の跡。砲台そのものは残っていないが、固定用に穿たれたと思われるいくつもの穴が生々しい

海岸線を下ったところにある日蓮洞窟からは、弥生式土器が発掘されており、当時もこの島に人が暮らしていたことを示している。ちなみに日蓮洞窟という名前は、日蓮上人が房総半島から鎌倉へ航海しようとした際に悪天候で猿島に漂着、この穴に避難したという話に基づいているそうだ。そもそもこの猿島という名前も、上人の遭難時に白い猿が現れて、島内へ案内したという逸話からつけられたのだとか。残念ながらこの洞窟も現在は内部には入れない。

そこからは再び来た道を登り返し、切り通しと並走する小径を歩いて桟橋に戻る。途中にある広場からは、東京湾を航行するあまたの船、房総半島、そして明治時代に要塞島として人工的に造られた島である第一海堡、第二海堡も視認できる。今立っている広場にも、幕末には大砲が据えられていたというのだから、当時の東京湾はいったいどれだけ物騒だったことか。

この島を出る最後の船は午後5時（夏期）。たとえ野宿であってもこの島で宿泊することは許されていないので、訪島者は遅くともこの最終便には乗らなくてはならない。しかし、ときには酔っ払って寝過ごすような人はいないのかなと思っていたら、桟橋脇に「最終便に乗り遅れた方へ」という注意書きがあったので、皆無ではないらしい。しかもその

猿島では、事前に予約すればバーベキュー機材のレンタルも可能だ。ただし、ご覧のように島の上空ではトビが虎視眈々と狙っている。トンビにアブラゲならぬ、焼肉をさらわれぬように要注意

後には朱書きで、「別途料金を申し受けます」と若干キツめに記されていたので、くれぐれも乗り損ねることのないように。

DATA

⦿モデルプラン：猿島桟橋→切り通し→レンガ造りのトンネル→日蓮洞窟→砲台跡→砂浜→猿島桟橋
⦿歩行距離：約1.5km
⦿歩行時間：約1時間
⦿アクセス：起点の京浜急行横須賀中央駅へは、品川駅から京浜急行本線で約45分。そこから三笠桟橋まで徒歩約15分。三笠桟橋から猿島へは船で約10分
⦿立ち寄りスポット情報：猿島行きの船および島に関する問い合わせ＝横須賀市小川町27-16。☏046-825-7144（トライアングル）
（2019年5月探訪）

妙見島《みょうけんじま》

千葉県との県境、川の上に浮かぶ島を目指して

東京都

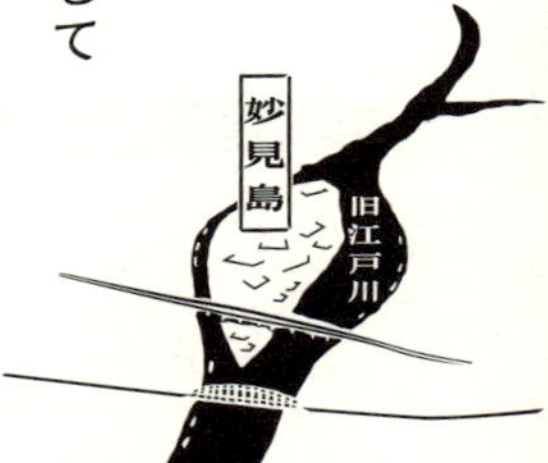

東京都の妙見島と聞いても、一瞬どこだ?と思ってしまうかもしれない。伊豆諸島にはそんな名前の島はないし、東京湾の埋め立て地にもない。この島があるのは海ではなく川。旧江戸川に存在する島なのだ。もともとは、上流から流れてきた砂が溜まってできた中州にすぎなかったこの島。中州だけあって、そのままでは川の流れ次第で上流に行ったり下流に移動したりと、まさにさまよえる島だったものを、全周をコンクリートで護岸、現在の位置に落ち着かせたのだ。

この島を訪れるのに船に乗る必要はない。島の上を橋が渡っていて、橋の途中から階段で下りられるのだ。階段で訪ねることができる、ちょっと変わった島を目指してみよう。

起点となるのは東京メトロ東西線の浦安駅。駅を出たら永代通りを西に向かって歩いて

浦安橋から妙見島の東岸を望む。背の高い防潮堤が延々と張り巡らされているのがわかる。このときは耐震補強工事も行われていて、なおさら物々しい雰囲気だった

いけば、目指す浦安橋はすぐだ。妙見島があるためなのかはわからないが、浦安橋は緩やかなアーチを描いていて、橋の中央までは登り基調だ。

通るのはクルマばかりかと思っていたら、意外にも歩行者や自転車が多い。あらためて地図で周囲を確認してみると、この上下流ともにあまり橋がない。地元の人にとっても貴重な生活橋なのだと実感する。

やがて妙見島への下り口となる階段が現れたのでそこから島へ上陸。「上陸」なのに「下りる」というのもなんだか変だが、実際そうなのでしかたがない。

妙見島は南北に700m、東西はわず

島の北端までやってくると、プレジャーボートを多数陸揚げしたマリンクラブが現れた。そしてその向かいには、食品メーカーの大型タンクがズラリと並んでいた

か200mほどの小さな島だ。階段から眺める島の様子は、さまざまな工場が建ち並び、周囲はコンクリートの防潮堤で囲まれていて、長崎県の軍艦島をちょっと彷彿とさせる。もともとが中州だっただけあり、島の形状自体も上下に延びた船の形をしているのだ。

島に入ってまずは、東側の防潮堤沿いに北へ向かってみる。島歩きというと普通は水面を眺めながらとなるのだが、ここはゆうに2m以上はあろうかという防潮堤に視界を遮られているので、殺風景なことこのうえない。さらに島の車道には、ダンプがわんさか走っているのにもびっくりだ。こんな小さな島になぜと思ったのだが、後ほど理由は判明。ここにはどうやら産業廃棄物関連の会社があるようで、ダンプはみなそこを目指していたのだった。

　島の北端に近づくと、たくさんのプレジャーボートが陸揚げされているマリンクラブが現れて、ようやく島らしい趣が出てくる。マリンクラブの向かいには赤い鳥居があり、小さな祠が祀られている。鳥居には妙見神社と掲げられていたので、島の名もここから取られたものかもしれない。

　その先には屋上に球状のタンクが載った会社があり、タンクには「月島食品」の名が。調べてみると、この会社はマー

トラックがせわしなく走り回る島内の片隅に、「妙見神社」と書かれた赤い鳥居が建ち、その奥には古い木造の祠が。お酒とサカキの葉が供えられていた

ガリンやショートニングをはじめとする食用油脂のメーカー。さらに進もうとしたが、その先は社有地のようで関係者以外は立入禁止になっている。奥にあるのはどうやら社員寮のよう。この島にもちゃんと人は住んでいるんだな。

島の北を攻めたあとは南へ転進。来た道を戻って浦安橋の南側へ下ると、いきなり現れたのがラブホテルだ。なんでこんなところにとも思ったが、冷静に考えると「島にあるホテル」というのは、なんだかロマンチックかもしれない。その隣りに並ぶのが釣り船屋というのも、情緒があるようなないような。

ラブホテルより南はまたもや私有地で入れない。ならば最後に残されたのは島の西側だと、再び北上を試みる。こちらも川辺は防潮堤に覆われて視界はなし。さらには内陸側も高い壁に囲まれていて、ただただ砂利道が延びているだけだ。ときどき壁の隙間から見える風景は、砂利や砂が山積みにされているばかりで風情はない。

しかし、そんなところにも野良猫がいた。しかも人に慣れているようで、近づいてもまったく逃げる気配がない。傍らに目を向ければ水が入った小皿が置かれていて、どうやら島で働いている人がエサをあげているようだ。さすがにそうでもないと、この島で生きていくのは難しいだろう。工場だらけのこの島にも、そんな人の情感をうかがい知ることが

浦安橋を挟んで島の南側には、釣り船屋とラブホテルが並んで建っていた。工場だらけの島内で、ようやく島の旅らしい？光景に出会えてホッとする

できてちょっとホッとする。
　これで妙見島の歩けるところはすべて歩いた（はず）。帰路は浦安ではなく、反対側の葛西に進路を取ろう。浦安橋を再び渡り、なるべくクルマが通らなそうな路地を辿りつつ葛西駅を目指すことにした。

DATA

⦿モデルプラン：東京メトロ東西線浦安駅→妙見島→東京メトロ東西線葛西駅
⦿歩行距離：約4km
⦿歩行時間：約1時間半
⦿アクセス：起点の浦安駅へは、大手町駅より東京メトロ東西線で約20分。終点の葛西駅からは、東京メトロ東西線で大手町駅へ約15分
⦿立ち寄りスポット情報：妙見島内にコンビニ等はなく、あっても飲み物の自販機程度。島内は意外と交通量が多いので気をつけたい
（2019年11月探訪）

初島《はつしま》

熱海の沖合に浮かぶ小さな島を、海を眺めつつぐるりと一周する

静岡県

初島は熱海の沖合10㎞ほどに浮かぶ小さな島だ。初島へは熱海と伊東から連絡船が出ており、せっかく出かけるのなら伊東から入って熱海に抜けるという縦走プランがいいなと計画を温めていたところ、なんと2019（令和元）年春に伊東航路が休止。これは旅の神様の「旅先はいつまでもおまえの都合を待ってはくれぬぞ」という神託に違いないと解し、あわてて熱海航路で向かうことにした。

熱海駅からバスで熱海港へ。そこに待っていた「イルドバカンス3世号」という、なんだかすごい名前の船に乗り込む。やがて、白くて秀麗な船体は港を回り込むようにして出港。左手に熱海の街並を、右手に山の上の熱海城を眺めながら前方に眼を遣れば、すでに初島はぐんぐんとその大きさを増しながら近づいてくる。

デッキで手すりに体を預けながら島を眺めていると、隣にいた外国人のご夫婦が声をかけてきた。聞けば南アフリカのケープタウンから観光でやってきたそうで、当初は初島を訪れる予定はなかったそうなのだが、熱海から望む初島の姿が故郷から見るロベン島にそっくりなので、思わず船に乗ってしまったとのこと。そのときは「ふーん」程度にしか思わなかったのだが、調べてみるとこのロベン島、あのアパルトヘイト撤廃に尽力し、ノーベル平和賞を受賞したネルソン・マンデラが投獄されていた島で、現在は世界遺産にも登録されているではないか。そうだったのか。南アフリカの人よ、共感できなくてすまんかった。

彼らと話しているうちに早くも船は島に到着。わずか30分ほどの船旅だ。午後一で到着したこともあって、まずはお昼ご飯とばかりに食堂へ入る。港からすぐのところには食堂通りと呼ばれる海沿いの道があって、そこには島の漁師達が営む食堂がずらりと軒を連ねている。品書きに並ぶのはもちろん新鮮な魚貝類だ。なかにはイセエビなんていう豪勢なものもあるが、これをひとりで頼むのはさすがに勇気がいる。結局、刺身定食という凡庸な注文で落ち着いたのだが、このとき隣に座っていた総白髪の老婦人は、「サザエの壺焼きをふたつ」のみという、なんとも男気あふれる発注をしていて、自分の小ささを痛感。

さて、空腹も満たされたところで島を歩きだそう。島の大きさは東西約1km、南北約600mほど。一周4kmほどの周回遊歩道があるので、まさに半日徒歩旅行にはうってつけだ。道もしっかり舗装されている。時計回りに歩き、江戸城の石材を納めることを命じられた西国大名たちの採石場跡や、島の厄介者だった磯内膳という人物が弔われている墓など島の名所を辿っていると、やがてアジアンリゾート風の宿泊施設が現れた。一瞬、ここで遊歩道が分断されてしまうのかと心配したが、もちろんそんなことはなく、受付の前をすり抜けるように島の南側へ小径は続いていく。

初島は熱海の沖合10kmほどに浮かぶ小さな島。バブル時代にはリゾート開発なども盛んに行われたようだが、現在は再び静かな島の雰囲気を取り戻しつつある

港からすぐのところには、島の漁師が営む食堂街「食堂通り」が。軒先の水槽では活魚が泳ぎ、海外からの旅行者がそれらを興味深げにのぞきこんでいた

少し内陸に入ったところに小さな灯台が見えてきた。これが1959（昭和34）年に築かれた初島灯台で、現在は上部まで階段で上がることができる。高さは16mほどだが、もともと建っている場所が高台なので、上からの景色は抜群だ。伊豆七島方面への視界も開けていて、この日見えたのは大島と利島だけだったが、空気が澄んでいる日には神津島や新島、三宅島までもが遠望できるそうだ。

ここからは大きなリゾート施設の足元を抜けるようにして島の西側へ。途中、舗装道を外れて崖を下っていく小さな階段があったので、そちらへ足を向けると辿り着いたのは漁港だった。小さな船がいくつも繋留され、海の向こうには伊豆半島が間近に迫る。この日は初島も伊豆半島も晴天だったが、天城山の頂上にだけは雲がかかっていた。

さてここまで来たら島一周の旅も終わり間近。帰りの船まで少し時間があったので、島唯一の集落を散策する。集落内は細い路地が張り巡らされ、花壇に置かれた大きなサザエの貝殻や、軒先に干された漁網が島の旅情を誘う。

途中、赤いランドセルを背負った女の子と、制服を着た女子中学生が手をつなぐように並びながら下校するのとすれ違う。島唯一の学校、初島小中学校の生徒だろう。現在この学校の児童生徒は、合

島の南側からは伊豆大島が大きく見えた。往きのフェリーで同行した南アフリカ人の観光客に、あの島が活火山であることを教えるとたいそう驚いていた

熱海にもほど近く、多くの観光客が訪れる初島だが、軒先に置かれたこんな背負い籠を見ると、昔ながらの島の暮らしに思いが飛ぶ（写真上）。夕方、漁村内の細い路地を一緒に下校する、島の小学生と中学生（写真左）

わせて10名に満たないそうだ。
　さあ、帰りの便の出航も近い。来るときは港までバスで来たが、帰りは歩きながら駅まで戻ろう。そして、どこかで気持ちのよさそうな温泉を見つけて、ひと風呂浴びてから帰るとしよう。だって熱海だし。

DATA

⊙モデルプラン：JR東海道本線熱海駅→熱海港→初島港→食堂街→江戸城石切り場跡→初島灯台→漁港→初島集落→初島港→熱海港→熱海駅
⊙歩行距離：約4km
⊙歩行時間：約1時間半
⊙アクセス：起終点のJR東海道本線熱海駅へは、東京駅から快速アクティを利用すれば約1時間40分。新幹線を利用すれば約40分。熱海駅から熱海港へはバスで約15分。熱海港から初島へは船で約30分
⊙立ち寄りスポット情報：初島航路＝熱海市和田浜南町6-11。℡0557-81-0541（富士急マリンリゾート）。島の食堂街＝個人経営でそれぞれ不定休。℡0557-67-1400（初島総合観光案内所）（2019年3月探訪）

東京湾奥の人工群島《とうきょうわんおうのじんこうぐんとう》

江戸期から増殖を続ける島々を
アイランド・ホッピング

東京都

東京湾の湾奥にはいくつもの島がある。江戸時代から今日に至るまで、連綿と造り続けられてきた「埋め立て地」という名の人工島群だ。ゴミの埋め立てはもちろん、ある島は国防のため、またある島は浚渫土の処理のために、次から次へと姿を現した数々の島。今回はそんな都心から一番近い島々を巡る、アイランド・ホッピングの旅に出てみよう。

起点はJR新橋駅。江戸時代には東京湾はこの付近まで迫っていて、新橋から日比谷にかけては大きな入り江だった。少し歩いたところにある、汐留なんていう地名はそのいい名残だ。汐留は徳川三代が、全

浜離宮の海側から汐留方面を望む。日頃あまり出向くことのない、汐留エリアの再開発がこんなにも進んでいることに、ちょっと衝撃を受ける。浜離宮の緑地とのギャップが激しい

国の大名に命じて埋め立てさせてできたもの。ちなみに新橋という地名も、当時あった川にかかっていた橋の名が由来らしい。

汐留に来たからには、まずは浜離宮恩賜庭園に行ってみる。道すがらには、今となっては海の面影はまったくない。それどころか首都高と湾岸通り、そして汐留ジャンクションに遮られて、浜離宮へ渡る信号を見つけるのもひと苦労だ。

ようやく現代の難所を越えて浜離宮を訪れる。ここは、もともとは東京湾から海水を引き入れ、潮の干満による風景の変化を楽しむことができた将軍家の回遊式庭園で、出城としての機能も持たせていたらしい。これもまた、かつてはここが海だったころの残滓だ。

明治以降は皇室の離宮となり、戦後、東京都に下賜《かし》された。入ってみてまず思うのは想像以上の広さ。外から眺めているだけではあまりピンとこないが、その面積は25ヘクタール。これは東京ドーム5個分に相当する。将軍家の力、やはり相当なものだったんだな。

浜離宮をあとにして、次に目指すのは築地だ。築地市場が、埋め立

築地の場内市場は豊洲に移転してしまったが、場外市場は今もこの活気。客層が一般の人に絞られたことで、かえって棲み分けが進んだのかもしれない

て地である豊洲に移転するときの騒動はまだ記憶に新しいが、実はこの築地も江戸時代に埋め立ててできた土地。築地という地名自体もそれをよく表している。築地市場が去ったあとも、場外市場はこの地に残り、おかげで今も観光客で大賑わいだ。売られているのは魚貝類はもちろん、寿司屋をはじめ飲食店も多く、観光スポットとしてたくましく生き残っていくのだろう。

築地から佃大橋を渡ればいよいよ本格的な島?である佃島だ。ここはご存じの通り、本能寺の変で危機に陥った徳川家康を助けた大阪佃村の漁民たちが、江戸開府にあたって呼び寄せられた場所。も

佃島には、こんな風情のある佃煮屋がまだ何軒か残っている。白衣に三角巾という、昔ながらの装いをしたおばちゃんが量り売りで包装紙に包んでくれるのが、妙にうれしい

ともとは洲程度の地形だったものを埋め立てて島にした。現在、住所からは「島」が取れて佃になっている。

佃島に来たからには佃煮でしょうということで、一軒の佃煮屋へ。棚に並ぶ佃煮はどれも美味しそうだが、ひときわ目を引いたのがウナギの佃煮。これはいいぞと値段を見ると、こちらもまさにケタ違い。そっと視線をそらして、なじみ深いシラスの佃煮を注文する。

佃島からは、現在は地続きになっている月島へ。こちらは1892（明治25）年に行われた東京湾澪浚《みおさらい》計画と呼ばれる浚渫事業で出た土砂で作られた島。最近はもんじゃ焼きの街としても知られ、街を歩くだけでもどこからか香りが漂ってくる。

月島から黎明橋を渡った先にあるのが晴海だ。こちらも月島同様、浚渫土でできた島。1940（昭和15）年にはここで万国博覧会の開催が決まっていたが、太平洋戦争により中止となった。それ以上に僕たち昭和生まれの男子としては、かつてここにあった国際見本市会場で開催されたスーパーカーショー的なものが懐かしい。

晴海から晴海大橋を渡ると豊洲が目の前に現れる。前述の通り、築地市場の移転先だ。豊洲市場は閉鎖型市場なので、外から眺めているだけではなんのビルなのかサッパリわからないが、唯一、搬入口と思われる場所に数多くのトラック、山のようなトロ箱が積まれ、魚の匂いが漂い流れていた。

豊洲からは富士見橋を渡って有明へ。こちらは有明コロシアムや東京ビッグサイトで馴染みだ。有明アリーナをはじめ、東京五輪・パラリンピック用施設も竣工した。

有明から有明橋を渡ればお台場。そして今回の旅のゴールである台場公園に到着する。ここは幕末に黒船来航の脅威から、いくつか急遽造成された砲台陣地の跡地だ。台場公園はそのうちの第三台場を整備、国の史跡とした。

台場公園の先端に立つと目の前に見えるのが同じく第六台場、さらにもうひとつ並んで

お台場海浜公園の砂浜から、海の向こうに浮かぶ台場公園を眺める。もともとは第三台場。幕末、黒船に対抗する砲台設置のために築かれた人工島だ

見える細長い島は、昭和初期に築かれた防波堤のなれの果てらしい。現在はどちらも上陸禁止になっている。

かくして東京湾群島を巡る旅は、江戸初期に始まり、明治から令和を経て、再び江戸に戻って幕末に回帰したのだ。

DATA

⦿モデルプラン：JR山手線新橋駅→浜離宮恩賜庭園→築地→佃島→月島→晴海→豊洲→有明→台場公園→ゆりかもめお台場海浜公園駅

⦿歩行距離：約11km

⦿歩行時間：約3時間半

⦿アクセス：起点の新橋駅へは、JR東京駅から山手線で約4分。終点のお台場海浜公園駅からは、ゆりかもめで新橋駅へ約15分

⦿立ち寄りスポット情報：浜離宮恩賜庭園＝中央区浜離宮庭園1-1。℡03-3541-0200。9:00～17:00。年末年始休。築地場外市場＝中央区築地4丁目。店により営業時間は異なるが、土日でも飲食店を中心に全体の3分の1ほどは開店。台場公園＝港区台場1-10-1。℡03-5531-0852

（2019年11月探訪）

半日徒歩旅行の心得②

どんなシューズを選ぶか

徒歩旅行に出かけるとき、現在、僕は三足の靴を履き分けている。ひとつはごく普通のスニーカー。ほとんどアスファルトの上しか歩かないようなコースの場合はこれで十分。軽くて歩きやすい。半日だったら背負う荷物もタカが知れているので、足元に負担がかかることもない。

　これと対極にあるのがいわゆるトレランシューズ。山を走ることを前提に作られているのでソールもしっかりしていて、登山道などの不整地を歩き続けても足の裏に負担がかかりにくい。ミッドカットに近いローカットのデザインなので、ある程度足首も保護してくれる。いわゆる「足首グギッ!」をやりにくいのだ。最近では、無雪期でさほど荷物が重くない山歩きでも、これを愛用している。

　最後の一足は、先代のトレランシューズ。二番目に紹介したシューズの前に山でも履いていたやつだ。長いこと履き続けて次第に防水性能が弱くなり、ソールのパターンもすり減ってきて、さすがに山で履くのはちょっと不安があるものの、平地の徒歩旅行ならまだまだいけるといったところだ。実は現在これが一番足に馴染んでいて、履き心地もよかったりする。本書の取材終了とともに御役御免かなとも考えていたが、どうやらまだいけそうだ。もうしばらく履いて、どこかの路上で最期を看取ってやることにしよう。

第10章 唯一の「村」を徒歩旅行

次第にその数を減らしつつある「村」。なかには完全に消滅してしまった県もある。各都県に残った唯一の村を歩いてみよう。

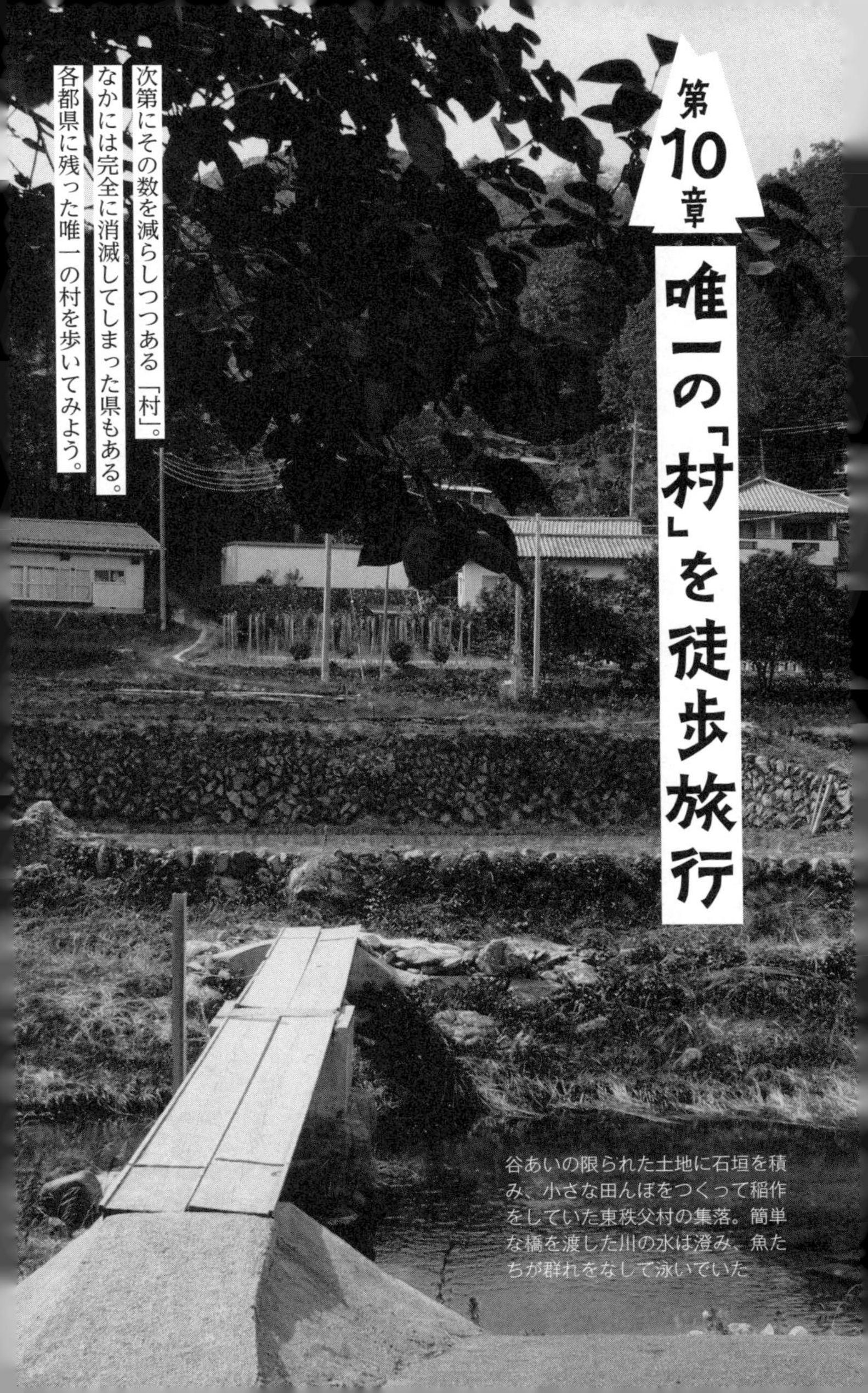

谷あいの限られた土地に石垣を積み、小さな田んぼをつくって稲作をしていた東秩父村の集落。簡単な橋を渡した川の水は澄み、魚たちが群れをなして泳いでいた

千葉県の長生村

ちばけんのちょうせいむら

千葉県

田園風景を眺めつつ、小さな駅から海を目指して村を横断

今は昔。平成の時代に市町村合併の嵐が吹き荒れた。それまで全国各地に存在した歴史ある村々は、ときには周辺の大きな市に吸収され、ときには周囲の町村とひとつになって、聞きなれない名前の市へと変わってしまった。

しかしそんな激動の時代を経てもなお、昔の名のままで存続する村が、東京近郊にもわずかながら残っている。そんな村々を徒歩旅行で訪ねてみよう。

まず訪れたのは千葉県唯一の村である長生村。あまり聞き慣れない名前だが、長生村を含む周囲の5町1村の郡名は長生郡。郡内では人口も一番多いそうだ。それにしても、長生とはなんともめでたい地名。歴史深い地名なのかと思ってちょっと調べたところ、長生村が発足したのは1953（昭和28）年とさほど古い話ではなかった。

長生村から九十九里浜に沿って南下。いつのまにか一宮町に足を踏み入れていた。彼方に見えるのが太東岬だろうか。サーファーがひとり、白波のなかから上がってきた

しかもそのときは高根村、一松村、八積村の三村が合併したそうで、「長」の字も「生」の字も旧村名にはない。一瞬、これは「縁起担ぎ」の地名かとギワクが湧いたのだが、そうではなかった。長生村の名前は長生郡からとられ、その長生郡はといえば、明治時代に「長柄郡」と「上埴生郡」の統合によるものとのことで、ホッとする。平成の大合併のときに生まれた、キラキラネームみたいな由来だったらいきなり出鼻をくじかれるところだった。

千葉市から房総半島を外房線で南下すること小一時間。八積駅という小さな駅が長生村の玄関口だ。外房といえばやはり九十九里浜。海を目指して歩いていこうと思ったところで、駅のホームに名所案内板を発見。そこに書かれていた「虫供養碑」というのが気になり、駅から１００ｍということもあって寄ってみる。

それは高さ２ｍほどの立派な石碑だった。道路側から眺めると何も書かれていないように見えたのだが、じつはこれは裏側で、民家の庭を向いた側が表であった。庭先にちょっと失礼させていただいて表側を拝んでみたものの、彫られた文字は達筆すぎて僕には解読できず。あきらめて脇にあった解説を読む。かいつまむと、この一帯は江戸時代からスズムシをはじめとする鳴く虫の繁殖に成功し、江戸の虫問屋に卸していたのだそうだ。時代

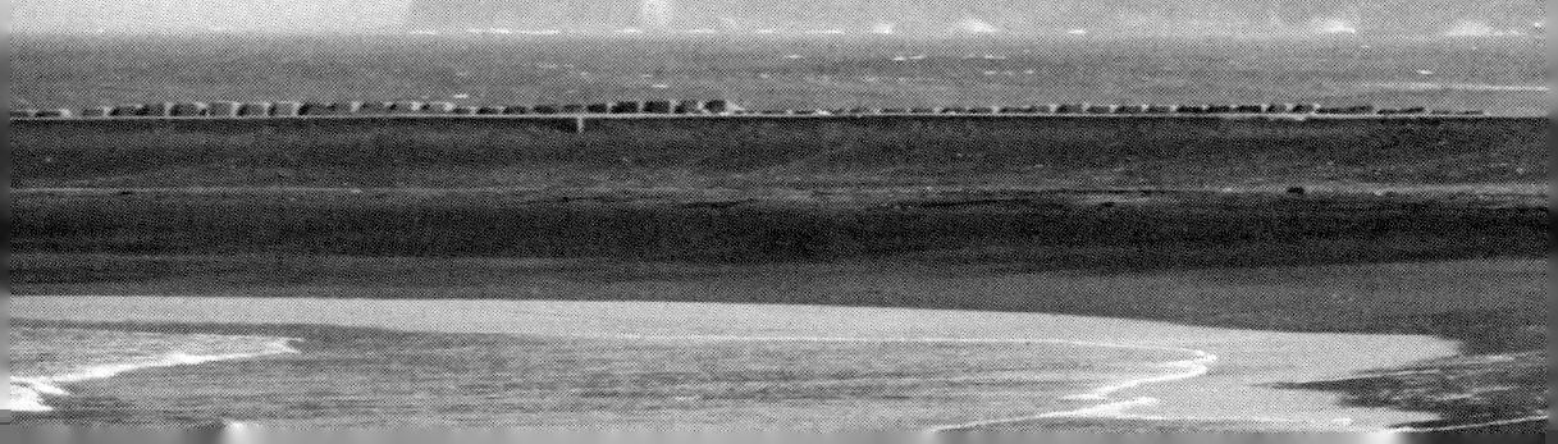

長生村の田んぼでは稲がスクスクと育っていた。海沿いの村ながら、この村の主要産業は農業なのだそうだ。村名をもじってつけた「長生（ながいき）メロン」といったブランドもある

は移り、虫の販売が下火になりかけたときに、東京の問屋と一緒に虫の霊を鎮めるために建てたのがこの石碑だという。家畜や魚はもちろん、虫の霊にまでこうして敬意を表する姿勢、日本人だなあ。

そこから当初の予定通り、海へ向けて進路を東へ。周囲には多くの水田が広がっている。5月下旬だというのに、イネはすでにけっこう生長していて、やはり房総半島は温暖だ。ときどき、田んぼのなかをアイガモが泳いでいるので、アイガモ農法を実践している農家もあるようだ。歴史がありそうなお宅は、海からの潮風対策だろうか、周囲を高い屋敷林で囲ってある。屋敷林の向こうからはウシ

やニワトリの鳴き声が聞こえてきて、なんとものどか。これぞ里山、いや山ではないので里海か。

やがて前方からゴーゴーという海鳴りが響くようになり、海が近いことがわかる。ところがここの地形はちょっと変わっており、浜と並走するように幸治川という川が流れていて、この川を渡らないと海に出られないのだった。そして前方には川を渡るのにうってつけの趣ある木造の橋が……、と思ったらなんとそこには通行禁止の封鎖線。見れば塩分を含んだ川の水のせいか、橋脚はかなり傷んでおり、なかには完全に宙ぶらりん状態の部分も。たしかにいつ崩落するやもしれ

3羽のアイガモが、農道のど真ん中を堂々と散歩していた。長生村ではアイガモを田んぼに放して、雑草（エサ）取りと肥料（糞）散布の一石二鳥をこなすアイガモ農法が盛んだそうだ

ずだ。

　実はこの中瀬大橋には物語がある。それは、明治期にこの地で製材業を営んでいた石井亀吉さんという人のお話。当時ここには橋がなく、すぐそこの海へ行くのにも渡し船が必要でとても不便をしていたのだとか。そこで亀吉さんは一念発起。重機などない時代に、長さ100mにわたる橋をかけたのだった。これにより近在の住民たちは自由に海と往来できるようになり大いに感謝されたそうだ。今は渡れないけれど。

　しかたがないので、川を渡れる橋を求めて川沿いを南下。やがて「船頭給」という、いかにもな地名の場所に着くと、

九十九里浜と並行するように流れる、幸治川にかけられた木造の中瀬大橋。今からでも修復すればそこそこの観光資源にはなりそうだけれど、やはり木造だと維持管理が大変かなあ

途中で立ち寄った本興寺というお寺には、1703（元禄16）年に発生した、元禄津波の供養碑が祀られていた。総犠牲者１万人、この地域だけでも700人の人が亡くなったという

そこからは隣接する一宮町である。一宮町といえば２０２０（令和２）年、東京五輪・パラリンピックのサーフィン会場。よし、その浜を経由して上総一ノ宮駅を目指そう。

さすがにサーフィン会場になるだけあって、特別に風が強いわけでもないのに、激しい波が押し寄せている。ちょっと海水浴という状況ではない。それでも何人かのサーファーが果敢に海に漕ぎ出していた。

しかし、昔来た九十九里浜は、もっと砂浜のボリュームがあったような気がする。どうやらここでも砂浜の侵食は進んでいるようだ。

一宮町の海は、2020（令和2）年の東京五輪・パラリンピックのサーフィン競技の会場になっている。この日の波がサーフィン向きなのかはわからないが、次から次へと浜へ白波が寄せていた

一宮町には訪ねてみたい場所があった。それは旧日本陸軍が放った風船爆弾の放球地跡だ。風船爆弾というのは直径10mにも及ぶ、風船というよりは気球に近いものに爆弾を吊してアメリカ本土爆撃を目指したもので、動力はなし。当時、世界で最も進んでいたという日本の高層気象研究が、高度1万mの猛烈な偏西風、現在でいうところジェット気流を発見、これに乗せてアメリカを目指すというものだった。そして、日本に3ヶ所あった放球地のひとつがここだったのだ。そのことを示す石碑が立つ場所より、もっと海側が本来の場所だそうだが、今はなんの痕跡もないとのこと。

太平洋戦争後半、ここからアメリカ本土空襲を目指して風船爆弾が放たれた。そのうちのいくつかは実際にアメリカ本土に到達し、被害も及ぼしたという。風船の素材は和紙とコンニャク糊だった

当時の様子を想像してみる。ここから何百、何千という巨大風船がフワフワと空の彼方に消えていく光景は一見美しくも思えるが、吊り下げているのはまぎれもない兵器。風船爆弾が飛んでいった足元では、現在、若者たちが楽しそうにサーフィンに興じていた。

DATA

⊙モデルプラン：JR外房線八積駅→虫供養碑→中瀬大橋→風船爆弾打ち上げ基地跡→JR外房線上総一ノ宮駅
⊙歩行距離：約10.5km
⊙歩行時間：約3時間半
⊙アクセス：起点の八積駅へは、東京駅からJR京葉線、外房線などで約1時間半。終点の上総一ノ宮駅からも京葉線、外房線などで東京駅まで約1時間半
⊙立ち寄りスポット情報：虫供養碑＝長生村岩沼。中瀬大橋＝長生郡長生村一松丙。風船爆弾打ち上げ基地跡＝長生郡一宮町一宮6-35
（2019年5月探訪）

【それから】ご存じの通り、東京五輪・パラリンピックは2021（令和3）年に延期となった

神奈川県の清川村

かながわけんの
きよかわむら

神奈川県

ダムを越えて、
ダムとともに生きる村を歩く

清川村は神奈川県の北西部に位置する、面積72平方kmほどにして神奈川県に残る唯一の村だ。周囲を丹沢の山々に囲まれた自然豊かな村でもある。清川村の村内は大きく煤ヶ谷地区と宮ヶ瀬地区に分けられるが、実はこのふたつは１９５６（昭和31）年までは煤ヶ谷村と宮ヶ瀬村という別々の村。つまり現在の清川村はふたつの村に合併によって誕生したのである。

しかし、１９６９（昭和44）年に宮ヶ瀬ダムの建設計画が発表。２０００（平成12）年の竣工によって旧宮ヶ瀬村集落のほとんどは湖底に沈むこととなった。ふたつの村によってできた村なのに、そのひとつが消えてしまう。当時の村人には並大抵ではない苦悩があったと思われる。

1969（昭和44）年の発表から、30年以上の年月をかけて2000（平成12）年に竣工した宮ヶ瀬ダム。総貯水量1億9300万立方mを誇る。これによって宮ヶ瀬地区はダムに沈むこととなった

いっぽう、ダムの運用によって清川村にはダム所在交付金が入ることとなり、そのおかげで村の財政は健全。平成の市町村合併に呑まれることもなく、今日も独立した村として存続しているのだから運命は皮肉である。

さて、そんな清川村を訪れる出発地は橋本駅。ここからバスで津久井湖にもほど近い集落・三ヶ木《みかげ》へ。さらに半原行きのバスに乗り継ぎ、宮ヶ瀬ダム近くの石小屋入口バス停で下車。路線バスを乗り継ぐのって、すごく遠くへ来たようで旅気分が盛り上がるな。

バス停から深い沢沿いに続く道をしばらく歩くと、眼前にいきなり巨大な宮ヶ

インクラインを利用して、宮ヶ瀬ダムの最上部まで一気に上がる。ダムの下は愛川町だったが、上がってしまえばそこはもう清川村の北端にあたる

瀬ダムが立ちはだかっている。いや、ダム自体はこの国では珍しくもなんともないが、さすがに直下から見上げる姿は迫力がある。そして迫力はあるのだが、旅を続けるにはこのダムを越えねばならない。

直下からダムの上に出るには方法はふたつ。ひとつは通常のエレベーターの利用。そしてもうひとつはインクラインに乗ることである。インクラインとはなにか。それは、構造自体はケーブルカーと同一なのだが、ケーブルカーが旅客用なのに対し、インクラインは産業用に使われるものを指す。つまりここでは建設中に資材運搬用に使われていたインクラインを、完成後にも旅客用に転用しているわけだ。もちろん、そのままというわけではなく、大規模に改修したのだろう。なにせ建設中のインクラインは、砂利を満載したダンプトラックをそのまま載せて稼動できたそうだから。

インクラインは最大斜度35度といわれる急斜面を登っていく。ケーブルカー同様、途中で下ってくるもう一基とすれ違い、数分の乗車でダムの上、つまり清川村に到着。ここからは宮ヶ瀬湖沿いに走る県道をひたすら南下していこう。

湖沿いの道を歩いていくと、やがて対岸に宮ヶ瀬湖畔園地が望める。ここは水遊びやピクニックが楽しめる公園で、シ

宮ヶ瀬ダムの東岸沿いを南下。やがて湖にかかる「やまびこ大橋」が見えてくる。この橋を渡って対岸に行けば、宮ヶ瀬湖畔園地と呼ばれる公園に至る

ーズン中は家族連れで賑わうらしい。実はここまでなら小田急線の本厚木駅からバス一本でやって来られるのだ。しかしそのルートを使うと、来るときのバスの車窓から自分が歩く道が全部わかってしまうという、なんとも興ざめ旅になってしまうので、あえて橋本駅から来ることを選んだ次第。ちなみにダムサイトから湖畔園地までは遊覧船を使う選択もあるのだが、本数が少なかったり、欠航もあるようなので、乗るためにはそれなりのプランニングが必要だろう。

湖畔園地をやりすごし、そのまま車道を歩いていくと、いくつもの橋を渡る。ダムができる前、この下にはいずれも沢が流れていたのだろう。今は沢ごとダムに沈み、ただの入り江になっているが、「仏果沢橋《ぼっかざわ》」や「七曲橋」などそれぞれの橋につけられた名前は、当時の沢や地形名を継いだものと思われる。

やがて右手に宮ヶ瀬湖の末端が見えてくると、道は土山峠を越える。この峠が昔は煤ヶ谷村と宮ヶ瀬村の境だったのか。しかし、宮ヶ瀬側からは登りらしい登りもなく峠に到着してしまい、正直「ここが峠？」という雰囲気だったが、すぐに気づく。ここはあくまでも車道が開通してからの峠であって、昔ながらの峠はその少し東側、仏果《ぶっか》山へ至る登山道の途中にあるのだった。試しに10分ほど登って行ってみると、そこには旧土山峠がひっそ

樹林にさえぎられ旧土山峠からの展望は効かなかったが、隙間からは日差しを反射して輝く宮ヶ瀬湖の湖面が見えた。ここから先は下り一辺倒の道になる

りと佇んでいた。

実はこの旧土山峠から煤ヶ谷方面へと続く、今では登山地図にも描かれていない道があって、そちらを通ることも考えてみた。少し入ってみたところ、なんとか道筋もわかりそうだったが、さすがに徒歩旅行の範疇から外れそうなので、ここは大人しく車道に戻る。

土山峠から煤ヶ谷へは曲がりくねった下り坂で、こちら側は峠道感満載だ。しばらく下ると谷間は次第に広がり、民家の数も増えてくる。この界隈は昔ながらの興味深い地名が残っているのも特徴で、たとえばバス停名にもなっている柿ノ木《かきん》平《でーら》は、1983（昭和58）年に清川村が

土山峠まではまったく見られなかった平地が、峠を下り煤ヶ谷集落に入るにつれて少しずつ現れた。そんな猫の額のような土地も丹念に耕され、さまざまな畑として利用されていた

発行した『清川村地名抄』という本によると、昔ここに、地面に伏したような大きな柿の木があったことから名づけられたというし、そのすぐ東にある法論堂《おろんど》という場所では、修験者がこの地で法を論じ合っていた名残なのだとか。かくも地名というものには、その土地に根ざした意味が込められているにも関わらず、最近は「○○本町」とか「××ヶ丘」のように、土地とはなんの関係もない地名に変えられてしまいがちなのが、旅人としてもちょっと残念だ。

やがて道沿いに現れる、村役場や消防署が密集しているあたりが村の中心地。そこから少し歩けば村営別所の湯があるので、旅の汗を流したうえで、バスで本厚木駅へ抜けることにしよう。

ちなみに聞いた話によると、タレント・女優の小泉今日子さんは高校時代、厚木の自宅から三ヶ木にある高校まで、路線バスで通学していたのだとか。それってこの日僕が辿ったルートにほぼ近いではないか。彼女にもそんな青春時代があったとは。なんだか彼女が急に身近になったような気持ちで清川村を後にした。

村の中心を通り過ぎ、しばらくして右手に入れば村営別所の湯が現れる。厚木行きのバス停からは片道約10分。食堂もあるので、ここで旅を終わらせるのにちょうどいい

DATA

⦿モデルプラン：橋本駅→三ヶ木バスターミナル→石小屋入口バス停→宮ヶ瀬ダム→土山峠→煤ヶ谷→村営温泉別所の湯→小田急小田原線本厚木駅
⦿歩行距離：約12km
⦿歩行時間：約4時間
⦿アクセス：起点の橋本駅までは新宿駅より京王線で約40分。そこから三ヶ木へはバスで約40分。中央本線相模湖駅からもバスがある。三ヶ木から石小屋入口へはバスで約15分。終点の本厚木駅へは、別所の湯入口バス停からバスで約40分。本厚木駅から小田急小田原線で新宿駅まで約55分
⦿立ち寄りスポット情報：宮ヶ瀬ダム・インクライン＝📞046-281-5171（宮ヶ瀬ダム水とエネルギー館）。10:00～16:45（12月～3月第3金曜日までは10:30～15:45。冬期は土日祝日のみ運行）。月曜、祝日の翌日休（GW、夏休みのぞく）。別所の湯＝清川村煤ヶ谷1619。📞046-288-3900。10:00～21:00。月（祝日の場合翌日）、年末年始休
（2019年11月探訪）

埼玉県の東秩父村

気がつけば埼玉県唯一の村に。山を伝って和紙の里へ

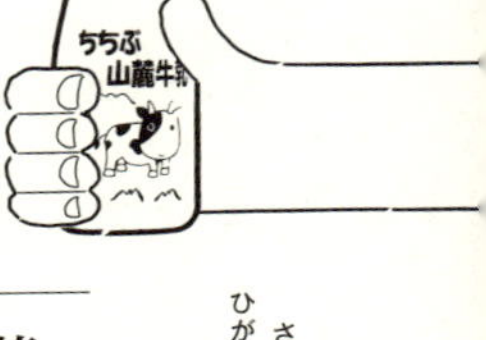

埼玉県

さいたまけんの ひがしちちぶむら

それまで数多く存在していた埼玉県の村も、平成の大合併や人口増加による町への昇格?などですっかりなくなってしまい、今日、唯一存在しているのが東秩父村だ。地理的には県中西部、小川町の西側。平成期には、多分に漏れずこの村にも周辺市町村との合併話が何度も湧き上がったものの、そのたびに条件が折り合わなかったり、住民の反対があったりしてまとまらず、気がつけば埼玉県で唯一の村として生き残ることになったそうだ。

また、村名に「秩父」の名がついているとはいえ、埼玉県西部の雄ともいえる秩父市とは、間に外秩父山地を挟んでいることからそれほど密接な関係があるわけではなく、それよりも小川町や東松山市など、比企地方への文化的、経済的接点が強いとのこと。今回はそんな東秩父村を歩いてみよう。

東秩父村に鉄道は通っていないので、東武東上線小川町から路線バスで村へ向かう。橋場というバス停を下りてまず向かったのは、外秩父山地にある粥新田《かいにた》峠。バス停から峠へはきれいに舗装された道が延びているが、しばらく歩くと旧道、つまり昔の峠越えの道が現れるのでそちらへ入る。入口には古い石碑が建てられていて往時を偲ばせるが、しばらくすると再び車道と合流。ときどき自動車の往来はあるものの、南側の展望が良好で気持ちいい。さらに歩くともう一度旧道への入口が現れ、ここから峠直下までは古道歩きを楽しめる。登山道にしては道幅が広く、昔から人の往来が盛んだったことを想像させる。路傍には石仏や石碑があったりして趣深いが、そんななか「熊出没注意」なんていう看板も現れる。ここが秩父へ向かうための交易の道だったころにも、クマに襲われる旅人はいたのだろうか。

やがて細い車道と合流、そのすぐ先が粥新田峠だった。粥新田とはなんとも奇妙な名前だが、実はこの名前にはいわれがある。古来、全国各地に巨人・ダイダラボッチの伝説が伝わっているが、ここにもまたそんな伝説があり、ダイダラボッチがお粥を煮て食べたのがこの粥新田峠なのだそうだ。周囲にはそれに因んだ地名が散在し、南東にある笠山は被っていた笠を置いた場所、北にある釜伏峠は粥を煮た釜を伏せたことに由来するらしい。

新緑の木漏れ日が美しい粥新田峠。峠からは1時間ちょっとで南にある大霧山を往復できる。今回は少し戻って舗装路を北上。秩父高原牧場を目指す

粥新田峠から来た道を少し戻り、古道との合流点近くから北に延びる舗装路を入る。この道は外秩父の稜線直下を並走するように走る道で、東側の展望がよく関東平野を見渡せる。

そんななかをしばらく歩くと、やがて現れたのが山腹に広がる秩父高原牧場だ。ここではウシやヤギ、ヒツジなどが放牧されていて、手作りのソフトクリームも楽しめる。いつもならこんなところでは「ビール！」といきたいところだが、ここではさすがに新鮮な牛乳をいただく。牛乳瓶というものも、もはや懐かしい存在になってしまった。

牧場を後にしてさらに道を北上すると、

秩父高原牧場ではヒツジやヤギが放牧されていて、近くでじっくりとふれあうことができる。とくにヤギは好奇心が旺盛なのか、自分からこちらに寄ってきたりもする

二本木峠に到着だ。この峠の名前もダイダラボッチさんに絡んでいて、粥を食べた後に一膳の箸を置いた場所なのだそうだ。ちなみに二本木峠周辺は、5月上旬には見事なヤマツツジが咲き誇る。

ここからは峠道を下って集落へと戻ろう。下り始めるとすぐに旧道との分岐があるのでそちらへ。ここも古来、二本木峠を越える人々に歩かれていたのだろう。今もしっかりとした道で、真新しい注連縄が飾られた祠があったりする。

後半、道は九十九折りの車道と何度も交差するが、そんな場所もいい意味で執念深く縫うように登山道が整備され、最後は田んぼの畦道と小さな橋を渡って内

おおらかな里山の風景を見せる東秩父村。米や野菜、果実などの栽培から、スギやヒノキなどの林業も行われている。かつては木炭も生産していたそうだ

出のバス停に出る。

　ここからバスに乗って徒歩旅行を終わらせてもよいのだが、次のバス時刻までしばらくあったので、さらにバス路線に沿ってひと歩き。オイカワの群れが気持ちよさそうに泳ぐ槻川沿いに歩道を行き、やがて現れた東秩父村役場を経て先を目指せば、道の駅「和紙の里ひがしちちぶ」へ至る。そう、東秩父村および隣接の小川町は和紙の名産地としても知られているのだ。細川紙と呼ばれ1300年の歴史を誇るその和紙は、2014（平成26）年にはユネスコの無形文化遺産にも登録されている。

　僕もここで細川紙の一筆箋と懐紙を購

「和紙の里ひがしちちぶ」で購入した、地産の和紙を使った懐紙と一筆箋。懐紙を使うシーンをいろいろ想像してはみるのだが、残念ながら今のところ実戦での出番はなし

入。ひとたび何事か起こった際には、ふところからさっと懐紙を出せる、そんな大人の男になりたいものだなどと思いながら、フードコートで売られていた岩魚の塩焼きをほおばったのだった。

DATA

⦿モデルプラン：東武東上線小川町駅→橋場バス停→粥新田峠→秩父高原牧場→二本木峠→内出バス停→道の駅「和紙の里」→小川町駅
⦿歩行距離：約11.5km
⦿歩行時間：約4時間
⦿アクセス：起終点の小川町駅へは、池袋駅から東武東上線で約1時間。そこから橋場バス停へはバスで約25分。「和紙の里ひがしちちぶ」から小川町駅まではバスで約20分
⦿立ち寄りスポット情報：秩父高原牧場＝東秩父村大字坂本2951。℡0494-65-0311。8:30～16:30。月曜（祝日の場合翌日）、年末年始休。道の駅「和紙の里ひがしちちぶ」＝東秩父村大字御堂441。℡0493-82-1468。9:00～17:00（施設により異なる）。年末年始、農産物直売所は水休
（2019年5月探訪）

東京都の檜原村

とうきょうとのひのはらむら

東京都

東京都の深奥へ。山林に囲まれた村を辿る

厳密にいえば、檜原村は東京都唯一の村ではない。だって利島村や青ヶ島村、小笠原村など、島々の村があるからね。しかしそれらの島を半日で訪ねるのはさすが無理。気象条件次第では、半日はおろか一週間でも足りなくなる。そんなわけでここでは「島嶼《とうしょ》部をのぞく」というカッコつきで、東京都唯一の村である檜原村を歩いてみよう。

檜原村は東京都の西、山梨県に接した村だ。面積は105平方㎞。これは世田谷区と練馬区を合わせたほど。そこに約2000人の人が住んでいる。村のほとんどが山林に覆われ平地が少なく、昔から林業や炭焼きなどで生活を営んできた。

檜原村には鉄道駅はない。JR五日市線の終点・武蔵五日市駅からバスでの入村だ。まずは村有数の観光スポットである神戸《かのと》岩を目指す。神戸岩入口バス停で下車し、そこから

次第に細くなってくる神戸川沿いの道を歩いていくと、やがて眼前に神戸岩の大岩壁がドカンと現れる。思わず「おおーっ」と声をあげてしまう瞬間だ

神戸川沿いに延びる道を歩きだす。車窓から眺める檜原村の風景は、深い谷間にへばりつくようだったが、ここは明るい印象を受ける。ときには開豁《かいかつ》な風景も現れ、そんなところではその地形を利用して、マス釣り場やキャンプ場が営まれている。

標高を上げるにつれて次第に道は細くなり、さらには周囲を見事な針葉樹に囲まれるようになると、やがて目の前に神戸岩が姿を見せた。川はすでに赤井沢と名を変え、川幅も数mほど。だが、その両側には100m近い大岩壁が屹立していて大迫力。下流から見上げると、まるで巨大な扉が半ば開きかけているようだ。

神戸岩の名前も、一説によると上流に位置する大嶽神社への入口と見なしたことに由来するらしい。

この神戸岩のもうひとつの魅力は、その狭い扉？の隙間を実際に通過できること。飛び石沿いに沢を越えたり、わずかに足場のある岩を、設置された鎖を補助にして抜ける。距離こそ短いが、ちょっとスリリングな沢歩きだ。少し歩けば林道に飛び出し、林道のトンネルを通って出発地点に戻ることができる。

神戸岩を後にして来た道を戻る途中、畑仕事中のおじさんに先ほどの見事な針葉樹について尋ねてみる。「あそこの立派な木、スギですか？　ヒノキですか？」

恥ずかしながら両者の区別ができなかったのだ。そして檜原村だけに檜《ひのき》ではと想像してみたわけである。それに対しおじさんは「あれはスギだなあ」と答え、さらに昔は需要が多かったのでスギをずいぶん植えたけれど、輸入材に押されて最近はさっぱり。そのため、近年では高級材のヒノキを植えるところが増えてきたとのこと。「たしかに値段はいいけど、育つのにスギの3倍時間かかんだ。ハッハッハ」

一本の木を育てる時間の長さに想いを馳せつつ、お礼をいって先へ。

バス停に戻ったら、そこからバスで来た檜原街道を歩いて戻る。やがて現れたのは檜原

神戸岩の足元はスッパリと切れ込んでいるが、足場や鎖を補助にして、上流へと抜けることができる。部分的には人のすれ違いも難しいところがあるので、対向者を確認したい

村郷土資料館。ここは村の豊かな自然、村人たちの暮らしや仕事のありかたを豊富な展示品で紹介してくれている。なかでも僕が釘付けになったのは、明治初期に秋川の川原で発見されたニホンオオカミの骨だ。すっと伸びるその姿から、当初は大蛇の骨と考えられたが、昭和30年代に入って専門家によってニホンオオカミのものと鑑定されたそうだ。

この周囲には大嶽神社や御嶽神社など、オオカミに関わる神社がいくつかあるが、少なくとも江戸末期まではこの地にもオオカミは生息していたようだ。

資料館の後は、その先の蕎麦屋でお昼にしようと思っていたのだが、行ってみるとなんと臨時休業。周辺にはほかに飲食店はない。しかたなく、非常食のおにぎりをかじりつつ歩いていくと、ほどなく現れた酒屋でおばちゃんが声をかけてくれた。これは天啓。ビールを一本買い、軒先に座らせてもらってランチとする。

おばちゃんによると、ここ数年でびっくりするほどサルやイノシシが山から下りてきて、畑を荒らし放題とのこと。「食べられちゃうならいっそと思って、熟していないカボチャを食べてみたんだけど、やっぱり美味しくないねえ」と苦笑い。

僕がさらに歩くと知ると、「なら、最近できた公衆トイレを見てって。なんでも6000万かけた総ヒノキ造りで、休日にはトイレを見物するためにわざわざ観光客が来

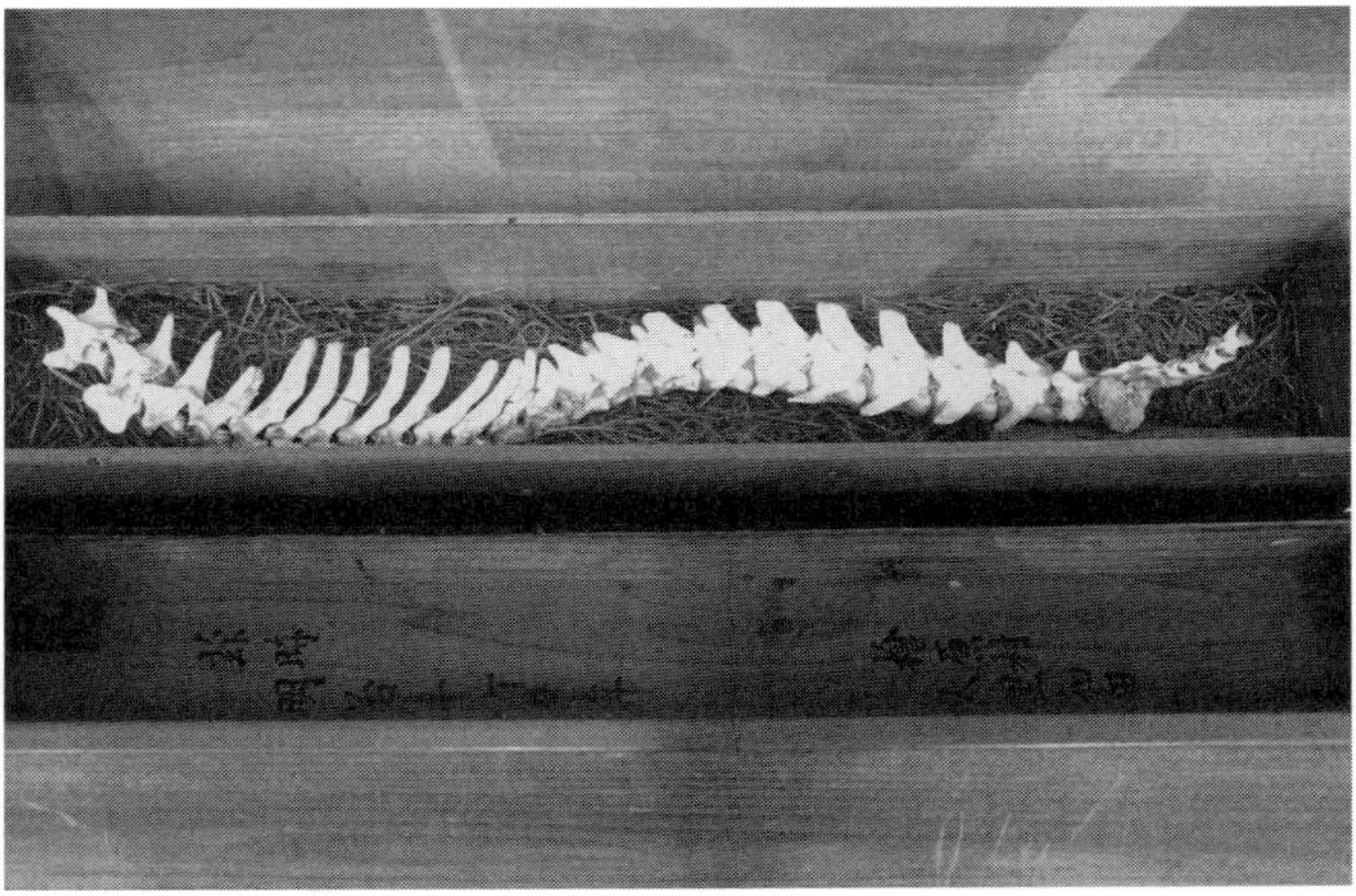

檜原村郷土資料館に展示されているニホンオオカミの骨。すでに絶滅したといわれて久しいが、やはりどこかで生息し続けていてほしいなと思ってしまう

るんだって！」

６０００万円のトイレかあ。旅の最後をトイレで締めるのも悪くないかな。

「行ってみます！」と声をかけ、リュックを背負って立ち上がった。

DATA

⦿モデルプラン：JR五日市線武蔵五日市駅→神戸岩バス停→神戸岩→神戸岩バス停→檜原村郷土資料館→和田向バス停（ヒノキ造りトイレ）→武蔵五日市駅
⦿歩行距離：約9km
⦿歩行時間：約3時間
⦿アクセス：起終点の武蔵五日市駅へは、新宿から中央線、青梅線、五日市線を乗り継いで約1時間10分。そこから神戸岩バス停へはバスで約30分。和田向バス停から武蔵五日市駅へはバスで約20分
⦿立ち寄りスポット情報：神戸岩＝檜原村神戸。檜原村郷土資料館＝檜原村三都郷3221。☏042-598-0880。9:30～17:00（12～3月は10:00～16:00）。火曜（祝日の場合翌日）、年末年始休
（2019年10月探訪）

半日徒歩旅行の心得③

旅は ハンズフリー

徒歩旅行のときは、極力両手がフリーになるスタイルにしている。つまりリュックサック。僕は容量30ℓくらいのものを愛用しているけれど、これは現地までの移動中はカメラバッグも収納しておきたいからで、普通は20ℓもあれば十分だろう。

カメラバッグをしまっておくのにも理由があって、荷物はできるだけひとつにまとめたいのだ。そのほうが忘れ物の心配も少ない。実際に歩くときはリュックを背負って、カメラバッグは首から前にかけるようにして、やはり両手はフリー。

リュックは外付けのポケットが大きなものが使いやすい。両サイドにポケットがあれば、片方には水筒、もう片方には地図を入れておいて、慣れればリュックを背負ったまま出し入れできる。もうひとつ、バックパネル、つまり背負うのと反対側に伸縮性のある大きなポケットがあると、行動中に脱いだウエアをすぐに放り込めて便利。雨ぶたについているポケットには、傘やウインドブレイカーなど、すぐに出せるものを収納しておく。

リュックサックにはタウンユースを前提にしたものと、登山で用いるアウトドア仕様のものがあるが、防水性や堅牢性ではやはりアウトドア用のもののほうが信頼できる。タウンユースのものよりやや値段が張るのが難だが、使い倒すことを考えれば十分に元は取れるだろう。

あとがき

半日徒歩旅行シリーズの一冊目『東京発　半日徒歩旅行』が刊行されたのはつい先日のことのような気がするのだが、あらためて考えてみると6年も前。時代はまだ平成だった。そして今や令和。身近だったはずの昭和はすでに二世代前のものとなってしまった。

自分が昭和ど真ん中世代ということもあるのだろう。さまざまな土地を歩いていると、昭和の気配を残す風景やお店についつい目が留まってしまう。今回、本書をまとめるにあたって原本となる二冊にあらためて目を通してみたが、意識せずともそういった風景を探してきたんだなと実感する。

しかし今日、そういった物件は次々と姿を消しつつある。とくに目立つのが個人経営のお店で、経営者の高齢化が進むうえにお子さんが跡を継いでくれることもまれなのだろう。それに加えてのコロナ禍。あのタイミングをきっかけにして暖簾を下ろしてしまった店もずいぶん多かったと聞く。本書で紹介しているものでも、２０２４年の現在ではすでに失われてしまったものがいくつもあった。まさに昭和は遠くなりにけり、である。

昭和ブームといわれて久しいが、そこには若者たちが感じる見知らぬ過去への新鮮さのほかにも、僕たち世代にとっても消えゆく昭和の気配を懐かしむ、ノスタルジックな思いもあるのだろう。

古きものを取り壊し、その上に新たなものを作り直すというのはこの国の常ではあるが、今後、観光立国としての存続を目指すのであれば、その資源として古きものをより積極的に残していくことも考えたほうがいいような気もする。

もちろんそんな気配もときとして感じる。かつては知る人ぞ知る寂れた珍スポット的存在だったものが、自治体などによって整備されて訪問しやすくなっていたりするのを知るとちょっとうれしくなってしまう。

最後に謝辞を。このシリーズすべてを通して編集を担当していただいた山と溪谷社の稲葉豊さん、そして旅に出たくなるデザインに仕上げて、イラストまで描いていただいた吉池康二さんには、いつもながら大変お世話になりました。あらためてお礼を申し上げます。

佐藤徹也

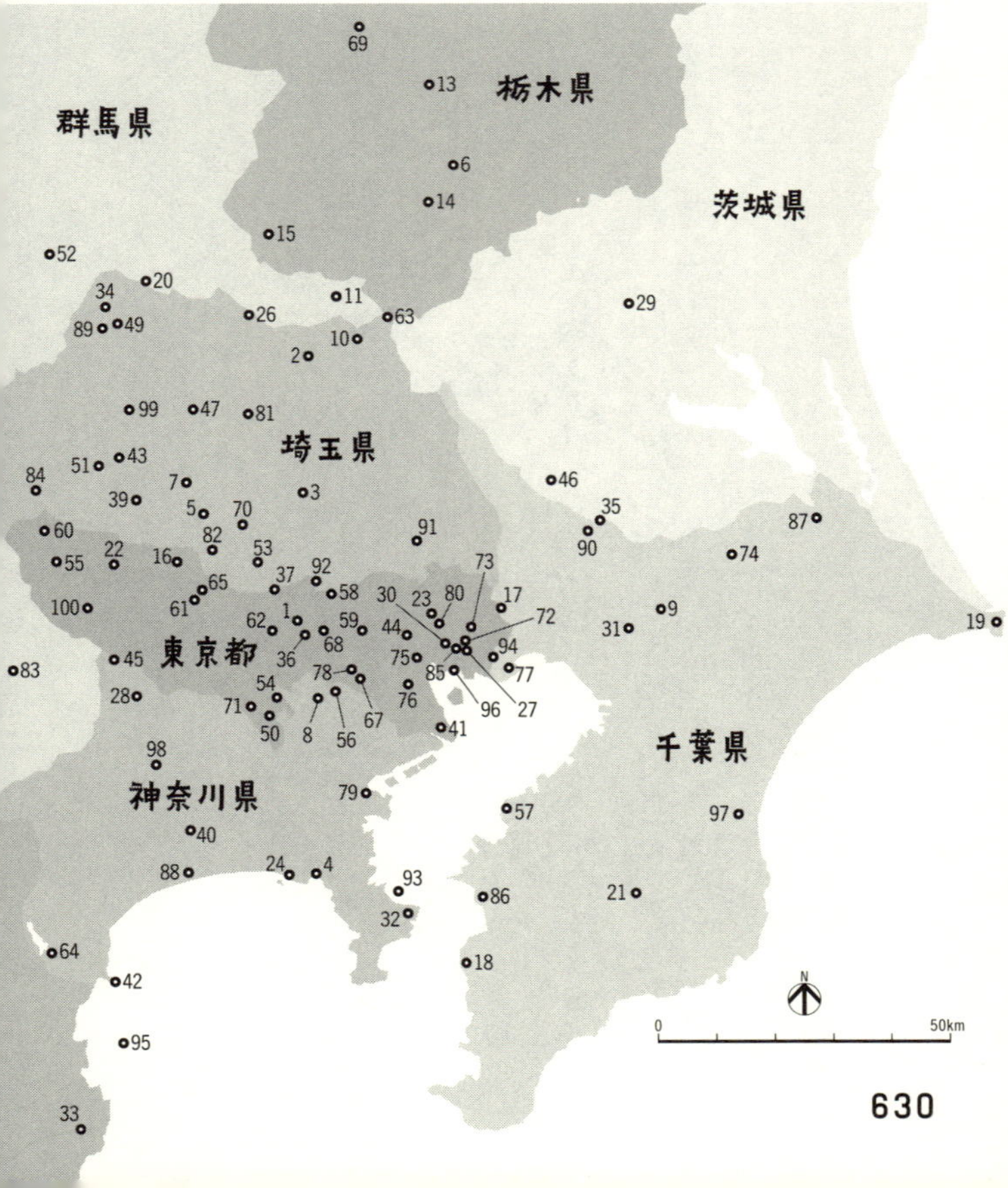

栃木県
群馬県
茨城県
埼玉県
東京都
千葉県
神奈川県
N
0
50km

完本 東京発 半日徒歩旅行

探訪地マップ

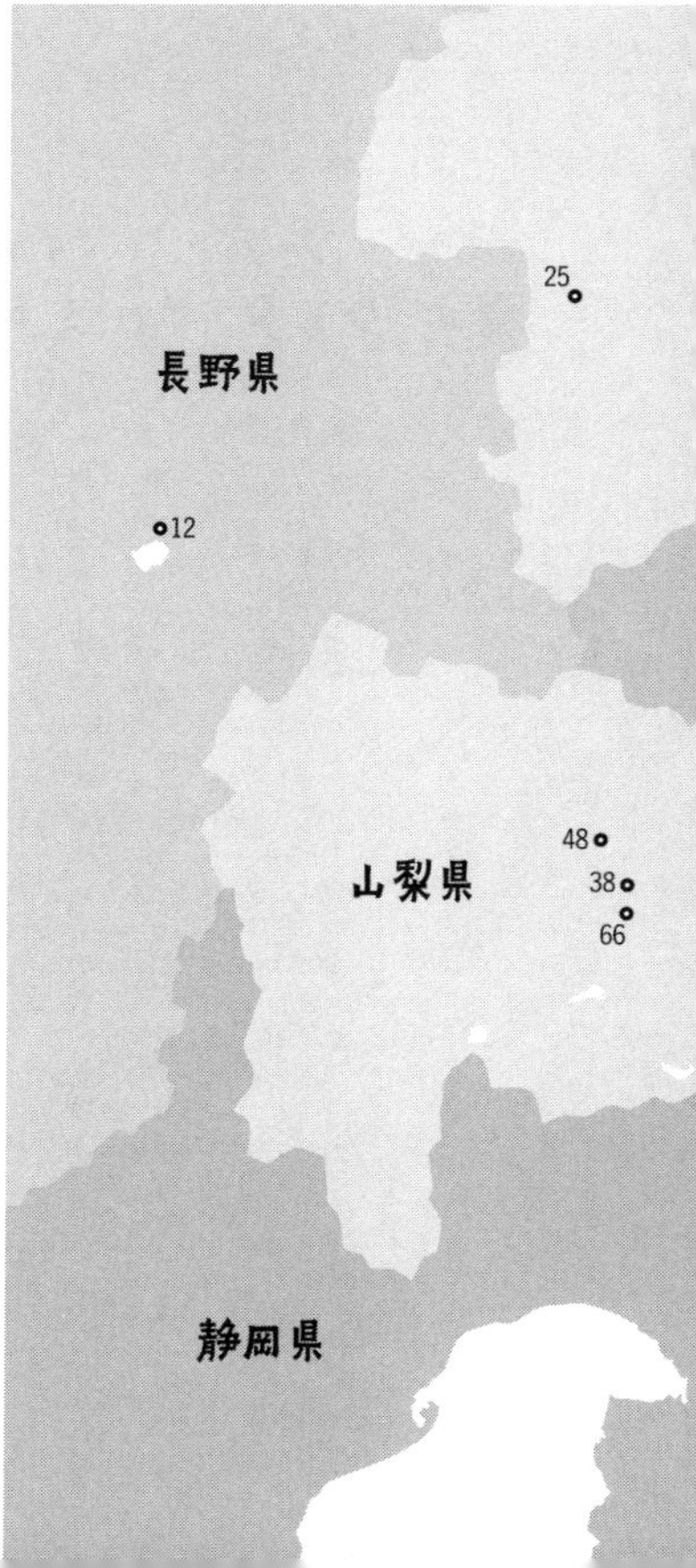

著者プロフィール

佐藤徹也（さとう てつや）

東京都生まれ。アウトドア系の旅ライター。徒歩旅行家。国内外を問わず徒歩旅行を趣味とし、これまでに訪れた諸外国は58カ国。サンチャゴ・デ・コンポステーラの巡礼路中の「ポルトガル人の道」と「ル・ピュイの道」合計約1000㎞を踏破。ここ数年はフィンランドやノルウェイなど、北欧諸国のクラシック・ロングトレイルを縦走中。山や島、巡礼道など、人と自然の接点を見つめながら、「歩く旅」の楽しみかたや可能性を探る。『山と溪谷』『明日の友』などの雑誌でも執筆を続けている。著書に本書のほか『京阪神発 半日徒歩旅行』『名古屋発 半日徒歩旅行』（いずれもヤマケイ新書）、『東京近郊徒歩旅行』（朝日文庫）などがある。

ブログ「旅と暮らしの日々」https://apolro.exblog.jp

完本　東京発　半日徒歩旅行

YS074

2024年12月10日　初版第1刷発行
2025年 1 月15日　初版第2刷発行

著　者　　佐藤徹也
発行人　　川崎深雪
発行所　　株式会社　山と溪谷社
〒101-0051 東京都千代田区神田神保町1丁目105番地
https://www.yamakei.co.jp/

■乱丁・落丁、及び内容に関するお問合せ先
山と溪谷社自動応答サービス　TEL.03-6744-1900
受付時間／11:00 ～ 16:00（土日、祝日を除く）
メールもご利用ください。
【乱丁・落丁】service@yamakei.co.jp
【内容】info@yamakei.co.jp
■書店・取次様からのご注文先
山と溪谷社受注センター
TEL.048-458-3455　FAX.048-421-0513
■書店・取次様からのご注文以外のお問合せ先
eigyo@yamakei.co.jp

印刷・製本　株式会社シナノ

＊定価はカバーに表示してあります
＊乱丁・落丁本は送料小社負担でお取り替えいたします

Printed in Japan ISBN978-4-635-51085-1

◎本書はヤマケイ新書『東京発 半日徒歩旅行』（2018年11月15日発行）と、ヤマケイ新書『東京発 半日徒歩旅行 調子に乗ってもう一周！』（2020年5月1日発行）を合本し、再構成・加筆したものです。掲載されている内容は基本的に刊行当時のものですが、2024年8月時点の更新情報は確認できた範囲で【それから】として最終ページに付記しました